KB261249

시험 영단어 30일 완성!

NTT

니트 · 토플 · 텝스

단어공략

시험 영단어 30일 완성!

NTT 단어공략

저 자 Steven Oh
발행인 고본화
발 행 반석출판사
2012년 2월 15일 초판 1쇄 인쇄
2012년 2월 20일 초판 1쇄 발행
반석출판사 | www.bansok.co.kr
이메일 | bansok@bansok.co.kr
트위터 | @bansok_books

157-779 서울시 강서구 염창동 240-21 우림블루나인 비즈니스센터 B동 904호
대표전화 02) 2093-3399 팩 스 02) 2093-3393
출 판 부 02) 2093-3395 영업부 02) 2093-3396
등록번호 제315-2008-000033호

Copyright ⓒ Steven Oh

ISBN 978-89-7172-649-5 (13740)

값 12,000원(mp3 CD포함)

시험 영단어 30일 완성!

NTT

니트·토플·텝스

단어공략

Bansok

머리말

영어실력이 뛰어나다는 의미는 보통 인지하는 단어 수가 많다는 것을 뜻한다. 그리고 단어 실력을 가늠하는 기준은 비슷한 의미를 가진 동의어들의 뉘앙스 차이까지 얼마나 꿰고 있느냐는 점이다.

이런 맥락에서 동의어를 많이 아는 것이야말로 단어 실력 확장의 열쇠가 된다. 이 책의 구성 또한 이 점에 초점을 맞추고 있다. 이 책은 다음과 같이 동의어를 차례로 배열하고 파생어까지 제시하고 있다.

- **contribute** 기부하다
- **offer** 제공하다
- **donate** 기증하다 donation 기부, 기증 / donor 기부자
- **benefactor** 기증자
- **benevolent** 자애로운, 자선적인(charitable)
- **mercy** 자비, 연민

단어의 선정 기준은 NEAT, TOEFL, TEPS, 수능시험 등에 빈번히 출제되는 3,000여 개의 표제어와 동의어, 파생어, 반의어를 실어 놓았다. 이를 모두 합하면 6,000개의 중요 단어를 익히는 셈이다. 이 정도 어휘라면 어지간한 시험의 독해까지도 어려움 없이 해결할 수 있을 것이다.

영어 정복을 위해서는 재능이 아니라 습관과 끈기가 필요하다. 학습 분량을 정한 다음 자신의 단어 능력에 맞추어 매일 규칙적으로 공부하자. 시간은 하루에 40분 정도가 적당할 것이다. 하루 치를 끝내기 힘들면 이 책을 2개월 코스로 잡고 매일 체크하면서 해 나가면 좋은 결실을 얻을 수 있을 것이다.

이 책이 NEAT, TOEFL, TEPS, 자격시험 등을 준비하는 분들에게 영어 정복을 향한 디딤돌이 되길 바라며 독자 여러분의 건투를 빈다.

2012년 2월
Steven Oh

이 책의 활용법

단어를 외우는 것은 지겨운 일이기도 하지만 단기간에 끝낼 수 없는 영어 실력이라는 건축의 기초 작업을 세우는 것입니다. 요즘은 웹사이트에서 영어사전을 제공하기도 하지만 편리하게 단어 검색을 하면 그만큼 쉽게 단어가 기억의 창고에서 사라지고 맙니다. 단어를 외울 때는 고생을 하며 외워 봅시다.

1. 큰 소리로 읽는다.

소리 내어 읽으면 쉽게 외워집니다. 노래를 외울 때처럼 소리 내어 발음하면 쉽게 외워지므로 열 번, 스무 번 정도 읽어 봅시다.

2. 사전으로 찾아본다.

단어의 의미를 모를 때 무슨 뜻일까 생각하면서 사전을 뒤적거립니다. 알파벳 순서를 생각하면서 앞으로 넘겼다가 뒤로 넘기는 과정을 통해 외워집니다.

3. 책에 들어 있는 CD로 학습한 부분을 듣는다.

청취력을 겸하여 입체감 있게 학습을 하면 기억에 오래 남아 내 것이 됩니다.

4. 해당 단어가 들어 있는 재미있는 문장을 읽는다.

이렇게 하면 기억에 오래 남습니다. 그 문장이 단서로 남아 기억을 도와줍니다. 영화에서 멋진 배우가 그 단어를 발음하는 걸 듣는다면 잊을 수가 없겠지요.

5. 손으로 적어 본다.

전통적인 방법이지만 손과 뇌의 기능이 연결되어 있으므로 손의 작업을 통해 머릿속에 쉽게 기억 됩니다.

목차

Day 01

abandon
[əbǽndən]

v. 버리다, 포기하다(forsake, give up)
opp. maintain 유지하다

He **abandoned** his child and wife.
그는 자기의 처자를 버렸다.

- abandon oneself to
  ～에 빠지다

forsake
[fərséik]

v. (친구를) 저버리다, (습관 등을) 버리다(relinquish, give up)

Forsake bad habits!
나쁜 습관을 버려라!
- forsaken
  a. 버림받은, 고독한

surrender
[səréndər]

v. 넘겨주다(hand over), 포기하다(abandon), 항복하다(yield)
n. 항복, 포기, 자수, 인도

We shall never **surrender** to a conqueror.
우리는 결코 정복자에게 항복하지 않을 것이다.

dump
[dʌmp]

v. (쓰레기를) 내버리다, 헐값으로 팔다

dump truck
덤프트럭
- dumping
  n. 덤핑

- dumping field 덤핑 시장
- dumping exports 덤핑 수출
- dumping war 덤핑 전쟁

dismiss
[dismís]

v. 해고하다(discard), 퇴거시키다

- dismissal
  n. 해고, 추방, (소송의) 각하

relinquish
[rilíŋkwiʃ]

v. 포기하다(abandon), 단념하다

He **relinquished** his right of succession.
그는 상속권을 포기했다.

resign
[rizáin]

v. (권리, 재산을) 포기하다, 사임하다

He **resigned** himself to leave.
그는 졸업을 포기했다.

■ resign oneself to
(몸을) 맡기다, 단념하다

discard
[diská:rd]

v. 버리다(throw away), 해고하다(dismiss)

discard an old coat
낡은 코트를 버리다

desert
[dezəːrt, dizə́ːrt]

v. 버리다(abandon); 도망가다
n. 사막, 받을 만한 가치, 공적
a. 불모의(barren), 쓸쓸한

The pickpocket got his just **deserts**.
그 소매치기는 당연히 받아야 할 벌을 받았다.

002 산출하다 YIELD

yield
[jiːld]

v. 산출하다(produce) 항복하다, 굴복하다(surrender)
포기하다; 양보하다; 초래하다, 낳다(bear)
n. 수확, 생산량, 보수

The tree **yields** good fruit.
그 나무엔 좋은 과실이 열린다.

grasp
[græsp]

v. 움켜잡다, 파악하다 n. 통제, 이해력 opp. release 석방하다

I **grasped** her by the arm.
나는 그녀의 팔을 붙잡았다.

seize
[siːz]

v. 꽉 쥐다(grasp), 사로잡다, 이해하다(comprehend), 빼앗다(capture)

I cannot quite **seize** the meaning.
무슨 뜻인지 알 수가 없습니다.

grip
[grip]

v. 꽉 쥐다, 마음을 사로잡다 n. 파악, 손잡이

The lecturer **gripped** the audience.
그 강연자는 청중의 마음을 사로잡았다.

capture
[kǽptʃər]

v. 잡다(seize), 획득하다 n. 포획(seizure)

capture a prize
상을 타다

snatch
[snætʃ]

v. 잡아채다, 붙잡다

The snatcher **snatched** her bag and ran away.
그 날치기는 그녀의 가방을 잡아채 도망쳤다.

embrace
[embréis]

v. 껴안다, (제안을) 받아들이다 n. 포옹 opp. exclude 제외하다

She **embraced** her son tenderly.
그녀는 자기 아들을 부드럽게 껴안았다.

hostage
[hάstidʒ]

v. 볼모, 인질, 저당, 담보물

hold a person **hostage**
~를 인질로 잡다

abduct
[æbdΛkt]

v. 유괴하다(kidnap), 납치하다

The boss was **abducted** from his car by terrorists.
그 사장은 테러범들에게 차에서 납치당했다.

kidnap
[kídnæ̀p]

v. (아이를) 유괴하다, 납치하다

■ kidnapper
n. 유괴자, 납치자

quit
[kwit]

v. 떠나다(leave), 그만두다, 중지하다(cease)
a. 벗어난

I will **quit** smoking.
나는 담배를 끊을 것이다.

retire
[ritáiər]

v. 물러가다, 퇴직하다(go back, withdraw)

My father **retired** at the age of 60.
우리 아버지는 60세에 퇴직하셨다.
- retirement
n. 은퇴, 은둔

seclude
[siklúːd]

v. 은퇴시키다, 격리시키다(separate)

a policy of **seclusion**
쇄국정책
- seclusion
n. 격리

withdraw
[wiðdrɔ́ː]

v. 물러나다, 철수하다, (손을) 빼다

He **withdrew** himself from the world.
그는 속세를 떠났다.
- withdrawal
n. 철수, 취소

ability
[əbíləti]

v. 능력, 수완, (pl.) 재능(talent) opp. inability 무능

He is a man of **ability**.
그는 수완가다.

skill
[skil]

n. 기술, 숙련, 교묘(expertness)

- skillful
a. 숙련된, 솜씨 좋은

talent
[tǽlənt]

n. 재능(ability), 인재

a **talent** for drawing
그림 그리는 소질

genius
[dʒíːnjəs]

n. 천재, 소질, 재주

Einstein was a mathematical **genius**.
아인슈타인은 수학의 천재였다.

gift
[gift]

n. 선물(present), 천부적 재능, 싼 물건

as a **gift**
공짜로

competent
[kámpətənt]

a. 유능한, 충분한

be competent for the task
그 일을 맡을 능력이 있다
- competence
n. 능력, 적성, 권한

feeble
[fíːbəl]

a. 약한(weak), 쇠약한, 무능한

a **feeble** government
무능한 정부

wither
[wíðər]

v. 시들다, 위축시키다

The cold **withered** the leaves.
추위에 잎이 시들었다.

languish
[læŋgwiʃ]

v. 축 늘어지다, 시들다, 동경하다, 번민하다

languish in poverty
가난에 쪼들리다

invalid
[ínvəlid]

a. 허약한(feeble), 병약한, 무효의 n. 병자
opp. valid(= validness) 근거가 확실한, 유효한

my **invalid** mother
병약하신 어머니
an **invalid** claim ticket
무효가 된 보관증

---

006 ~을 할 수 있게 하다   ENABLE

enable
[enéibəl]

v. ~을 할 수 있게 하다

Money **enables** one to do a lot of things.
돈은 많은 일을 할 수 있게 해 준다.

capacity
[kəpǽsəti]

n. 용량, 능력, 자격(position)

be filled to **capacity**
만원이다
■ capable
a. 유능한

■ at capacity 전 생산 능력으로
■ with a capacity of 용량 ~의

faculty
[fǽkəlti]

n. 능력, 재능, 수완

the mental **faculties**
지적 능력

aptitude
[ǽptitùːd]

n. 재능, 적성, 경향

aptitude test
적성 검사
- apt
a. 하기 쉬운(liable), 적절한

efficient
[ifíʃənt]

a. 유능한, 능률이 높은

an **efficient** workman
유능한 노동자
efficiency wages
능률급
- efficiency
n. 능률

abolish
[əbáliʃ]

v. 폐지하다, 철폐하다(do away with)
Slavery was **abolished** in the US in the 19th century.
노예제도는 미국에서 19세기에 폐지되었다.
- abolition
n. 폐지, 철폐

removal
[rimúːvəl]

n. 철수, 제거, 해임, 면직

snow **removal**
제설
the surgical **removal** of a tumor
종양 절제
- remove
v. 제거하다, 해임하다

- surgical 외과의
- tumor 종양
- graft 부정 이익

| **cancel**
[kǽnsəl] | v. 지우다(cross out), 취소하다(revoke)

She **canceled** her trip to New York because she felt ill.
그녀는 병이 났기 때문에 뉴욕 여행을 취소했다. |
| **repeal**
[ripí:l] | v. 무효로 하다, 폐지하다 n. 폐지, 폐기, 취소, 철회

repeal a grant   허가
인가의 취소
the **repeal** of laws
법률의 폐지 |

008 합계하다, 요약하다   SUM

| **sum**
[sʌm] | v. 합계하다, 요약하다 n. 총계(total), 금액, 개요(outline)

summary justice   정의, 공정, 정당, (당연한) 응보
즉결재판
■ summary
n. 요약 a. 간략한, 즉결의(brief) |
| **digest**
[daiʒést] | v. (음식을) 소화하다, 요약하다(summarize)
n. 요약

  적당히, 당연히
She couldn't **digest** food properly.
그녀는 음식을 잘 소화시킬 수 없었다.
■ digestive
a. 소화를 돕는 n. 소화제
■ digestion
n. 소화력, 흡수 |

absolve
[əbzálv, -sálv]

v. 용서하다(acquit), 면제하다

He was **absolved** of his sin.
그는 죄를 사면받았다.

acquit
[əkwít]

v. 놓아주다, 석방하다 opp. **arrest** 체포하다

He was **acquitted** after a long trial.
공판, 시도, 시험
그는 오랜 심문 끝에 석방되었다.
- **acquittance**
n. 면제, 소멸

forgive
[fərgív]

v. 용서하다(pardon), 봐주다(overlook)
opp. **punish** 벌하다

Forgive and forget!
잊다
용서하고 잊어버려라!

pardon
[pá:rdn]

v. 용서하다, 사면하다 n. 용서, 사면

He asked for my **pardon**.
그는 내게 용서를 구했다.

apologize
[əpálədʒàiz]

v. 사과하다, 변명하다

a written **apology**
사과장
- **apology**
n. 사과, 해명(excuse)

- apologize for ~의 일로 사과하다
- apologize to ~에게 사과하다

excuse
[ikskjú:z]

v. 변명하다, 용서하다 n. 변명, 사과(apology)

들이다, 넣다, 수용할 수 있다
Your failure admits of no **excuse**.
네 잘못은 변명의 여지가 없다.

discharge
[distʃáːrdʒ]

v. 면제하다, (짐을) 부리다(unload), 해방시키다(release)
n. 하역

The doctor **discharged** the patient from hospital.
의사는 그 환자를 퇴원시켰다.

exempt
[igzémpt]

v. (의무, 고통을) 면제하다
a. 면제된 n. 면세자

Poor eyesight will **exempt** you from military service.
시력이 나빠서 너는 병역에서 면제될 것이다.
■ exemption
n. 면제

■ eyesight 시력
■ military service 병역

liberty
[líbərti]

n. 자유, 해방

liberty of the press
출판의 자유
누름, 신문, 출판물 인쇄기
be guilty of a **liberty**
제멋대로 행동하다

emancipate
[imǽnsəpèit]

v. 자유롭게 하다, 해방하다(liberate)

the **emancipation** of women
여성 해방
■ emancipation
n. 해방, 이탈

■ emancipate from
~에서 해방하다

untie
[ʌntái]

v. 풀다(loosen), 해방하다

untie a package
꾸러미, 소포
보따리를 풀다

release
[rilíːs]

v. 해방하다(set free), 면제하다, (영화) 개봉하다
n. 석방, 해방(emancipation), 면제

They **released** the prisoners.
죄수, 포로
그들은 포로들을 석방했다.

absurd
[əbsə́:rd, -zə́:rd]

a. 어리석은(foolish), 불합리한, 모순된

It is **absurd** of you to suggest such a thing.
그런 걸 제안하다니 어리석다.
- absurdity
n. 불합리, 부조리

stupid
[stjú:pid]

a. 우둔한(foolish), 시시한(boring) opp. clever 영리한

a **stupid** party
재미없는 파티

dull
[dʌl]

a. 우둔한, 무딘(blunt)
opp. sharp 날카로운, 가파른, 뚜렷한

All work and no play makes Jack a **dull** boy.
놀지 않고 공부만 한다면 어린이는 바보가 된다. (속담)

silly
[síli]

a. 어리석은(stupid)
n. 바보(fool)

You must be a fool to ask such **silly** questions.
그런 어리석은 질문을 하다니 바보임에 틀림없다.

idiot
[ídiət]

n. 멍청이(fool), 바보, 천치

idiot box
텔레비전 (속어)
- idiotic
a. 백치의
- idiotism
n. 백치 같은 행동
- idotize
v. 바보로 만들다

folly
[fáli / fɔ́li]

n. 어리석은 행동, 바보짓

범하다, 위탁하다, 맡기다

He sometimes commits a **folly**.
그는 종종 어리석은 짓을 한다.

rational
[rǽʃənl]

a. 이성적인, 합리적인(reasonable, sane, sensible)
opp. irrational 이성을 잃은, 불합리한

존재, 생물

Man is a **rational** being.
사람은 이성적인 동물이다.

012 사고, 우연

ACCIDENT

accident
[ǽksidənt]

n. (뜻밖의) 사고, 우연(chance), 재난

- accidental
  a. 우연의, 부수적인

- by accident 우연히
- without accident 무사히

disaster
[dizǽstər]

n. 재난(calamity), 큰 불행(misfortune)

The election results will bring political **disaster**.
선거 결과는 정치적인 재앙을 불러올 것이다.

catastrophe
[kətǽstrəfi]

n. 재앙, 파국

The flood was a terrible **catastrophe** in which
many people died.
그 홍수는 수많은 인명을 앗아간 끔찍스러운 재앙이었다.

adversity
[ædvə́:rsəti]

n. 역경, 불운(trouble, bad fortune)

A good friend will not desert you in time of **adversity**.
좋은 친구라면 역경에 처한 너를 저버리지 않을 것이다.

calamity
[kəlǽməti]

n. 재난, 불행(misfortune)

A great **calamity** happened to me.
나에게 큰 불행이 들이닥쳤다.

misfortune
[misfɔ́:rtʃən]

n. 불운, 역경

Misfortunes never come singly.
엎친 데 덮친다. (속담)

accuse
[əkjúːz]

v. 고소하다, 비난하다(blame)

She **accused** me of lying.
그녀는 내가 거짓말을 한다고 비난했다.
- accusation
n. 고발, 비난

prosecute
[prásəkjùːt]

v. 수행하다(pursue), 종사하다(carry on), 기소하다

He **prosecuted** his studies from birth to death.
그는 평생토록 연구에 종사했다.
- prosecution
n. 수행, 기소

- prosecute for ~로 기소하다

acknowledge
[əknálidʒ]

v. 인정하다(admit), 감사하다, 자백하다

패배시키다

He did not **acknowledge** himself defeated.
그는 자신의 패배를 인정하지 않았다.
- acknowledgement
n. 인정, 승인, 감사

gratitude
[grǽtətjùːd]

n. 감사(thankfulness), 사의

I'd like to express my **gratitude** to you for your kindness.
당신의 친절에 감사의 마음을 전하고 싶습니다.
- gratify
v. 만족시키다(satisfy)
- grateful
a. 감사하는

admit
[ædmít]

v. 들이다(allow to enter), 인정하다

He never **admitted** his mistakes.
그는 자기의 잘못을 인정하지 않았다.
admission free
무료 입장
■ admission
n. 입장, 시인

entry
[éntri]

n. 입장, 기입, 참가자

The sign on the door says "No **Entry**."
문에는 "출입 금지"라고 되어 있다.
■ entrance
n. 입장, 입구

attend
[ətend]

v. 출석하다, 수행하다(accompany), 따르다, 돌보다, 시중들다

Success **attends** on hard work.
근면에는 성공이 따르는 법이다.

partake
[pɑːrtéik]

v. 참여하다(participate), 함께 먹다

Will you **partake** of supper this evening with us?
우리와 함께 오늘 저녁 식사를 하시겠어요?

participate
[pɑːrtísəpèit]

v. 참가하다(take part in), ～의 기미가 있다

We have to **participate** in the discussion.
우리는 그 토론에 참석해야만 한다.
■ participant
a. 관여(관계)하는, 함께하는 n. 관여자, 참가자

induction
[indʌkʃən]

n. 입사, 입대, 취임식, 귀납법
opp. deduction 빼기, 공제

his **induction** into the army
그의 군 입대

warrior
[wɔ́(ː)riər]

n. 군인(soldier), 노병, 무인(武人)

the Unknown **Warrior**
무명용사

accompany
[əkʌ́mpəni]

v. 동행하다(go with), 반주하다, 수행하다

He went on a journey, **accompanied** by a servant.
그는 하인 하나를 데리고 여행을 떠났다.
■ accomplice
n. 공범자

- be accompanied by
~이 따르다, 수반하다

---

016 고백하다 CONFESS

confess
[kənfés]

v. 고백하다, 자인하다(recognize)
opp. conceal 숨기다

She **confessed** stealing the watch.
그녀는 시계를 훔쳤노라고 자백했다.
■ confession
n. 자백, 고백, 고해

- confess to 자백하다
- to confess the truth
사실을 말하자면

act
[ækt]

v. 행동하다, 작용하다, 연기하다(play) n. 행위(deed)

This medicine **acts** on the kidneys.
이 약은 신장에 효과가 있다.
supporting **actor**
조연
Actions speak louder than words.
행동은 말보다 더 역설(力說)적이다.
■ actor
n. (남자) 배우 (actress 여배우)
■ action
n. 행동, 조치, 동작

deed
[di:d]

n. 행위, 공적(exploit), 사실(reality)

in **deed** as well as in name
명실공히

active
[ǽktiv]

a. 활발한(brisk), 활동적인, 활동하고 있는

active laws
현행법
political **activity**
정치 활동
■ activity
n. 활동, 호경기

brisk
[brisk]

a. 활발한(active), 빠른 opp. slow 느린, 시간이 걸리는
dull 무딘, 둔한, 단조롭고 지루한

Trade is **brisk**.
거래가 활발하다.

vigorous
[víɡərəs]

a. 힘찬, 박력 있는

He made a **vigorous** speech in defense of the government.
그는 정부를 옹호하는 박력 있는 연설을 했다.
■ vigor
n. 활력, 정력(strength)

energetic
[ènərdʒétik]

a. 정력적인, 강력한(powerful)

He is an **energetic** man.
그는 정력적인 사람이다.

strenuous
[strénjuəs]

a. 열렬한, 분투노력하는

She is a **strenuous** lover of music.
그녀는 열렬한 음악 애호가이다.

keen
[ki:n]

a. 날카로운(sharp), 열망하는(eager), 강렬한

Birds have **keen** sight.
새는 날카로운 시력을 가졌다.

acute
[əkjúːt]

a. 격심한(intense), 날카로운(sharp)
opp. dull 무딘, 둔한, 단조롭고 지루한

He suddenly felt an **acute** pain in his stomach.
그는 갑자기 위에 심한 통증을 느꼈다.

critical
[krítikəl]

a. 비평의, 위기의

He read this book with a **critical** eye.
그는 이 책을 비평적인 안목을 가지고 읽었다.
- criticize
v. 비평하다, 비난하다
- criticism
n. 비평, 비난

- critical of ~에 대해 비판적인
- critical for ~에 매우 중요한

---

017 적응시키다 ADAPT

adapt
[ədǽpt]

v. 적응시키다, (작품을) 각색하다(modify)

The story was **adapted** for the movies.
그 이야기는 영화로 각색되었다.
- adaptation
n. 적응, 개작

adjust
[ədʒʌ́st]

v. 조정하다, 적응시키다, 정리하다(arrange)

I have to **adjust** my watch.
나는 시계를 조정해야 한다.

compromise
[kámprəmàiz]

v. 타협하다, 화해하다, 절충하다
n. 타협, 절충

The workers and management reached a **compromise**.
노사(勞使)가 타협에 이르렀다.

mediate
[mí:dièit]

v. 중재하다, 화해시키다 a. 중재의, 간접적인

mediate a quarrel
싸움을 중재하다

reconcile
[rékənsàil]

v. 화해시키다(make friends again), 조정하다, 만족케 하다

I **reconcile** with her tonight.
나는 오늘 밤에 그녀와 화해할 것이다.
■ reconciliation
n. 화해, 조정

accommodate
[əkámədèit]

v. 수용하다(admit), 공급하다, 편의를 봐주다

This hotel can **accommodate** up to 500 guests.
이 호텔은 500명의 손님을 수용할 수 있다.
■ accommodation
n. 편의, (pl.) 숙박 시설

conform
[kənfɔ́:rm]

v. 순응시키다, (습관, 규칙에) 따르다

He makes his deeds **conform** to his words.
그는 말한 바를 행동으로 옮긴다.

018 연기하다   ADJOURN

adjourn
[ədʒə́:rn]

v. 연기하다(put off), 휴회하다

The meeting was **adjourned** for a month.
그 모임은 한 달 연기되었다.
■ adjournment
n. 연기, 휴회

delay
[diléi]

v. 미루다, 연기하다(postpone), 지연시키다

Ignorance **delays** progress.
무지가 진보를 지체시킨다.

defer
[difə́ːr]

v. 연기하다, 뒤로 미루다

I **deferred** buying a new car.
나는 새 차를 살 계획을 뒤로 미루었다.

postpone
[poustpóun]

v. 연기하다(put off), 뒤로 미루다

The regular general meeting was **postponed** till next month.
정기총회는 다음 달로 연기되었다.
■ postponement
n. 연기

suspend
[səspénd]

v. 중지하다, 연기하다, 매달다(hang)

suspend payment
지불을 정지하다
He **suspended** his decision.
그는 결정을 미루었다.
■ suspension
n. 미결정, 정학, 매달기
■ suspense
n. 미결, 불안, 서스펜스

■ suspend from ~에 매달다

halt
[hɔːlt]

v. 정지하다(stop) n. 정지, 휴식

안내자, 차장, 지휘자
The (conductor) **halted** the train.
차장은 기차를 정지시켰다.

cease
[siːs]

v. 그만두다, 중지하다

Cease fire!
사격 중지! (Stop shooting!)
■ ceaseless
a. 끊임없는(unending)

arrest
[ərést]

v. 체포하다(seize), 저지하다(stop, check)
n. 체포, 구류, 감금

He is under house **arrest**.
그는 가택 연금 중이다.

ADORN

adorn
[ədɔ́:rn]

v. 꾸미다, 장식하다(decorate)

She **adorned** herself with jewels.
그녀는 보석으로 몸을 치장했다.

decorate
[dékərèit]

v. 꾸미다, 훈장을 주다

■ decoration
n. 장식

■ decorate for ~에 대해 훈장을 수여하다
■ decorate with ~로 장식하다

SHREWD

shrewd
[ʃru:d]

a. 교활한, 영리한(clever)
opp. dull 무딘, 둔한, 단조롭고 지루한

a **shrewd** businessman
빈틈없는 사업가

cunning
[kʌ́niŋ]

a. 교활한(craft), 교묘한(ingenious)

She is as **cunning** as a fox.
그 여자는 여우처럼 교활하다.

sly
[slai]

a. 교활한(cunning, crafty), 음흉스러운(underhand),
장난스러운(mischievous)

a **sly** old fox
교활한 늙은 여우

■ on the sly 살짝, 남몰래

ingenious
[indʒí:njəs]

a. 슬기로운, 솜씨 좋은(skillful), 교활한
cf. ingenuous 솔직한(frank), 담백한

beware
[biwέər]

v. 조심하다, 주의하다(be careful)

Beware what you say!
말조심해라!

caution
[kɔ́:ʃən]

v. 경고하다 n. 경고, 조심(wariness)

by way of **caution**
경고로, 노파심에서
■ cautious
a. 조심스러운, 신중한

■ exercise caution 주의를 기울이다
■ with caution 조심하여

parliament
[pá:rləmənt]

n. 의회, 국회

a Member of **Parliament**
하원의원(M. P)
parliamentary language
품위 있는 말
■ parliamentary
a. 의회의, 품위 있는

congress
[káŋgris]

n. 회의(formal meeting), 회기, 대회

the 92th **Congress**
92회 국회

conference
[kɑ:nfərəns]

n. 상담, 회의, 협의회

a news **conference**
기자 회견

counsel
[káunsəl]

v. 충고하다, 생각하다
n. 협의, 충고

I took **counsel** with my pillow about the event.
나는 하룻밤 자면서 그 일에 대해 생각했다.
■ counselor
n. 고문, 변호사

acquaint
[əkwéint]

v. 알리다(inform), 정통하게 하다

She **acquainted** them with the facts.
그녀는 그들에게 사실을 알렸다.
- acquaintance
n. 친지, 지식

advertise
[ǽdvərtàiz]

v. 광고하다, 알리다(inform)

a situation-vacant **advertisement**
구인 광고
- advertisement
n. 광고, 선전

inform
[infɔ̀ːrm]

v. 알리다

That's a useful piece of **information**.
그것은 유용한 정보이다.
- information
n. 정보

- inform about ~을 알리다
- inform against ~을 밀고하다

warn
[wɔːrn]

v. 경고하다, 알리다(inform)

I **warned** him never to be late again.
나는 그에게 다시는 늦지 말라고 경고했다.
- warning
n. 경고, 예고, 징후

advise
[ædváiz]

v. 충고하다, 조언하다(counsel), 알리다

- advised
a. 숙고한, 신중한

- advise about ~에 대해 충고하다
- advise of ~을 알리다

propagate
[prǽpəgèit]

v. 선전하다, 보급시키다(spread)

- propaganda
n. 선전, 선전 단체

affect
[əfékt]

v. 영향을 미치다(influence), 가장하다(pretend), ~인 체하다, 감동시키다(move)

She was **affected** by his words.
그녀는 그의 말에 감동했다.
Affectionate yours
사랑하는 ~로부터
■ affection
n. 영향, 애정(love)

sway
[swei]

v. 흔들(리)다(swing), 좌우하다 n. 동요, 지배

The trees **swayed** in the wind.
나무가 바람에 흔들렸다.

persuade
[pəːrswéid]

v. 설득시키다, 믿게 하다(convince) opp. dissuade 단념시키다

I could not **persuade** him that the news was true.
그 소식이 사실이라는 것을 그로 하여금 믿게 할 수가 없었다.

induce
[indjúːs]

v. 권하다, 야기하다, 서둘러서 ~하게 하다

Nothing shall **induce** me to give this up.
그 무엇도 나를 단념시킬 수 없다.
■ inducement
n. 자극(incentive), 유인

strike
[straik]

v. 치다(hit), 감동시키다(impress)

I was **struck** with her beauty.
나는 그녀의 아름다움에 넋을 잃었다.

impress
[imprés]

v. (도장을) 찍다, 인상을 주다, 감동시키다
n. 날인, 인상, 감명

He was **impressed** by the boy's behavior.
그는 그 소년의 행동에 감명을 받았다.

subscribe
[səbskráib]

v. 서명하다(sign), 구독하다, 기부하다

I **subscribe** to "Time."
나는 "타임"지를 구독한다.

seal
[si:l]

v. 날인하다 n. 인장, 도장, 봉인, 바다표범

an official statement signed and **sealed**
서명 봉인된 공식 문서

influence
[ínfluəns]

v. 영향을 미치다 n. 영향, 영향력, 세력가

It has had a tremendous **influence** upon Western Civilization.
그것은 서구 문명에 막대한 영향을 미쳤다.

attach
[ətǽtʃ]

v. 붙이다, 애착을 갖게 하다 opp. detach 떼다

He **attached** a stamp to the envelope.
그는 봉투에 우표를 붙였다.
- attachment
n. 부착(물), 애정

025 희생하다   SACRIFICE

sacrifice
[sǽkrəfàis]

v. 희생하다(devote), 바치다 n. 산 제물, 희생

She made a lot of **sacrifices** to educate her only son.
그녀는 외아들을 교육시키려고 희생을 치렀다.
- sacrificial
a. 희생의

devote
[divóut]

v. 바치다, 헌납하다

He has **devoted** his life to helping blind people.
그는 맹인을 돕는 일에 자신의 생을 바쳤다.
- devotion
n. 헌납(dedication), 깊은 정

dedicate
[dédikèit]

v. 봉납하다, 헌납하다

She **dedicated** her first book to her mother.
그녀는 처음으로 쓴 책을 어머니께 바쳤다.
- dedication
n. 봉납, 헌납

- dedicated 일신을 바친, 헌신적인
- dedicatee 헌정받는 사람

026 고통을 주다 AFFLICT

afflict
[əflíkt]

v. 고통을 주다(torment), 괴롭히다(distress)

He is **afflicted** at the loss of his parents.
그는 양친을 여의어 상심에 빠져 있다.
- affliction
n. 고난, 고통

pang
[pæŋ]

n. 격통, 심한 고통

the **pangs** of conscience
양심의 가책

trial
[tráiəl]

n. 시도(testing), 시련(hardship), 재판

Life is full of **trials**.
인생은 시련으로 가득 차 있다.

torment
[tɔ́ːrment]

v. 고문하다, 괴롭히다(annoy) n. 고통

The soldiers were **tormented** with hunger and injury.
군인들은 기아와 부상으로 고통받고 있었다.

inflict
[inflíkt]

v. (상처, 고통을) 주다, 괴롭히다

You must not **inflict** pain upon animals.
동물을 학대해서는 안 된다.
■ infliction
n. (고통을) 주기, 고통(pain)

annoy
[ənɔ́i]

v. 짜증나게 하다(irritate) opp. gratify 만족시키다, 기쁘게 하다

How **annoying**!
정말 귀찮군!
■ annoyance
n. 성가심, 두통거리

mar
[mɑːr]

v. 손상하다(injure), 못쓰게 하다(spoil)

The big new road **mars** the beauty of the countryside.
새로 생긴 도로가 시골 경치를 해치고 있다.

slaughter
[slɔ́ːtər]

v. 학살하다 n. 학살, 도살

people **slaughtered**
학살당한 사람들
■ slaughterhouse
n. 도살장

massacre
[mǽsəkər]

v. 학살(살육)하다 n. 대량 학살(살육)

the **massacre** of millions during the war
전쟁 중 수백만에 이르는 대학살

murder
[mə́ːrdər]

v. 살해하다, 죽이다 n. 살인

Murder will out.
나쁜 일은 반드시 탄로 난다.(속담)

Day 03

distress
[distrés]

v. 괴롭히다(worry) n. 고통, 빈곤

He has been much **distressed** for money.
그는 돈에 몹시 쪼들리고 있다.

agony
[ǽgəni]

n. 고민, 번민

The **agony** has left me.
나는 고민에 빠져 있다.
- agonize
v. 괴롭히다, 괴로워하다

obsess
[əbsés]

v. ～에 들러붙다, 괴로워하다, 사로잡다

He is **obsessed** by obsession.
그는 강박관념에 사로잡혀 있다.
- obsession
v. 강박관념

grief
[griːf]

n. 슬픔, 비탄

제정신이 아닌

She went nearly insane with **grief** after her lover left.
그녀는 애인이 떠나간 후 슬픔에 잠겨 거의 실성할 지경이었다.
- grieve
v. 슬프게 하다
- grievous
a. 슬픈

bitter
[bítər]

a. 혹독한, 쓰라린(painful)

taste the sweets and **bitters** of life
산전수전 다 겪다

(손글씨) (pl.) 단것

pain
[pein]

n. 아픔(ache), 괴로움, (pl.) 진통

No **pains**, no gains.
수고 없이 소득 없다.
- painful
a. 아픈

sore
[sɔ:r]

a. 아픈(painful), 덧난, 심한(severe)

My feet are **sore** from all that running yesterday.
어제 심하게 달리기를 했더니 발이 아프다.

(손글씨) 그만치, 그토록, 그다지

anguish
[ǽŋgwiʃ]

n. 심각한 고민, 괴로움

She is in **anguish** over her child.
그녀는 아이의 일로 몹시 고민하고 있다.

suffer
[sʌ́fər]

v. (고통을) 받다, 겪다(undergo), 참다(endure), 괴로워하다

He **suffered** from poverty.
그는 가난에 찌들었다.

(손글씨) 빈곤, 가난

- sufferer
n. 수난자, 환자
- suffering
n. 고생, 고난(hardships), 고통(pain) a. 괴로운

bother
[báðər]

v. 괴롭히다(worry), 걱정하다(be anxious)
n. 걱정, 고민(trouble)

I'm busy. Don't **bother** me.
난 지금 바빠. 성가시게 굴지 마라.

apprehend

[æprihénd]

v. 걱정하다(fear), 체포하다(arrest), 깨닫다(understand)

I **apprehended** the worsening of the situation.
나는 상황이 나빠질까 봐 걱정했다.

- apprehension
n. 이해, 불안, 염려
- apprehensive
a. 염려하는, 이해가 빠른

---

030 폐를 끼치다 INCONVENIENCE

inconvenience

[ìnkənví:njəns]

v. 폐를 끼치다(bother) n. 불편, 불쾌

It is very **inconvenient** if there is no bath in a house.
집에 욕실이 없으면 아주 불편하다.

- inconvenient
a. 불편한, 곤란한, 성가신

fright

[frait]

n. 놀람, 공포(terror)

stage **fright**
무대 공포증
- frighten
v. 놀라게 하다

- sudden fright 갑작스러운 공포
- in fright 깜짝 놀라

terror

[térər]

n. 공포(great fear), 공포의 대상(원인)

He is a **terror** to the villagers.
그는 마을 사람들에게 공포의 대상이다.
- terrible
a. 무서운

alarm

[əlá:rm]

v. 놀라게 하다(frighten), 걱정시키다
n. 놀람, 경보

He was **alarmed** at the news.
그는 그 소식을 듣고 걱정이 되었다.

grim
[grim]

a. 무서운(terrible), 냉혹한(cruel), 엄한(severe), 불쾌한

a **grim** reality
엄연한 현실

- grimly 잔인하게
- grimness 잔인, 무서움

rigo(u)r
[rígər]

n. 가혹, 엄격함(strictness)

the **rigors** of life
생활고

- rigorous
a. 가혹한, 엄한

coward
[káuərd]

n. 겁쟁이

You **coward**! Are you afraid of water?
겁쟁이 같으니라구! 물이 무섭다고?
- cowardice
n. 비겁(lack of courage)

dread
[dred]

v. 무서워하다, 염려하다 n. 공포

→탄, 불에 덴
A burnt child **dreads** the fire.
불에 덴 아이는 불을 무서워한다. (속담)
- dreadful
a. 쓸쓸한

formidable
[fɔ́ːrmidəbəl]

a. 겁나는(fearful), 감당하기 어려운

a **formidable** enemy
강적

threaten
[θrétn]

v. 위협하다, 겁나게 하다(frighten)

threaten punishment
처벌하겠다고 으르다

- threaten with[to] ~으로 위협하다

scare
[skɛər]

v. 위협하다, 겁나게 하다(frighten) n. 공포

The dog **scared** the thief away.
그 개는 도둑을 위협해서 쫓아버렸다.

- scare up 몰아내다
- cause a scare 소란을 피우다

dismay
[disméi]

v. 놀라게 하다, 겁먹게 하다(alarm)
n. 놀람, 공포(fear), 당황

I was **dismayed** at the news.
나는 그 소식을 듣고 당혹스러웠다.

appall
[əpɔ́ːl]

v. 소름끼치게 하다(terrify)

We were **appalled** when we heard she had been murdered.
그 여자가 살해됐다는 소식을 들었을 때 우리는 온 몸에 소름이 돋았다.
- **appalling**
- a. 간담을 서늘케 하는

menace
[ménəs]

n. 위협, 협박 v. 협박하다

speak with **menace**
협박조로 말하다

---

032 대표자, 사절 — DELEGATE

delegate
[déligit]

n. 대표자, 사절 v. 파견하다, 위임하다

He was **delegated** to the convention.
집회, 협정, 관습
그는 그 회의에 대표로 파견되었다.
- **delegation**
- n. 파견 위원, 대표단

typical
[típikəl]

a. 전형적인, 대표적인(representative)

a **typical** example
대표적인 예

representative
[rèprizéntətiv]

n. 대표자, 국회의원, 견본
a. 대표하는

Congress is **representative** of the people.
국회는 국민을 대표한다.
- representativeness
n. 대표성

be representative of
~을 대표하다

attorney
[ətə́:rni]

n. 변호사(lawyer), 대리인

attorney general
법무 장관

대장

secretary
[sékrətèri]

n. 비서, 장관

Secretary of State
국무 장관

- personal secretary 개인 비서
- press secretary 공보 담당 비서
- executive secretary 사무국장

---

033 공격하다, 착수하다   ATTACK

attack
[ətǽk]

v. 공격하다(assail), 착수하다 n. 공격

The author was **attacked** by critics.
그 작가는 비평가들로부터 공격을 받았다.

비평가

siege
[si:dʒ]

n. 포위 공격, 농성

Greeks laid **siege** to Troy.
그리스는 트로이를 포위 공격했다.

- lay 놓다, 눕히다, 낳다, 때려눕히다
- lay siege to ~을 포위 공격하다

assault
[əsɔ́:lt]

n. 습격, 폭행, 강간

Partisan took the village by **assault**.
빨치산은 그 마을을 습격하여 손에 넣었다.

aggression
[əgréʃən]

n. 침략, 공격, 호전성

These measures will serve as safety valves for
external **aggression**.
이런 방책은 외부의 침략에 대해서 안전판 역할을 할 것이다.
- aggressive

a. 침략적인, 적극적인

beset
[bisét]

v. 포위하다, 공격하다(attack), 괴롭히다

I was **beset** by mosquitoes.
나는 모기한테 시달림을 받았다.

---

034 위반, 범죄 OFFENSE

offense
[əféns]

n. 위반, 범죄(crime), 무례(insult), 공격(attack)
opp. defense 방어, 변호

an **offense** against the law
법률 위반

misdeed
[mìsdíːd]

n. 비행, 범죄(crime)

He deserved long imprisonment for his many **misdeeds**.
그는 많은 범죄 때문에 장기 투옥은 당연했다.

raid
[reid]

v. 습격하다, 침입하다(invade) n. 습격, 기습

an air **raid**
공습
- raider

n. 습격자

- bombing raid 폭격
- border raid 국경 침입
- police raid 경찰 단속
- suicide raid 자살 공격

trespass
[tréspəs]

v. 침입하다(invade) n. 침범

"No **trespassing**."
들어오지 마시오.

assent
[əsént]

v. 동의하다(agree) n. 동의, 찬성(consent)
opp. dissent 의견을 달리하다, 이의를 말하다

I gave my **assent** to his plan.
나는 그의 계획에 동의했다.
with one **assent**
만장일치로

consent
[kənsént]

v. 승낙하다(allow), 동의하다
n. 동의(assent), 허가(permission)

The father **consented** to his daughter's piano lessons.
아버지는 딸이 피아노 교습을 받는 것을 승낙했다.

comply
[kəmplái]

v. 따르다, 응하다(agree) opp. refuse 거절하다

They **complied** with my request.
그들은 나의 요구를 들어주었다.

adopt
[ədápt]

v. 양자로 삼다, 채택하다(accept), 채용하다
opp. reject 거절하다

■ adopt A as B A를 B로 채택하다

adopt a child
양자를 들이다
my **adopted** son
의붓아들
■ adoption
n. 채용, 채택, 양자로 삼음

accept
[æksépt]

v. 받다(receive), 승낙하다(consent to), 인정하다(approve)
opp. refuse 거절하다

She could not **accept** that her husband was dead.
그녀는 남편이 죽었다는 것을 인정할 수 없었다.
■ acceptable
a. 마음에 드는
■ acceptance
n. 찬성, 승낙

approve
[əprúːv]

v. 인정하다, 찬성하다, 증명하다

I will **approve** him a trustworthy man.
그가 믿을 만하다는 것을 보여 드리겠습니다.

신뢰할 수 있는

approval
[əprúːvəl]

n. 승인, 찬성

It has the **approval** of the whole committee.
그것은 위원회 전체의 찬성으로 승인되었다.

위원회

harmony
[háːrməni]

n. 조화(concord), 화합 opp. discord 불일치

You must live in **harmony** with each other.
너희들은 서로 의좋게 생활해야 한다.
■ harmonious
a. 조화로운

balance
[bǽləns]

n. 균형, 조화, 저울

balance of power
힘의 균형

equilibrium
[ìːkwəlíbriəm]

n. 균형, (마음의) 평정

the **equilibrium** of supply and demand
공급과 수요의 균형

equal
[íːkwəl]

a. 동등한, 감당하는, 서로 맞먹는

He is **equal** to the task.
그는 그 일을 충분히 감당할 수 있다.

■ equal as ~에 필적하다
■ equal to
~와 같은, ~할 자격(힘)이 있는

accord
[əkɔ́ːrd]

v. 일치하다, 주다(give) n. 일치, 합의(agreement)
opp. discord 불화, 불협화음

His deeds **accord** with his words.
그의 행동은 말과 일치한다.
■ accordance
n. 일치, 인가, 수여

- according to ~에 의하면
- according as ~에 준하여

coincide
[kòuinsáid]

n. 일치하다, 동의하다

His views **coincide** with mine.
그의 의견은 내 견해와 일치한다.
■ coincidence
n. (우연의) 일치, 동시 발생

- coincide in ~에 있어 의견이 일치하다
- coincid with ~와 일치[합치]하다

simultaneous
[sàiməltéiniəs]

a. 동시의

해석, 통역
simultaneous interpretation
동시통역

contemporary
[kəntémpərèri]

a. 현대의, 같은 시대의 n. 동시대의 사람

의견, 견해
contemporary opinion
시론(時論)

contract
[kántrækt]

n. 계약(agreement), 약혼 v. 계약을 맺다

The company has signed a **contract** to build the new road.
그 회사는 새 도로의 건설 계약에 서명했다.
■ contractor
n. 계약자

concord
[kάŋkɔːrd]

n. 일치, 친교, 평화

The two tribes had lived in **concord**.
두 부족은 사이좋게 지냈다.

in concord with
~와 일치[화합]하여

convention
[kənvénʃən]

n. 모임, 협정(agreement), 관습

a postal **convention**
우편 협정

- annual convention 연례 회의
- party convantion 당대회
- deny convantion 관례를 무시하다

treaty
[tríːti]

n. 조약(agreement), 협정

a **treaty** of peace
평화 조약
a commercial **treaty**
통상 협약

- conclude a treaty 조약을 맺다
- confirm a treaty 조약을 비준하다
- break treaty 조약을 위반하다

bargain
[báːrgən]

n. 계약, 흥정 a. 싼

a good **bargain**
싼값에 산 물건
into the **bargain**
게다가(besides)

compact
[kəmpǽkt]

n. 콤팩트(휴대용 분갑), 소형 자동차, 협정, 계약
a. 촘촘한, 조밀한

형성, 대형

a **compact** formation
밀집 대형

---

039 존경할 만한 VENERABLE

venerable
[vénərəbəl]

a. 존경할 만한(reverend), 장엄한

a **venerable** scholar
존경할 만한 학자

homage

[hɑ́midʒ]

n. 존경, 경의, 신하의 예

They paid **homage** to the queen.
그들은 여왕에게 경의를 표했다.

piety

[páiəti]

n. 경외감(loyalty), 효심

Let them learn first to show **piety** at home, and to requite their parents.
그들로 하여금 먼저 자기 집에서 효를 행하여 부모에게 보답하기를 배우게 하라.

ally

[əlái]

v. 동맹하다 n. 동맹국
opp. **separate** 분리하다, 가르다, 떼어 놓다

the **Allied** Powers
제2차 대전시의 연합국
■ **alliance**
n. 동맹

■ ally against
~에 대항하여 우방과 동맹을 맺다
■ ally to ~와 동맹하다

league

[liːg]

v. 단결(동맹)시키다 n. 동맹(alliance), 연맹

a **league** match — 경기, 경쟁 상대
리그전

union

[júːnjən]

n. 결합, 화합, 노동조합
opp. **division** 분할, 구분, 경계선

Union is strength.
단결은 힘이다.

cohere

[kouhíər]

v. 결합하다, 밀착하다, 조리가 서다

Your story does not **cohere**.
네 이야기는 조리가 서지 않는다.
■ **coherent**
a. 논리 정연한
■ **coherence**
n. 일관성

transact
[trænsǽkt]

v. 처리하다(settle), 거래하다(deal)

the **transaction** of business
사무 처리
- transaction
n. 처리, 취급, 매매

handle
[hǽndl]

v. 조종하다, 다루다(deal with) n. 손잡이

The boss **handles** his inferiors. *손아랫사람*
사장은 부하를 잘 다룬다.

manipulate
[mənípjəlèit]

v. 능란하게 잘 다루다, 조작하다

manipulate public opinion
여론을 조작하다
- manipulation
n. 교묘한 처리, 속임수

manage
[mǽnidʒ]

v. 마음대로 다루다, 경영하다(handle, control, conduct)

He was **managed** by his superior. *우수한 사람, 윗사람*
그는 상사가 시키는 대로 했다.
the labor and **management**
노사 쌍방
- manager
n. 관리자, 지배인
- management
n. 경영, 경영간부

regulate
[régjəlèit]

v. 규정하다, 관리하다 opp. deregulate 규정을 풀다

a **regular** customer
단골손님
- regular
a. 규칙적인, 정기적인 n. 정규병
- regulation
n. 규칙, 규정

'관리·감독하다' 관련 어휘
supervise, oversee, administer, police, superintend

treat

[triːt]

v. 다루다, 대우하다
n. 한턱내기, 한턱

She **treats** us as children.
그녀는 우리를 어린애처럼 다룬다.
- treatment
n. 취급, 대우, 치료

allot

[əlát]

v. 할당하다, 충당하다

That space has already been **allotted** for building a new hospital.
그 공간은 이미 병원을 신축하는 데 할당되었다.
- allotment
n. 할당, 배분, 몫

allocate

[ǽləkèit]

v. (일 따위를) 할당하다, 배분하다(assign)

- allocation
n. 배당, 할당

allocate for ~을 위해 할당하다

assign

[əsáin]

v. 할당하다(allot), 임명하다(appoint), ~의 탓으로 하다(ascribe)

They have **assigned** me a small room.
그들은 내게 작은 방 하나를 배당해 주었다.
- assignment
n. 할당, 임명, 숙제

042 아마추어

amateur
[ǽmətʃùər]

n. 아마추어, 비직업선수 a. 아마추어의

He is the **amateur** in painting.
그는 아마추어 화가이다.

novice
[návis]

n. 초심자(beginner), 풋내기

He is only the **novice** in the political world.
그는 정치계에서 신출내기에 지나지 않는다.

newcomer
[njúːkÀmər]

n. 신참자

a **newcomer** to skiing
스키의 초심자

rookie
[rúki]

n. 신병, (야구) 신인 선수

Mr. Jung is the **rookie** this year.
미스터 정은 올해의 신인 선수다.

043 열망, 포부

ambition
[æmbíʃən]

n. 열망, 포부

That politician is full of **ambition**.
그 정치가는 야심으로 가득 차 있다.

| **policy**
[pálǝsi] | n. 정책, 정략, 방침, 보험증권

Honesty is the best **policy**.
정직은 최선의 방책이다. |

| **enterprise**
[éntǝrpràiz] | n. 기업, 계획(plan, project), 진취적 기상

He is a man of **enterprise**.
그는 진취적인 사람이다.
■ **enterprising**
a. 진취적인 |

| **aspire**
[ǝspáiǝr] | v. 열망하다, 큰 뜻을 품다, 동경하다(long)

He **aspired** to be a poet.
그는 시인이 되기를 바랐다.
■ **aspiring**
a. 열망하는 |

| **pant**
[pænt] | v. 헐떡거리다, 그리워하다, 갈망하다 n. 헐떡임

They **panted** for liberty.
그들은 자유를 갈망했다. |

| **longing**
[lɔ́(:)ŋiŋ] | a. 갈망(열망)하는 n. 열망, 동경

a **longing** for fame
명예욕 |

044 진보적인 PROGRESSIVE

| **progressive**
[prǝgrésiv] | a. 진보적인, 점진적인 n. 진보주의자
opp. **conservative** 보수적인

progressive changes
점진적 변화 |

gradual
[grǽdʒuəl]

a. 점진적인

There has been a **gradual** increase in the birth rate.
출생률이 점차적인 증가를 보였다.
- **gradually**
ad. 서서히, 점차(by degrees)

cordial
[kɔ́:rdʒəl]

a. 진심에서 우러나는

She gave me **cordial** welcome.
그녀는 진심으로 나를 환대해 주었다.

genial
[dʒí:njəl]

a. 온화한(good tempered), 친절한(kindly), 상냥한

a **genial** old lady
온화한 할머니

045 기쁘게 하다 — AMUSE

amuse
[əmjúːz]

v. 기쁘게 하다, 재미나게 하다(entertain)

The old woman **amused** children with stories.
할머니는 이야기를 해 주어 아이들을 즐겁게 했다.
- **amusement**
n. 오락, 즐거움

delicious
[dilíʃəs]

a. 맛있는, 유쾌한(amusing)

a **delicious** story
유쾌한 이야기

'맛있는' 관련 어휘
tasty, appetizing, yummy

complacent
[kəmpléisənt]

a. 자기만족의(self-satisfied)

a **complacent** smile
만족스러워하는 미소

indulge
[indʌ́ldʒ]

v. 만족시키다, 빠지다, 즐기다

indulge in luxurious pleasure

사치스러운 쾌락에 빠지다
- indulgence
n. 탐닉, 관용

gratify
[grǽtəfài]

v. 기쁘게 하다(please), 만족시키다(satisfy)

He wants to **gratify** his thirst for knowledge.
그는 지식욕을 만족시키고자 한다.

invitation
[ìnvətéiʃən]

n. 초청장, 초대

entrance by written **invitation** only
입장은 초대장 소지자에 한함
- invite
v. 초청하다, 권하다

- extend an invitation
초대장을 보내다
- accept an invitation
초대를 받아들이다

entertain
[èntərtéin]

v. 즐겁게 하다, (손님을) 대접하다

entertainment programs
오락 프로그램
professional **entertainer**
연예인
- entertainment
n. 접대, 여흥, 쇼, 오락
- entertainer
n. 연예인, 엔터테이너

divert
[divə́:rt]

v. (주의를) 딴 곳으로 돌리다, 기분 전환하다(distract), 즐겁게 하다

They were **diverted** by a play.
그들은 연극을 보며 즐겼다.

rejoice
[ridʒɔ́is]

v. 기쁘게 하다(delight), 기뻐하다
opp. grieve 몹시 슬프게 하다, 몹시 슬퍼하다

It **rejoices** me to see you well.
건강한 모습을 보니 기쁘구나.

delight
[diláit]

v. 즐겁게 하다(please), 좋아하다 n. 즐거움, 환희
opp. **sorrow** 슬픔

The real **delight** in reading biography is to realize how complicated and peculiar human behavior is.
전기를 읽으면서 느끼는 즐거움은 인간의 행위가 얼마나 복잡하고 독특한가를 깨닫는 것에 있다.

pleasure
[pléʒər]

n. 즐거움, 쾌락, 도락 opp. **pain** 고통, (보통 pl) 고생

He takes a **pleasure** in writing.
그는 글 쓰는 것을 즐거움으로 여기고 있다.

- **afford[give, provide] pleasure** 기쁘게 하다

---

046 격노, 맹렬

FURY

fury
[fjúəri]

n. 격노, 맹렬(very great anger)

He was filled with **fury** and could not speak.
그는 화가 치밀어서 아무 말도 할 수 없었다.

rage
[reidʒ]

n. 분노(fury), 광란(violence), 열망

She flies into a **rage** every time I mention money.
내가 돈 얘기만 꺼내면 그녀는 버럭 화를 낸다.

anger
[ǽŋgər]

v. 노하게 하다 n. 노여움(rage), 분노
opp. **calm** 고요한, 평온한, 고요함

He is moved to **anger**.
그는 화가 나 있다.

indignant
[indígnənt]

a. 분개한, 성난

They are **indignant** at the unfair dismissal.
그들은 부당한 해고에 분개하고 있다.

APPEAL

appeal
[əpíːl]

v. 애원하다, 호소하다, 상소하다 n. 애원, 상소

appeal to arms
무력에 호소하다

(위.) 무기

- lose an appeal 상소에서 패하다
- win an appeal 상소에서 이기다

implore
[implɔ́ːr]

v. 애원하다(beg), 탄원하다(entreat)

an **imploring** look
애원의 눈길

- imploring
a. 애원하는, 탄원의

plead
[pliːd]

v. 탄원하다(entreat), 변호하다, 항변하다
n. 구실(excuse), 탄원(entreaty)

무릎 꿇다

He kneeled and **pleaded** for forgiveness.
그는 무릎을 꿇고 용서를 빌었다.

- pleading
n. 변론 a. 탄원하는
- pleader
n. 변호인, 탄원자

request
[rikwést]

v. 간청하다(beg for), 부탁하다(ask)

He **requested** a loan from the bank.
그는 은행에 융자를 요청했다.

entreat
[entríːt]

v. 간청하다, 탄원하다

자비(심)

I **entreat** you to show mercy to him.
그에게 자비를 베풀어 주시길 간청합니다.

- entreaty
n. 간청, 탄원

beg
[beg]

v. 간청하다, 구걸하다

용서

I **beg** your pardon.
실례합니다.

pray
[prei]

v. (신께) 빌다, 간청하다

I pray you to consider it once more.
그 문제를 다시 한 번 생각해 주시길 바랍니다.
- prayer
n. 기도, 탄원

demand
[dimǽnd]

v. 요구하다, 필요로 하다, 묻다 n. 요구, 수요

demand and supply
수요와 공급

insist
[insíst]

v. 주장하다, 단언하다(assert)

He **insisted** that he was innocent.
그는 자기가 결백하다고 주장했다.
- insistence
n. 주장, 역설
- insistent
a. 고집하는, 집요한

ask
[æsk]

v. 묻다, 부탁하다, 청구하다, 요구하다

This job **asks** time.
이 일은 시간을 좀 필요로 한다.

supplement
[sʌ́plmənt]

v. 보충하다 n. 보충, 부록

a Sunday **supplement**
일요판 부록

- supplemental 추가 보충의
- supplementary 보충하는
- supplementation 보충함

apprehension
[æprihénʃən]

n. 염려, 이해

He seems to have **apprehension** of his old age.
그는 자신의 노후에 대해 걱정하는 것 같다.

anxiety
[æŋzáiəti]

n. 걱정, 불안(uneasiness, misgiving), 갈망

A sense of isolation is one of the causes of **anxiety**.
고독감은 불안을 만드는 원인 중의 하나이다.

anxious
[æŋkʃəs]

a. 걱정하는, 불안스러운(troubled), 갈망하는

They are **anxious** for his safety.
그들은 그가 무사하기를 바라고 있다.
I became **anxious** at her delay.
나는 그녀가 늦는 것이 걱정되었다.

uneasy
[ʌníːzi]

a. 불안한, 염려스러운(restless)

He was **uneasy** on the throne.
그는 왕위에 앉았으나 불안했다.

insecure
[ìnsikjúər]

a. 불안전한(unsafe), 불확실한(unreliable)
opp. secure 안전한, 튼튼한, 안정된

I am **insecure** of the future.
앞날이 걱정이다.

uncertain
[ʌnsə́ːrtən]

a. 불확실한, 의심스러운(doubtful)

Everything is **uncertain**.
만사가 불확실하다.

■ uncertain about
~에 대해 불확실한

skeptical
[sképtikəl]

a. 회의적인, 의심 많은(doubtful)

■ skepticism
n. 회의론

suspect
[səspékt]

v. 의심하다(doubt), 알아채다

- suspicious
  a. 수상한

unrest
[ʌnrést]

n. (사회적) 불안, 근심(restlessness)

political **unrest**
정치적으로 불안한 상태
Unemployment causes social **unrest**.
실업은 사회적 불안을 야기한다.

---

050 지지하다 ADVOCATE

advocate
[ǽdvəkit]

v. 지지하다(support), 변호하다, 주장하다(assert)
n. 변호사(lawyer), 옹호자

The opposition party **advocates** a reduction in taxes. 〔축소〕
야당은 세금의 감축을 지지하고 있다.

uphold
[ʌphóuld]

v. 받치다, 지지하다

They **upheld** the right to free speech.
그들은 자유 언론의 권리를 지지했다.

support
[səpɔ́ːrt]

v. 지탱하다(hold up), 부양하다, (can, cannot과 함께) 참다
n. 원조, 부양

I cannot **support** this pain.
나는 이 고통을 참을 수가 없다.

sustain
[səstéin]

v. 떠받치다(support), 유지하다(maintain), 지지하다, 부양하다

sustained efforts 〔노력〕
끊임없는 노력

favor
[féivər]

v. 호의를 보이다, 보살피다
n. 호의, 찬성

Are you in **favor** of the plan or not?
당신은 그 계획에 찬성입니까, 반대입니까?
- **favorable**
a. 호의적인, 순조로운

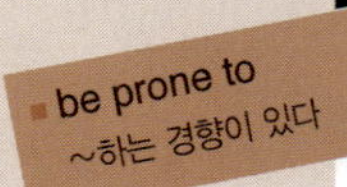
- special favor 특혜
- do a favor 부탁을 들어주다

conserve
[kənsə́:rv]

v. 보호하다(preserve), 보존하다

the **conservation** of the forests
산림 보호
the **Conservative** party
보수당
- **conservation**
n. 보호
- **conservative**
a. 보수적인 opp. **progressive** 전진하는, 진보하는, 진보적인

patronage
[péitrənidʒ]

n. 보호, 후원

간청하다
We solicit your continued **patronage**.
변함없이 후원하여 주시기를 부탁합니다.
- **patron**
n. 후원자, 고객

prone
[proun]

a. ~하기 쉬운(liable), 엎드린

잘못하다
The young are **prone** to err.
젊은이들은 과오를 저지르기 쉽다.
- be prone to
~하는 경향이 있다

disposed
[dispóuzd]

a. ~하는 경향이 있는, 마음이 내키는

I am not **disposed** to talk.
말할 기분이 안 난다.

- disposed to ~에 대해 어떤 마음을 갖고 있는
- be disposed to ~할 마음이 있는

bent
[bent]

n. 경향, 취향(inclination)

He had a natural **bent** for music.
그는 태어나면서부터 음악을 좋아했다.

liable
[láiəbəl]

a. 책임져야 할(responsible), ~하기 쉬운

Glass is **liable** to break.
유리는 깨지기 쉽다.

- liable for ~에 대해 책임이 있는
- liable to ~에게 갚아야 하는
- be liable to ~하기 쉬운

likely
[láikli]

a. 있음직한(probable), ~할 것 같은

a **likely** story
그럴 듯한 이야기

subject
[sʌ́bdʒikt]

n. 주제(theme), 화제(topic), 백성, 학과, (문법) 주어
a. 지배를 받는, ~을 받기 쉬운

Everything is **subject** to the laws of nature.
만물은 자연의 법칙에 지배를 받는다.
자연, 성질
- subjective
a. 주관적인 opp. objective 목적의, 객관적인

- be subject to ~을 받다, ~되기 쉽다

---

053 ~탓으로 돌리다 ASCRIBE

ascribe
[əskráib]

v. ~탓으로 돌리다

He **ascribes** his success to skill and hard work.
그는 자신의 성공을 재능과 열심히 일한 덕이라고 생각한다.

attribute

[ətríbjuːt]

v. ~탓으로 돌리다 n. 특성, 상징

He **attributes** his poverty to father.
그는 자기가 가난한 것은 아버지 탓이라고 말한다.
divine **attribution**
신의 속성
- attribution
n. 속성, 귀속되는 것

quality

[kwáləti]

n. 질, 속성, 품질 opp. quantity 양

You must prefer **quality** to quantity.
양보다 질을 우선시해야 한다.
- qualitative
a. 성질상의

- innate qualities 타고난 자질
- moral qualities 도덕적 자질
- personal qualities 개인적 특질

---

054 창피를 주다 — HUMILIATE

humiliate

[hjuːmílièit]

v. 창피를 주다(mortify)

I felt **humiliated** by his criticism.
나는 그의 비평에 굴욕감을 느꼈다.
- humiliation
n. 굴욕, 창피
- humility
n. 겸손, 비천함

mortify

[mɔ́ːrtəfài]

v. 감정을 상하게 하다(wound)

He was **mortified** by his defeat.
그는 패배로 기분이 상했다.

shy

[ʃai]

v. 움찔하다(shrink) a. 수줍어하는(bashful), 꺼리는, 세심한

He is **shy** of woman.
그는 여자를 꺼린다.

ashamed
[əʃéimd]

a. 부끄러워하는 opp. proud 자존심이 있는, 거만한

You should be **ashamed** of yourself.
네 자신을 부끄러워해야 한다.

- deep ashamed 몹시 부끄러워하는
- ashamed of[about] ~을 부끄러워하며

bashful
[bǽʃfəl]

a. 부끄러워하는, 당황하는(timid)

a **bashful** man
수줍어하는 사람
- bashfulness
n. 부끄러워함, 숫기 없음

'부끄러워하는' 관련 어휘
blushing, shy, blate

timid
[tímid]

a. 겁 많은(shy), 암띤(timorous)
opp. bold 대담한, 뻔뻔스러운, 용기와 담력을 요하는

as **timid** as a rabbit
토끼처럼 겁먹고 있는
- timidity
n. 소심

- timid about ~에 대해 겁 많은
- timid with ~에 소심한

disgrace
[disgréis]

n. 창피, 오명(dishonor), 망신

Such a book is a **disgrace** to the publishing house.
그런 책은 출판사에게 수치스러운 일이다.

dishonor
[disánər]

n. 불명예, 치욕

He is a **dishonor** to his country.
그는 그 나라의 수치다.

Day 05

assert
[əsə́ːrt]

v. 주장하다(maintain), 단언하다(affirm)

She **asserted** that he was not guilty.
그는 죄가 없다고 그녀는 강력히 주장했다.
- **assertive**
  a. 단정적인, 독단적인(positive)
- **assertion**
  n. 단언, 주장

claim
[kleim]

v. 요구하다(require), 주장하다(assert, maintain)
n. 요구, 주장, 청구

If nobody **claims** the camera you found, you can have it.
아무도 자기 것이라고 주장하지 않는다면 네가 발견한
카메라는 가져도 좋다.

maintain
[meintéin]

v. 유지하다, 지속하다, 주장하다

We **maintained** friendly relations with them.
관계
우리는 그들과 우호적인 관계를 맺고 있다.

affirm
[əfə́ːrm]

v. 단언하다(declare), 긍정하다(confirm)

an **affirmative** answer
긍정적인 대답
- **affirmative**
  a. 긍정적인 opp. negative 부정의, 소극적인

- **affirmance** 단언, 확인
- **affirmation** 확인
- **affirmatory** 단정적인
- **affirmant** 단언하는 사람

announce
[ənáuns]

v. 알리다, 발표하다(publish), 방송하다

They **announced** the departure of Flight 714.
그들은 714편 비행기의 출발을 알렸다.

declare
[dikléər]

v. 선언하다, 공표하다(proclaim)

the **declaration** of independence
독립선언문
- declaration
n. 선언, 맹세

- declare off 해약하다
- declare oneself 소신을 말하다

proclaim
[proukléim]

v. 선언하다, 공고하다, 공포하다

He **proclaimed** Anne his heir.
그는 앤이 자기의 상속인이라고 공포했다.
- proclamation
n. 선언, 포고, 성명서

publish
[pʌ́bliʃ]

v. 공개하다, 출판하다

The book was first **published** in 1980.
그 책은 1980년에 초판이 나왔다.

056 표정, 외관, 방향   ASPECT

aspect
[ǽspekt]

n. 표정(expression), 외관(appearance), 방향

Her face had an angry **aspect**.
그녀 얼굴은 화가 난 표정이었다.

surface
[sə́:rfis]

n. 표면(outside), 외관(appearance)

a **surface** view
피상적인 견해

- even surface 매끄러운 표면
- flat surface 수평면
- plane surface 평평한 표면

seeming
[sí:miŋ]

n. 외관 a. 표면상의

seeming friendship
허울 좋은 우정
- seemly
a. 적절한, 알맞은 ad. 알맞게

appear
[əpíər]

v. 나타나다, ~인 듯하다(seem)

keep up **appearances**
체면을 차리다
- **appearance**
n. 겉모습, 외모, 나타남

- appear as ~으로 출연하다
- appear in ~에 나타나다
- appear to ~에게 나타나다

tempt
[tempt]

v. 유혹하다(lure), (식욕을) 돋우다

He **tempted** me with a bribe.   뇌물
그는 뇌물로 나를 유혹했다.
- **temptation**
n. 유혹, 유혹물

bait
[beit]

v. 꾀다(tempt), 괴롭히다(harass)
n. 미끼, 먹이, 유혹(lure, temptation)

a live **bait**
산 미끼

allure
[əlúər]

v. 유혹하다, 꾀다(tempt)

She **allured** Jack from his duty.   의무
그녀는 잭을 유혹하여 본분을 잃게 만들었다.

attract
[ətrǽkt]

v. 끌다, 매혹하다

Flowers **attract** bees.
꽃은 벌을 끌어들인다.
an **attractive** woman
매력적인 여성
- **attraction**
n. 매력, 흡인
- **attractive**
a. 사람을 끄는

- attract to ~로 끌다
- be attracted to ~에 매료되어

fascinate
[fǽsənèit]

v. 매혹하다(charm), 매료하다

The children were **fascinated** by the exhibition.
아이들은 그 전시회에서 넋이 나갔다.
- fascination
n. 매혹, 매력
- fascinating
a. 매혹적인, 아름다운

lure
[luər]

v. 유인하다, 꾀다 n. 유혹(charm)

She **lured** him into the shop doorway and
hit him over the head.
그녀는 그를 상점 입구로 꾀어서 그의 머리를 후려쳤다.

captivate
[kǽptivèit]

v. 매혹하다, 마음을 빼앗다

Her speeches are full of **captivating** wit and warmth.
그녀의 연설은 청중을 사로잡는 기지와 열정으로 가득 차 있다.

enchant
[entʃǽnt]

v. 마법을 걸다, 황홀케 하다

a palace in an **enchanted** forest
마법의 숲 속에 있는 궁전
- enchanting
a. 매혹적인

spell
[spel]

v. (spelled, spelt) 철자하다, 판독하다
n. 마력

learn to **spell**
철자를 배우다

charm
[tʃɑːrm]

v. 매혹하다 n. 매력(attractiveness), 마력

- charming
a. 매력적인

- turn on one's charm 애교를 떨다
- have charm 매력이 있다
- natural charm 자연스러운 매력

purify
[pjúərəfài]

v. 정화하다, 죄를 씻다

You can **purify** water by boiling and filtering it.
물을 끓이고 걸러 냄으로써 정화시킬 수 있다.

pure
[pjuər]

a. 깨끗한(clean), 순수한, 고상한

a **pure** taste
고상한 취미

- pure and simple 순전한
- pure of taint 오점이 없는

purity
[pjúərəti]

n. 청결(cleanness), 결백(innocence), 순수

purity of life
깨끗한 생활

genuine
[dʒénjuin]

a. 진짜의(real), 순수한, 성실한

He is a very **genuine** person.
그는 아주 성실한 사람이다.

sympathetic
[sìmpəθétik]

a. 공감을 나타내는, 동정하는

sympathetic friends
마음이 맞는 친구들

sympathy
[símpəθi]

n. 공감(fellow feeling), 동정(pity, compassion)
opp. antipathy 반감

She pressed his hand in **sympathy**.
그녀는 연민을 느껴 그의 손을 잡았다.

pity
[píti]

v. 불쌍히 여기다 n. 연민, 동정

Nobody wants **pity** from others.
그 누구도 타인으로부터 동정받으려고 하지 않는다.
- piteous
a. 애처로운, 측은한

pathetic
[pəθétik]

a. 감상적인, 애처로운

a **pathetic** scene
애처로운 장면

sentimental
[sèntiméntl]

a. 감정적인, 감상적인

They are not in the least **sentimental** in their habits of thought.
그들은 생각하는 데 있어서 결코 감정에 좌우되는 일은 없다.

059 반감, 싫어함 ANTIPATHY

antipathy
[æntípəθi]

n. 반감, 싫어함

She has a natural **antipathy** to snakes.
그녀는 본능적으로 뱀을 싫어한다.

disgust
[disgʌ́st]

v. 싫증나게 하다 n. 혐오, 불쾌

Its taste **disgusts** me.
그 음식 맛은 참으로 역겹다.

reluctant
[rilʌ́ktənt]

a. 마음이 내키지 않는(unwilling)

a **reluctant** answer
마지못해 하는 대답
■ reluctantly
ad. 마지못해

repulsion
[ripʌ́lʃən]

n. 반격, 반감

He feels **repulsion** for me.
그는 나에게 반감을 가지고 있다.
■ repulse
v. 반박하다, 싫증나게 하다

awkward
[ɔ́:kwərd]

a. 서툰, 어설픈(clumsy)

an **awkward** situation
난처한 입장

clumsy
[klʌ́mzi]

a. 볼품없는(inelegant), 서투른

You shouldn't wear such **clumsy** shoes.
그런 볼품없는 신발은 벗어 던져라.

- clumsy at ~에 서투른
- clumsy of ~에게 어색한

crude
[kru:d]

a. 천연 그대로의, 세련되지 않은, 버릇없는

Don't be so **crude**!
버릇없이 굴지 마라!
- crudity
n. 날것, 미숙

transport
[trænspɔ́:rt]

v. 수송하다(carry, transfer)

탈것, 차

Heavy (vehicles) are used to **transport** the coal to distant parts of the country.
대형차들은 그 나라의 먼 지역으로 석탄을 수송하는 데 이용되곤 한다.
- transportation
n. 수송, 운반

transmit
[trænsmít]

v. 발송하다(send, transfer), 알리다(communicate)

The results will be **transmitted** to the newsroom.
결과는 보도실로 전송될 것이다.

contact
[kántækt]

n. 접촉, 연락 (pl.) 관계 v. ~와 관계를 갖다

Have you been in **contact** with your sister recently?
최근에 여동생과 연락한 적 있니?

communicate
[kəmjúːnəkèit]

v. 연락하다, 전달하다

communicate information
정보를 전하다
■ communication
n. 전달, 교통, 통신

convey
[kənvéi]

v. 나르다, 전달하다(transport, transmit)

I can't **convey** my feelings in words.
내 감정을 말로 표현할 수가 없다.
■ conveyance
n. 운반

message
[mésidʒ]

n. 소식(communication), 교훈, 사명

a **message** from a prophet
예언자의 계시
■ messenger
n. 전령(傳令), 심부름꾼

intact
[intǽkt]

a. 온전한, 손대지 않은(untouched)

remain **intact**
온전히 남다
■ keep intact
손을 대지 않고 그대로 두다

---

062 추방하다 BANISH

banish
[bǽniʃ]

v. 추방하다(exile), 떨쳐 버리다

Napoleon was **banished** to Elba.
나폴레옹은 엘바 섬으로 유배되었다.

exile
[égzail]

v. 추방하다 n. 유배, 추방

He went into **exile**.
그는 해외 유랑의 신세가 되었다.

expel
[ikspél]

v. 내쫓다, 추방하다

The student was **expelled** from the school because of misconduct.
그 학생은 품행불량으로 퇴학당했다.
- expulsion
n. 배제, 축출

export
[ikspɔ́ːrt]

v. 수출하다
n. 수출 (pl.) 수출품
opp. import 수입하다, ~의 뜻을 배포하다, 수입

chief **exports**
주요 수출품

- export from ~에서 수출하다
- export to ~로 수출하다

import
[impɔ́ːrt]

v. 수입하다, 의미하다
n. (pl.) 수입품, 중요성

Clouds **import** rain.
구름은 비를 뜻한다.

smuggle
[smʌ́gəl]

v. 밀수입(밀수출)하다

He **smuggled** drugs into the country.
그는 그 나라로 마약을 밀수입했다.
- smuggler
n. 밀수입(출)자

- smuggle across 밀수입하다
- smuggle by 몰래 가지고 들어오다
- smuggle out of 몰래 가지고 나가다

bare
[bɛər]

v. 벌거벗기다, 드러내다 a. 나체의(naked)

The dog **bared** its teeth in anger.
개는 화가 나서 이빨을 드러내고 으르렁거렸다.

barren
[bǽrən]

a. 불모의, 빈약한

barren soil
불모지

'불모의' 관련 어휘
sterile. infertile, unfertile

waste
[weist]

v. 낭비하다, 써서 없애다(wear away)
n. 황무지(wilderness), 낭비, 쓰레기
a. 경작되지 않은, 불모의(barren)

Haste makes **waste**.
서두르면 일을 그르친다. (속담)
■ wasteful
a. 낭비하는

garbage
[gɑ́:rbidʒ]

n. 음식 찌꺼기, 오물, 폐물, 하찮은 것

문학의
literary **garbage**
너절한 읽을거리

filth
[filθ]

n. 쓰레기(dirt), 우물, 추잡

live in **filth**
추잡한 생활을 하다

litter
[lítər]

n. 잡동사니, 쓰레기, 난잡

No **litter**, please.
쓰레기를 버리지 마시오.

sterile
[stéril]

a. 불임의, 불모의(barren), 무익한

a **sterile** effort
헛된 노력

tedious
[tíːdiəs]

a. 지루한, 장황한

a **tedious** talk
지루한 이야기

routine
[ruːtíːn]

n. 판에 박힌 일, 일과, 정해진 절차
a. 일상의

routine duties
일상적인 직무

- change a routine 일상을 바꾸다
- daily routine 평범한 일상
- dull routine 지루한 일상

yawn
[jɔːn]

v. 하품을 하다 n. 하품

make a person **yawn**
지루하게 만들다

monotony
[mənάtəni]

n. 단조로움, 무변화

참을 수 없을 정도로

The country life was unbearably **monotonous** to her.
시골생활은 그녀에게 견딜 수 없이 지루했다.
- monotonous
a. 단조로운, 지루한

bald
[bɔːld]

a. 벗어진, 단조로운(plain), 있는 그대로의

It was the **bald** truth.
그것은 있는 그대로의 진실이었다.

- bald head 대머리

naked
[néikid]

a. 벌거벗은(bare), 명백한

주먹

fight with **naked** fists
맨주먹으로 싸우다

nude
[njuːd]

a. 나체의(uncovered)

a **nude** room
가구가 없는 방

found
[faund]

v. 창설하다, 설립하다(establish)

The company was **founded** in 1930.
그 회사는 1930년에 설립되었다.
- **foundation**
n. (건축의) 토대, 기초, 설립

base
[beis]

v. ~에 근거하다 n. 토대(foundation), 기초, (야구) 베이스
a. 비열한, 천한(mean) opp. noble

I **base** my opinion of facts.
내 견해는 사실에 근거를 둔 것이다.

- a base expression 천박한 표현

basis
[béisis]

n. <pl. bases> 기초, 토대, 근거

He is paid on a daily **basis**.　매일의
그는 일당으로 급료를 받는다.

- a basis of[for] ~의 근거
- firm basis 확실한 근거
- on a basis ~에 근거하여

groundwork
[gráundwə̀:rk]

n. 기초, 기초공사, 토대, (미술) 배경

lay the **groundwork** for
~의 기틀을 마련하다

degrade
[digréid]

v. 낮추다, (품위를) 떨어뜨리다(humble)

degrading behavior
비열한 행동
- **degrading**
a. 품위를 떨어뜨리는

debase
[dibéis]

v. (인격을) 떨어뜨리다(degrade), 저하시키다

We **debase** ourselves for money.
인간은 돈 때문에 추악해진다.

mean
[miːn]

v. 중요하다, 의도하다 a. 인색한, 천한
n. (pl.) 수단, 재산

I **mean** you no harm.
네게 해를 끼칠 의도는 없다.
He is **mean** about money.
그는 돈에 인색하다.

ignoble
[ignóubəl]

a. 천한(base), 비열한

I'm disgusted with his **ignoble** conduct.
그의 비열한 행동에 정나미가 떨어진다.

행위, 지도

vile
[vail]

a. 비열한(base, mean), 미천한, 몹시 싫은

vile thoughts
비열한 생각

wretched
[rétʃid]

a. 비참한, 비열한(scoundrel)

live a **wretched** life
비참한 생활을 하다
■ wretch
n. 가없은 사람

low
[lou]

a. 낮은, 기운 없는, 천한

He is a **low** fellow.
그는 질이 안 좋은 친구이다.

사나이, 녀석, 동료

campaign
[kæmpéin]

n. (정치적, 사회적, 군사적) 운동

a **campaign** against racial segregation
인종 차별 반대 운동

인종차별

encounter
[enkáuntər]

v. 우연히 마주치다, (문제에) 직면하다, 교전하다
n. 교전, 전투

He **encountered** many problems.
그는 여러 가지 곤란한 상황에 처해 있다.

- casual encounter 우연한 만남
- chance encounter 운명적 만남

confront
[kənfrʌ́nt]

v. 직면케 하다, 맞서다

He is **confronted** many difficulties.
그는 여러 가지 어려움에 직면해 있다.

battle
[bǽtl]

v. 싸우다 n. 전투

battle of life
생존의 투쟁

combat
[kámbæt]

v. 격투하다, 싸우다 n. 전투, 투쟁

It is a single **combat**.
그것은 일대일 대결이다.
- **combative**
a. 호전적인

conflict
[kánflikt]

v. 충돌하다, 싸우다 n. 싸움, 투쟁, 충돌

Armed **conflict** can start at any time.
무력 충돌은 언제든지 촉발할 수 있다.
- **conflicting**
a. 모순되는, 충돌되는

- provoke a conflict 분쟁을 일으키다
- resolve a conflict 분쟁을 해결하다

Day 06

contest
[kántest]

v. 논쟁하다, 경쟁하다 n. 경쟁, 투쟁

The **contest** between capitalism and socialism is over.
자본주의와 사회주의의 투쟁은 이제 끝났다.
- contestant
n. 경쟁자

struggle
[strʌ́gəl]

v. 싸우다(contend), 열심히 하다(strive)
n. 고투, 투쟁(strife)

He **struggled** with a difficult question all night.
그는 어려운 문제로 밤새도록 씨름하였다.

contend
[kənténd]

v. 다투다(fight), 겨루다(compete), 논쟁하다
- contention
n. 논쟁

compete
[kəmpíːt]

v. 경쟁하다, 필적하다

No work can **compete** with this one.
이것에 필적할 만한 작품은 없다.
- competence
n. 능력
- competition
n. 경쟁, 경기

- compete against ~와 경쟁하다
- compete in ~에서 경쟁하다

strive
[straiv]

v. 힘쓰다, 싸우다(contend)

Don't **strive** about a small matter.
작은 일로 다투지 마라.

strife [straif]	n. 싸움(quarrel), 불화(discord) a labor **strife** 노동쟁의
quarrel [kwɔ́:rəl]	v. 다투다 n. 말다툼 A bad workman **quarrels** with his tools. 서투른 목수가 연장만 탓한다. (속담)
repel [ripél]	v. 격퇴하다, 반감을 주다 opp. submit 복종시키다, 제출하다 **repel** an enemy 적을 격퇴하다

069 사륜마차, 객차, 태도　CARRIAGE

carriage [kǽridʒ]	n. 사륜마차, 객차, 태도, 몸가짐 품위 있는, 우아한 She has an elegant **carriage**. 그녀는 몸가짐이 우아하다.
posture [pástʃər]	n. 자세, 포즈(pose), 정세 똑바로 선 Upright **posture** is natural only to humans. 직립 자세는 오직 인간에게만 자연스럽다.
gesture [dʒéstʃər]	n. 동작, 몸짓 He always uses a lot of **gestures**. 그는 언제나 제스처를 많이 쓴다.
attitude [ǽtitjùːd]	n. 마음가짐, 태도(pose), 자세 one's **attitude** of mind 마음가짐

bearing
[bέəriŋ]

n. 태도, 인내, 출산

He has his good **bearing** toward woman.
그는 여자를 대하는 태도가 좋다.

depart
[dipá:rt]

v. 떠나다, 출발하다

The train **departed** from the station at 12 o'clock.
기차는 12시에 역을 출발했다.
■ departure
n. 출발 opp. arrival 도착, 도달

commence
[kəméns]

v. 시작하다(begin)

Should we **commence** the attack?
우리가 공격을 시작해야 할까요?

공격

launch
[lɔ:ntʃ]

v. 진수(進水)시키다, 착수하다, (로켓) 발사하다

launch a scheme
계획에 착수하다

계획, 음모

■ launch against ~에 대고 발사하다
■ launch into ~을 시작하다

initial
[iníʃəl]

n. 머리글자 a. 처음의, 최초의

R, O and K in ROK are the **initials** of the Republic
of Korea.
ROK는 Republic of Korea의 머리글자이다.

initiate
[iníʃièit]

v. 착수하다, 초보를 가르치다

Han **initiated** me into the technique of fishing.
한이 내게 낚시하는 기술을 가르쳤다.
■ initiative
n. 솔선, 진취 정신

behave
[bihéiv]

v. 행동하다(act)

He **behaved** himself like a gentleman.
그는 신사답게 처신했다.
- behavior
n. 행위, 행실, 태도

conduct
[kándʌkt]

v. 안내하다, 처신하다 n. 행위, 품행, 지시

She **conducted** herself well.
그녀는 처신을 잘했다.
- conductor
n. 지휘자, 지도

- conduct like ~처럼 행동하다
- conduct an orchestra
오케스트라를 지휘하다

preside
[prizáid]

v. 지도하다, 의장이 되다

I **presided** over the meeting.
나는 그 모임의 사회를 보았다.

confide
[kənfáid]

v. 신뢰하다(trust), 비밀을 털어놓다

Alice **confided** her dislike of her husband to John.
앨리스는 자기 남편을 혐오한다고 존에게 털어놓았다.
- confidence
n. 신뢰, 비밀
- confidential
a. 은밀한(secret), 심복의

convict
[kənvíkt]

v. 유죄로 판결하다, 죄를 깨닫게 하다 n. 죄인

The jury **convicted** him of murder.
배심원은 그에게 살인죄의 판결을 내렸다.
- conviction
n. 확신(assurance), 납득

- convict of
~에 대해 유죄 판결을 내리다

obstinate
[ábstənit]

a. 완고한(stubborn), 고집 센(resolute)

He is as **obstinate** as a mule.
그는 아주 고집통이다.

■ obstinate about
~에 대해 완고한

inflexible
[infléksəbəl]

a. 확고한(firm), 불굴의(unyielding), 완고한

inflexible courage
불굴의 용기

stable
[stéibl]

n. 외양간 a. 안정된(steady), 확고한(firm)

a **stable** government
안정된 정부

stability
[stəbíləti]

n. 안정성, 견고함

stability of a structure
건물의 견고함
stability of economics
경제의 안정

fast
[fǽst]

a. 빠른, 고정된, 단단한

The post is **fast** in the ground.
기둥은 땅에 단단히 고정되어 있다.

steadfast
[stédfæst]

a. 마음이 변하지 않는(constant), 확고한(resolute), 흔들리지 않는(steady)

a **steadfast** spirit
꿋꿋한 정신

steady
[stédi]

a. 단단한(firm), 안정된(stable), 일정한

Slow and **steady** wins the race.
천천히 착실히 하는 것이 이기는 길(속담)

faith
[feiθ]

n. 신용, 신앙
opp. distrust 불신

You must have **faith** in God.
하나님을 믿지 않으면 안 된다.

trust
[trʌst]

n. 신용, 신뢰

I have no **trust** in her.
나는 그녀를 믿지 않는다.

pride
[praid]

n. 자만(conceit), 자랑거리, 자존심

Pride goes before a fall.
교만한 자는 망한다. (속담)

■ take pride in ~을 자랑하다
■ injured pride 상처 받은 자존심

boast
[boust]

v. 자랑하다 n. 자랑(거리)

He **boasts** that he can play tennis very well.
그는 테니스를 잘 친다고 자랑한다.

■ boast idly 허세부리다

swagger
[swǽgər]

v. 뽐내며 걷다, 허풍 떨다

He **swaggered** across the room.
그는 몹시 뽐내며 방을 가로질러 걸어갔다.

conceit
[kənsíːt]

n. 자부심, 과대평가 opp. modesty 겸손

That man is full of **conceit**.
그 남자는 자부심이 대단하다.
■ conceited
a. 자부심이 강한, 우쭐대는

personal
[pə́ːrsənəl]

a. 개인의, 신체의

personal appearance
풍채

bodily
[bάdəli]

a. 육체의 opp. mental 마음의, 정신병의

bodily suffering 고통
육체적 고통

corporal
[kɔ́ːrpərəl]

a. 신체의, 육체의

corporal pleasure
육체적 쾌락

material
[mətíəriəl]

a. 물질적인(physical), 실질적인, 소중한

Nothing **material** is omitted.
중요한 점은 하나도 빠뜨리지 않았다.

physical
[fízikəl]

a. 자연계의, 물리적인, 신체의

physical beauty
육체미

- physical checkup 건강진단
- physical exercise 체조, 운동
- physical labor 육체노동

bold
[bould]

a. 대담한(fearless)
opp. shy 수줍은, 조심성 있는, cowardly 겁이 많은

She is as **bold** as brass.
그녀는 뻔뻔스러울 만큼 대담하다.

heroic
[hiróuik]

a. 영웅다운, 대담한

heroic words
호언장담

barefaced
[bɛərfèist]

a. 뻔뻔스러운, 염치없는(impudent)

That's **barefaced** lie!
뻔뻔스럽게 거짓말을 하다니!

forward
[fɔ́:rwərd]

ad. 앞으로 a. 주제넘은, 건방진

I'm disgusted with the **forward** young woman.
그 주제넘은 젊은 여자는 딱 질색이다.

forth
[fɔ:rθ]

ad. 밖으로, 앞으로(forward)
opp. back 뒤로, 본래 자리로

back and forth
전후로, 이리저리

- bring forth 낳다
- hold forth 공표하다
- so forth 따위, 등등

impudence
[ímpjúdəns]

n. 몰염치, 무례

None of your **impudence**!
건방진 수작 떨지 마!
- impudent
a. 염치없는, 건방진

shameless
[ʃéimlis]

a. 파렴치한, 부끄러운 줄 모르는

It would be better for you to avoid the **shameless** fellow.
부끄러워할 줄 모르는 친구는 멀리하는 것이 낫다.

exaggerate
[igzǽdʒərèit]

v. 과장하다(overstate)

If you always **exaggerate**, people will no longer believe you.
늘 과장되게 말한다면 사람들은 더 이상 너를 믿으려 하지 않을 것이다.
■ exaggeration
n. 과장

magnify
[mǽgnəfài]

v. 확대하다, 과장하다 opp. diminish 줄이다

■ magnification
n. 확대, 과대 비율

expand
[ikspǽnd]

v. 넓히다, 펼치다, 팽창하다
opp. contract 계약하다, 수축시키다

The computer industry **expanded** rapidly in the 1980's.
컴퓨터 산업은 1980년대에 급속히 팽창되었다.
■ expansion
n. 팽창, 확장

swell
[swel]

v. 팽창하다, 증대하다 n. 팽창

a **swell** in the population
인구의 팽창

flower
[fláuər]

v. 번영하다, 개화하다 n. 꽃, 개화, 한창때

His genius as a painter **flowered** very early.
화가로서 그의 천재성은 아주 일찍부터 꽃을 피웠다.
■ flowery
a. 만개한

bloom
[blu:m]

v. 꽃이 피다, 번영하다
n. 꽃(flower), 전성기, 한창때(prime)

out of **bloom**
한창때가 지난

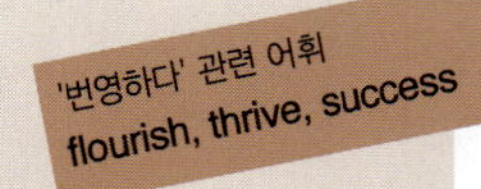

border
[bɔ́:rdər]

v. 인접하다 n. 국경(선), 가장자리(edge)

Japan **borders** on Korea.
일본은 한국에 인접해 있다.

■ cross a border 국경을 넘다
■ guard a border 국경을 수비하다

bound
[baund]

v. ~의 경계를 이루다, 인접하다
n. (pl.) 경계선(boundary), 끝(limit)

He traveled to the utmost **bounds** of France.
그는 프랑스의 변경 지역까지 여행했다.
the **boundary** of science
과학의 한계
■ boundary
n. 경계, 한계

brim
[brim]

n. 가장자리, 테두리 v. 넘치다

Her eyes **brimmed** with tears.
그 여자의 눈에는 눈물이 가득 찼다.

edge
[edʒ]

v. 날을 세우다, 경계를 이루다 n. 날, 날카로움(sharpness)

He was on the **edge** of going out.
그는 막 외출하려던 참이었다.

■ on the edge of
가장자리에, ~하려는 찰나에

margin
[má:rdʒin]

n. 가장자리, 끝(border, edge), 여백, 여유, 차익금

She was standing still in the **margin** of the pond.
그녀는 연못가에 가만히 서 있었다.
a large **margin** of profit
큰 이문

verge
[və:rdʒ]

n. 경계, 한계, 언저리

on the **verge** of a forest
숲의 언저리에

rim
[rim]

n. 테두리, 가두리

the **rim** of a hat
모자 테
the **rim** of an eyeglass
안경테

gallantry
[gǽləntri]

n. 용감(bravery), 용감한 행위

He was awarded a prize for **gallantry**.
그는 용감한 행위로 상을 받았다.
■ gallant
a. 용감한, 씩씩한

brave
[breiv]

v. 용감히 맞서다 n. 용사 a. 용감한

She was **brave** enough to go there alone.
그녀는 그곳에 혼자서 갈 만큼 용감했다.

■ put on a brave face
자신 있는 체하다

audacious
[ɔ:déiʃəs]

a. 대담한(bold, daring), 뻔뻔스러운

an **audacious** explorer
대담한 탐험가

bold
[bould]

a. 대담한(daring), 뚜렷한(striking), 험한

I make **bold** to ask you.
실례지만 여쭐 말씀이 있습니다.

■ bold as brass 아주 뻔뻔한
■ make bold with
~을 제 마음대로 쓰다

plucky
[plʌ́ki]

a. 용기 있는, 배짱 있는

It was very **plucky** of you to chase after the burglar like that.
그처럼 강도를 추적한 것은 아주 용감한 행위였다.
■ pluck
n. 용기

| **stout**
[staut] | a. 용감한(brave), 억센, 견고한(stubborn), 뚱뚱한(fat)
opp. **feeble** 연약한

stout resistance *저항*
완강한 저항
He became **stout** as he grew older.
그는 나이가 들어감에 따라 점점 뚱뚱해졌다. |

brilliant [bríljənt]	a. 찬연한(sparkling), 굉장한, 훌륭한 a **brilliant** career 빛나는 경력
kindle [kíndl]	v. 불붙(이)다 Her eyes **kindled** with excitement. 그녀의 두 눈은 흥분으로 불타올랐다.
flame [fleim]	v. 타오르다 n. 광채, 불꽃, 열정(passion) I was in a **flaming** temper. 나는 불같이 화가 나 있었다. ■ flaming a. 활활 타는, 열렬한
blaze [bleiz]	v. 타오르다 n. 불꽃(flame), 화염, 격발 the **blaze** of noon 정오의 이글거리는 빛
glow [glou]	v. 빛나다, 달아오르다 n. 백열, 붉은 빛 The cat's eyes **glowed** in the darkness. 고양이 눈이 어둠 속에서 빛났다.

■ control a blaze 불길을 잡다
■ in a blaze 불길 속에
■ put out a blaze 불을 끄다

immediate
[imíːdiit]

a. 즉각적인(instant), 아주 가까운(closest)

an **immediate** advantage
목전의 이익

momentary
[móuməntèri]

a. 순간의(transitory), 덧없는(short-lived)

momentary pleasure
찰나적 쾌락

minute
n. [mínit]
a. [mainjúːt]

n. 순간(moment), (시간의) 분
a. 미세한

a **minute** difference
미세한 차이

tiny
[táini]

a. 조그마한(little, minute)

a little **tiny** boy
꼬마 소년

temporary
[témpərèri]

a. 일시적인, 덧없는, 임시의 opp. permanent 영속하는

a **temporary** job
임시 직업

flash
[flæʃ]

n. 번쩍임, 순간(instant), 뉴스 속보

the **flashing** lights of the cars
반짝이는 자동차의 헤드라이트

gleam
[gliːm]

n. 섬광, 번쩍임(flash), 빛(beam)

a gleam of wit
기지의 번득임
- gleamy
a. 번득이는

glimmer
[glímər]

v. 희미하게 빛나다(gleam), 깜박이다(flicker)
n. 희미한 빛(의식)

a glimmer of hope
희미하게 남아 있는 희망

glitter
[glítər]

v. 번쩍번쩍 빛나다(shine) n. 광채

All is not gold that **glitters**.
반짝인다고 다 금은 아니다. (속담)

sparkling
[spáːrkliŋ]

a. 번쩍이는, 광채 나는

sparkling stars
반짝이는 별
- sparkle
v. 불꽃을 튀기다, 번쩍이다
- spark
n. 불꽃, 불똥

- sparkler 빛나는 것, 보석
- sparkless 불꽃이 일지 않는
- sparklet 작은 불꽃

brighten
[bráitn]

v. 즐겁게 하다, 빛나다, (기분이) 맑아지다

I began to **brighten** up.
나는 기분이 좀 나아지기 시작했다.
- bright
a. 빛나는, 총명한

shine
[ʃain]

v. 빛나다, 출중하다(stand out) n. 빛, 윤

Give your boots a **shine**, Lady.
아가씨, 구두 닦으세요.
- shining
a. 반짝이는, 빛나는

- shine through 투과하다
- make a shine 소동을 일으키다

ALERT

alert
[ələ́:rt]

a. 빈틈없는, 민감한 n. 경계 (상태)
opp. dull 무딘, 둔한, 활기 없는

He is **alert** to the changes of policy.
그는 정책의 변화에 민감하다.

intellect
[íntəlèkt]

n. 지성, 지능

He is a man of **intellect**.
그는 지성인이다.
■ intelligence
n. 이해력, 정보

■ keen intellect 예리한 지성
■ of intellect 지성의

clever
[klévər]

a. 영리한, 솜씨 있는(skillful) opp. stupid 어리석은

He is **clever** with a saw.
그는 톱을 다루는 솜씨가 뛰어나다.

BURDEN

burden
[bə́:rdn]

v. 짐을 싣다, 괴롭히다(oppress)
n. 짐(load), 노고, 부담

He is a **burden** to me.
그는 내게 부담스럽다.
■ burdensome
a. 귀찮은, 괴로운

■ bear a burden 짐을 지다
■ financial burden 재정적 부담
■ share a burden 짐을 나누어 지다

cargo
[ká:rgou]

n. 뱃짐, 화물

cargo liner
정기 화물선
cargo plane
화물 수송기

freight
[freit]

v. 화물을 싣다 n. 화물 수송, 화물운임

freight free
운임 무료로

load
[loud]

v. 짐을 싣다 n. 짐, 노고
opp. unload 짐을 내리다, 부리다

We **loaded** the car with goods.
우리는 그 차에 짐을 실었다.

embark
[embá:rk]

v. (배에) 태우다, (짐을) 싣다, (배에) 타다

He **embarked** on a new way of life.
그는 새로운 인생의 길로 걸어 들어갔다.

■ embark on 출발하다(start)
■ embark for ~행 배에 승선하다

luggage
[lʌ́gidʒ]

n. 수화물(baggage)

a **luggage** office
수화물 취급소

medium
[mí:diəm]

n. 매개물 a. 보통의(average)

Money is a **medium** of exchange.
돈은 교환의 매개물이다.

carrier
[kǽriər]

n. 운수회사, 매개체, 보균자

Flies are **carriers** of germs.
파리는 병균의 매개체다.

summon
[sʌ́mən]

v. 소환하다, 소집하다, 출두를 명하다

summon an assembly 집회
회의를 소집하다

- **summon as** ~로 소환하다
- **summon to** ~에 호출하다
- **summon before** ~의 앞으로 부르다

call
[kɔːl]

v. 부르다, 소집하다

calling card
명함
- **calling**
n. 소집, 호출, 천직, 직업

- **call at** ~에 들르다
- **call for** ~을 데려오다, 요구하다
- **call on** ~을 방문하다
- **call to** ~에게 큰 소리로 말하다

---

084 고요한, 평정한 — SERENE

serene
[siríːn]

a. 고요한(clear and calm), 평정한(tranquil)
opp. **furious** 노하여 펄펄 뛰는, 맹렬한

a **serene** summer night
평온한 여름밤

compose
[kəmpóuz]

v. 조립하다, 구성하다, (마음을) 진정시키다

- **composition**
n. 구성, 작곡
- **composure**
n. 침착, 냉정

- **compose a dispute** 분쟁을 조정하다
- **compose for** 작곡하다

calm
[kɑːm]

v. 진정시키다 n. 고요 a. 평온한, 차분한

a **calm** sea
잔잔한 바다

tranquil
[trǽŋkwil]

a. 조용한(quiet), 잔잔한(serene)

a **tranquil** life
편안한 생활

concern
[kənsə́ːrn]

v. 관계하다, 걱정하다
n. 관계, 관심사, 걱정

This matter **concerns** all of you.
이 문제는 너희들 모두에게 관계가 있다.

- concerned 걱정스러운
- concerning ~에 관하여(about)

watchful
[wátʃfəl]

a. 주의 깊은, 조심성 있는(alert)

as **watchful** as hawk　매
아주 주의 깊은

misgiving
[misgíviŋ]

n. 의심(doubt), 염려(suspicion), 불안

Many teachers have expressed serious **misgivings** about the new exams.
많은 선생님들은 새로운 시험에 대해서 심각한 우려를 나타내었다.
- misgive
v. 공포를 일으키다

worry
[wə́ːri]

v. 걱정시키다, 괴롭히다 n. 걱정, 근심

the cares and **worries** of life
살다보면 생기게 마련인 걱정거리들

- worry about ~을 걱정하다
- deep worry 심각한 걱정
- cause worry 걱정을 끼치다

suspicion
[səspíʃən]

n. 의심(doubt), 불신(mistrust)

a **suspicious** glance　흘긋봄 일견
남을 의심하는 듯한 시선
- suspicious
a. 의심쩍은(questionable)

reckless
[réklis]

a. 무모한(careless, rash), 분별없는

He spent money with absolute **recklessness**.
그는 분별없이 돈을 써 댔다.
- recklessness
n. 무모함

prudent
[prúːdənt]

a. 신중한(discreet), 조심성 있는(cautious)

a prudent man
신중한 사람
- prudential
a. 신중한

discreet
[diskríːt]

a. 분별 있는, 신중한(careful)

It would be **discreet** to read the contract (properly) before signing it.
계약서에 서명하기 전에 그것을 정확히 읽어 보는 신중함을 기해야 할 것이다.

---

caricature
[kǽrikətʃùər]

n. 풍자만화

Newspapers often contain **caricatures** of well-known politicians.
신문에는 종종 유명 정치인들의 풍자만화가 실린다.

cartoon
[kɑːrtúːn]

n. (시사) 만화

a political cartoon
정치 만화

comic
[kámik]

n. 희극배우, 만화책 a. 익살스러운, 희극의
opp. **tragic** 비극의, 비참한

a comic performance
희극

satire

[sǽtaiər]

n. 풍자(문학), 비꼼

The play is a **satire** on modern civilization
그 연극은 현대 문명에 대한 풍자이다.

tragedy

[trǽdʒədi]

n. 비극, 비극적인 소설, 참사 opp. comedy 희극

Shakespeare's "Hamlet" is a very famous **tragedy**.
셰익스피어의 희곡 "햄릿"은 매우 유명한 비극이다.

motive

[móutiv]

n. 동기, 목적, 주제

It was from a complex **motive** that he committed murder.
그가 살인을 저지른 것은 복잡한 동기에서 나온 것이다.
- motivate
v. 동기를 주다
- motivation
n. 자극

cause

[kɔːz]

v. 야기하다, 원인이 되다
n. 원인, 이유(reason), 대의명분, 소송
opp. effect 결과, 효과

- be caused by ~에 기인하다
- with cause 이유가 있어서

cause and effect
원인과 결과
Let's fight for the **cause** of democracy!
우리 민주주의를 위해 투쟁합시다!

reason

[ríːzən]

v. 추리하다, 논하다 n. 이유, 추리력, 이성

The cost is out of all **reason**.
그 비용은 터무니없는 가격이다.
- reasonable
a. 분별 있는(sensible)

ceremony
[sérəmòuni]

n. 예식, 예절

a closing **ceremony**
폐회식

formality
[fɔːrmǽləti]

n. 정식, 의례, (pl.) 정식 수속, 절차

legal **formality**
법률상의 절차

trait
[treit]

n. 특징, 특질

national **trait**
국민성

character
[kǽriktər]

n. 특징, 성격

조잡한, 결이 거친

He is of (coarse) **character**.
그는 거친 성격이다.
■ **characteristic**
a. 특유의, 독특한

■ in character 적격인
■ out of character 적격이 아닌

dispose
[dispóuz]

v. 배치하다(arrange), 마음이 내키게 하다

I will **dispose** of these old papers.
나는 이 오래된 신문들을 처분할 것이다.
■ **disposition**
n. 배치(arrangement)

■ dispose of ~을 처분하다

cast
[kæst]

v. 던지다(throw)
n. 성격, 배역

cast a vote
투표하다

personality
[pə̀ːrsənǽləti]

n. 개성, 인격, 유명인

double **personality**
이중인격
- **personally**
ad. 몸소, 친히, 개인적으로

temperament
[témpərəmənt]

n. 기질(disposition), 기분, 성향

Success often depends on one's **temperament**.
사람의 성공 여부는 종종 그의 기질에 따라 갈린다.
- **temperamental**
a. 기분의, 변덕스러운

temper
[témpər]

n. 기질, 기분(mood), 노여움(anger)

She has a sweet **temper**.
그녀는 온화한 성품을 타고났다.

open-minded
[óupənmáindid]

a. 편견 없는, 허심탄회한

He is very **open-minded**.
그는 편견 없는 사람이다.

bias
[báiəs]

n. 기질, 성향, 편견

without **bias** and favor
공평무사하게

호의, 친절한 행위

prejudice
[prédʒədis]

v. 편견을 갖다 n. 편견(bias), 선입관, 권리침해

You must not have a **prejudice** against foreigners.
외국인에 대해서 편견을 가져서는 안 된다.
- **prejudicial**
a. 불리한

benevolent
[bənévələnt]

a. 자애로운, 자선적인(charitable), 인정 많은

He was a **benevolent** old man, he wouldn't hurt a fly.
그 노인은 하도 인정이 많은 사람이라서 파리 한 마리도 죽이지 못했다.
- benevolence
n. 박애, 자비심, 친절

mercy
[mə́ːrsi]

n. 자비, 연민

There is no **mercy** in him.
그에게 연민의 정이라곤 찾아볼 수가 없다.

charity
[tʃǽrəti]

n. 관용, 자애, 자비, (pl.) 자선사업

Charity begins at home.
사랑은 가정에서 시작된다.

- charity for ~에 대한 자선
- bestow charity on ~에게 자비심을 베풀다

breadth
[bredθ]

n. 폭(width), 관용(generosity) opp. length 길이

His book showed the great **breadth** of his learning.
그의 책은 그가 아주 박식하다는 것을 보여 준다.

width
[widθ]

n. 폭, 너비

a road of great **width**
폭이 매우 넓은 도로

benefactor
[bénəfæ̀ktər]

n. 기부자, 자선가

- benefaction
n. 자선(charity), 기부

contribute
[kəntríbjut]

v. 기부하다, (원고를) 기고하다, 공헌하다

Fresh air **contributes** to good health.
신선한 공기는 건강에 도움을 준다.

- contribute for ~에게 기부하다
- contribute to ~에 기부하다

offer
[ɔ́(ː)fər]

v. 제공하다, 제안하다, 바치다 n. 제공, 제안

Thanks for your **offer** of help.
도와주시겠다니 고맙습니다.

- accept an offer 제안을 승락하다
- make an offer 제의하다

donate
[dóuneit]

v. 증여하다, 기증하다(contribute, bestow)

donate blood
헌혈하다
- **donation**
n. 기부(금)

capacious
[kəpéiʃəs]

a. 넓은, 관대한

a **capacious** vessel   배, 용기
넓은 그릇

generosity
[dʒènərásəti]

n. 관용, 인심이 좋음

a **generous** nature
너그러운 성질
- **generous**
a. 너그러운, 관대한

---

091 속이다   CHEAT

cheat
[tʃiːt]

v. 속이다(deceive), 협잡을 하다

She will not **cheat** us.
그녀는 우리를 속이지 않을 것이다.

- cheat on an examination 시험 볼 때 부정행위를 하다

pretend
[priténd]

v. ~인 체하다, 속이다(make believe), 가장하다(feign)

pretend ignorance   무지
모른 척하다

beguile
[bigáil]

v. 속이다(deceive), (지루함을) 잊게 하다

I **beguiled** weary hours with music.
나는 지루한 시간을 음악으로 달랬다.

---

deceive
[disí:v]

v. 속이다, 기만하다(mislead, cheat)

The bad boy **deceived** his mother.
그 못된 아이는 자기 엄마를 속였다.
■ deceit
n. 사기, 기만

---

betray
[bitréi]

v. 배반하다, 속이다, 무심코 폭로하다(reveal, show)

betray oneself
본성을 드러내다
■ betrayal
n. 배반, 밀고, 폭로

---

trick
[trik]

n. 계략, 속임수, 장난

I suspect some **trick**.
아무래도 속고 있는 것만 같다.

---

mislead
[mislí:d]

v. 잘못 인도하다, 속이다

Bad companions **mislead** him.
못된 친구들이 그를 나쁜 쪽으로 빠지게 한다.
■ misleading
a. 오도하는, 현혹시키는

---

092 소중히 하다

cherish
[tʃériʃ]

v. 소중히 하다, 마음속에 품다, 간직하다

He **cherished** the memory of his dead wife.
죽은 아내에 대한 기억이 그의 가슴 속에 남아 있었다.

foster

[fɔ́(ː)stər]

v. 기르다(nurse, bring up), 소중히 하다(cherish), 마음에 품다, 조장하다
a. 양육하는

a **foster** mother
수양 어머니
Indifference **fosters** dictatorship.
무관심은 독재를 조장한다.

harbor

[háːrbər]

v. 숨기다, (나쁜 마음을) 품다
n. 항구, 은신처

in **harbor**
정박 중인

---

alter

[ɔ́ːltər]

v. 바꾸다, 변경하다, 고치다

Do you think you will **alter** your travel plans?
여행 계획을 변경할 의향은 없으신지요?
- alterable
a. 고칠 수 있는 opp. **unalterable** 바꿀 수 없는

alternate

[ɔ́ːltərnit]

v. 교대시키다, 엇갈리게 하다, 번갈아 일어나다
a. 엇갈린, 교류의

Good times **alternate** with bad.
불황과 호황은 번갈아 온다.
- alternately
ad. 교대로

- alternate between A and B
A했다 B했다 하다
- alternate in ~을 교대로 행하다

alternative

[ɔːltə́ːrnətiv]

n. 양자택일(choice of two) a. 양자택일의

She had no **alternative** but to ask for a divorce.
그녀는 이혼을 요구하는 것 외에 달리 선택할 방도가 없었다.

prefer
[prifə́ːr]

v. 오히려 ~을 더 좋아하다, 제출하다

Like most educated people, he **prefers** classical music to pop.
대개의 교양 있는 사람들이 그렇듯 그도 대중음악보다는 고전 음악을 더 좋아한다.

preferable
[préfərəbəl]

a. 더 마음에 드는, 더 바람직한

The worst reconciliation is **preferable** to the best divorce.
아주 볼품없는 화해일지라도 멋들어진 이혼보다 낫다.

choice
[tʃɔis]

n. 선택, 선택권(selection)

I live in the country by **choice**.
내가 좋아서 시골에서 산다.
- choicely
ad. 잘 가려서

choose
[tʃuːz]

v. 고르다(select), 선출하다(elect)

Be careful in **choosing** your friend.
친구를 고를 때는 신중을 기하라.

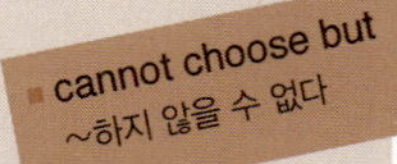

option
[ápʃən]

n. 취사선택, 선택권

There are many **options** open to someone who is willing to work hard.
열심히 하려는 사람에게 많은 선택권이 열려 있는 것이다.
- optional
a. 선택 자유의, 임의의

select
[silékt]

v. 고르다, 선택하다(choose) a. 잘 선택한

He **selected** a shirt to match his suit.
그는 슈트에 잘 어울리는 셔츠를 하나 골랐다.
- selection
n. 선택, 발췌

095 순회, 회전 CIRCUIT

circuit
[sə́:rkit]

n. 순회, 회전(revolution), 둘레, 우회로

How long does it take for the earth to make its **circuit** of the sun?
지구가 태양을 도는 데 시간은 얼마나 걸리지?

circulate
[sə́:rkjəlèit]

v. 순환하다, 유통되다

circulating capital
유통 자본
- **circular**
a. 원형의, 순환하는

- **circulate among**
~사이를 돌아다니다
- **circulate through**
~을 순환하다

circle
[sə́:rkl]

v. 선회하다 n. 원, 집단

the upper **circles**
상류 사회

roll
[roul]

v. 회전하다, 굴리다 n. 회전

Time **rolls** on.
세월은 흐른다.

rotate
[róuteit]

v. 회전하다(시키다) (revolve), 교대하다

Life **rotates**.
인생은 돌고 돈다.
the **rotation** of the earth
지구의 자전
- **rotation**
n. 회전, 교대

- **rotate around** ~을 주위를 돌다
- **rotate on** ~을 중심으로 회전하다

compass
[kʌ́mpəs]

v. 둘러싸다, 달성하다
n. 범위(extent), 한계(boundary), 나침반, (pl.) 컴퍼스

The discussion was beyond the **compass** of my brain.
그 토론은 내 지력의 한계를 벗어났다.

civilize
[sívəlàiz]

v. 개화하다, 문명화하다

Oriental **civilization**
동양 문명
■ **civilized**
a. 개화된, 세련된(refined)
■ **civilization**
n. 문명 opp. barbarism 야만

■ **civilize away**
교화하여 ~을 없애다

civil
[sívəl]

a. 시민의, 국내의, 공손한

civil liberties
시민의 자유
a **civil** answer
정중한 회답
Civil law
민법
■ **civility**
n. 정중함, 친절

polite
[pəláit]

a. 정중한, 예의 바른(courteous), 교양 있는

a **polite** answer
정중한 대답
polite society
상류사회
■ **politely**
ad. 공손히

courtesy
[kɔ́:rtəsi]

n. 예의(comity), 친절(kindness), 호의(favor), 우대

courtesy card
우대 카드
- **courteous**
a. 점잖고 예의 바른(polite)

chivalry
[ʃívəlri]

n. 기사도, 기사도 정신

- **chivalrous**
a. 예의바른, 용감한

trim
[trím]

v. 깎아 다듬다 n. 정돈(order) a. 말쑥한(neat)

- **trimming**
n. (사진의) 트리밍

clean
[kli:n]

v. 청결하게 하다 a. 청결한, 순수한

- **cleaning**
n. 청소
- **cleanness**
n. 결백
- **clean-cut**
a. 말쑥한
- **cleanup**
n. 대청소, 정화

- clean out 쓸어내다, 쫓아내다
- clean out of ~이 다 떨어지다

purge
[pə:rdʒ]

v. 정화하다, 깨끗하게 하다, 숙청하다

Purge away your evil thoughts.
못된 생각을 씻어 버려라.

transparent
[trænspɛ́ərənt]

a. 투명한, (문체가) 알기 쉬운(easily understood), 속 보이는

a **transparent** lie
빤한 거짓말
transparent glass
투명 유리

apparent
[əpǽrənt]

a. 명백한(obvious), ~처럼 보이는(seeming)

It is **apparently** true.
그것은 분명히 사실이다.
■ apparently
ad. 분명히(clearly)

visible
[vízəbəl]

a. 눈에 보이는, 명백한(evident) opp. invisible 눈에 보이지 않는

the **visible**
현세

clarify
[klǽrəfài]

v. 명백히 하다, 정화하다(purify)

He tried to **clarify** a difficult sentence.
그는 어려운 문장을 쉽게 고치려고 애썼다.

proof
[pru:f]

v. 교정하다 n. 증거(evidence), 증명

Have you any **proof** of what you say?
네가 말하는 사실에 관한 어떤 증거라도 있느냐?
■ proofreader
n. 교정자

■ in proof of ~의 증거로
■ read proofs 교정보다

evidence
[évidəns]

n. 증거, 흔적, 징후

There wasn't enough **evidence** to prove him guilty. 유죄의
그가 유죄라고 입증할 만한 증거는 충분하지 않았다.
■ evident
a. 명백한, 분명한(clear)

patent
[pǽtənt]

n. 특허권 a. 특허의, 명백한

a **patent** agent
특허 변리사
a **patent** right
특허권
■ patentee
n. (전매) 특허권 소유자

manifest
[mǽnəfèst]

v. 분명하게 밝히다 a. 명백한

a **manifest** error
명백한 잘못

- manifestant 시위 참가자
- manifestation 표명
- manifestative 표명하는

plain
[plein]

a. 명백한(obvious), 솔직한(frank), 검소한(simple),
보통의(ordinary)
n. 평야

- to be plain with you
솔직히 말하자면

plain speaking
직언

plain living
간소한 생활
- plainness
n. 명백, 검소

thrift
[θrift]

n. 검약, 절약(economy)

- thrive
v. 절약하다
- thrifty
a. 검소한

obvious
[ábviəs]

a. 명백한 opp. obscure 분명치 않은

It is **obvious** that he lied to me.
그가 내게 거짓말을 한 것이 명백하다.
- obviously
ad. 명백하게

098 조잡스러운 COARSE

coarse
[kɔːrs]

a. 조잡스러운(poor), 저속한(vulgar)
opp. fine 훌륭한, 우수한

a **coarse** joke
추잡한 농담

vulgar
[vʌ́lgər]

a. 천한, 저속한, 서민의(popular)

vulgar literature
저속한 문학

gross
[grous]

n. 총계, 총체 a. 뚱뚱한, 심한, 천한

one's **gross** income
총수입
■ **grossly**
ad. 엄청나게

099 위로하다 COMFORT

comfort
[kʌ́mfərt]

v. 위로하다(console) n. 위로, 안락(ease)

They have enough money to live in **comfort**.
그들은 안락한 생활을 할 만큼 충분한 돈을 가졌다.
■ **comfortable**
a. 편안한

ease
[iːz]

n. 편안함(comfort), 안락함, 쉬움

with **ease**
쉽게
feel at **ease**
안심하다

reassure
[rìːəʃúər]

v. 안심시키다, 재보증하다

The doctor **reassured** the sick man.
의사는 환자를 안심시켰다.

console
[kənsóul]

v. 위로하다, 위문하다, 달래다

consolation money
위자료
consolation prize
감투상 (애석상)
- **consolation**
n. 위안

- console on ~에 대해 위로하다
- console with ~으로 위로하다

relief
[rilíːf]

n. (고통의) 제거, 기분 전환(removal), 구원

They are in need of **relief**.
그들은 원조가 필요하다.
Relieve your feelings.
긴장을 풀어라.
- **relieve**
v. 완화시키다, 안심시키다(lighten, comfort)

soothe
[suːð]

v. 위로하다(comfort), 진정시키다(calm)

Have a drink to **soothe** your nerves.
술을 한잔해서 마음을 진정시키시오.

solace
[sɑ́ləs]

v. 위로하다 n. 위안

Books were his only **solace**.
책은 그의 유일한 위안거리였다.

quiet
[kwáiət]

v. 달래다(soothe) n. 고요
a. 한적한, 평화로운

a **quiet** life
평온한 생활

- quiet as a mouse 쥐 죽은 듯이 조용한
- out of quiet 침착함을 잃은

restful
[réstfəl]

a. 편안한, 평온한

restful death
안식을 주는 죽음

command
[kəmǽnd]

v. 명령하다(order), 지휘하다(lead), 통솔하다(control),
(경치 따위를) 내려다보다(overlook)

He **commanded** them to go ahead at once.
그는 그들에게 즉시 전진하라고 명령했다.
- **commander**
n. 지휘자, 사령관

direct
[dirékt]

v. 지시하다, 명령하다 a. 직접적인, 솔직한

direct answer
솔직한 답변
a telephone **directory**
전화번호부
- **direction**
n. 방향, 지시, 지휘
- **director**
n. 감독, 지휘자
- **directory**
n. 주소 성명록

- **direct against** ~을 겨누다
- **direct to** ~로 가는 길을 가르쳐 주다, 향하다

first-hand
[fə́ːrsthǽnd]

a. 직접의 ad. 직접적으로(directly)

I heard her news **first-hand**.
나는 그녀의 소식을 직접 들었다.

indirect
[ìndirékt]

a. 간접적인, 멀리 도는

an **indirect** route
우회도로

secondhand
[sékəndhǽnd]

a. 간접의, 중고품의

a **secondhand** car
중고차
- **second hand**
n. 초침, 간접 수단

| **ordain**
[ɔːrdéin] | v. (신, 운명이) 정하다, 결정하다

Fate **ordained** that we should separate. → 가르다, 분리하다
운명이 우리들을 갈라놓았다. |

| **order**
[ɔ́ːrdər] | v. 명령하다(command), 정돈하다(arrange)
n. 순서(sequence), 명령, 주문, 질서

peace and **order**
평화와 질서
■ **orderly**
a. 질서 정연한, 유순한 |

■ be on order 주문되어 있다
■ by order of ~의 명에 의하여
■ in order to do ~할 목적으로

| **instruct**
[instrʌ́kt] | v. 가르치다, 알리다, 명령하다

He **instructs** a class in history.
그는 학급에서 역사를 가르치고 있다.
■ **instructive**
a. 교육적인, 유익한
■ **instructor**
n. 교사, 지도자 |

101 맡기다, 저지르다   COMMIT

| **commit**
[kəmít] | v. 맡기다(entrust), (범행을) 저지르다

This man has **committed** a very serious crime. → 죄, 범죄
이 남자가 아주 중대한 범죄를 저질렀다. |

| **entrust**
[entrʌ́st] | v. 위임하다, 위탁하다

Can I **entrust** the task to you?
당신에게 그 일을 맡겨도 되겠습니까? |

■ entrust with ~을 맡기다

impersonal
[impə́:rsənəl]

a. 일반적인, 비인격적인

an **impersonal** point of view
일반적 견해

common
[kámən]

a. 통상적인, 보통의, 공통의

the **common** people
민중
a **commonplace** talk
흔해빠진 이야기
- commonplace
a. 평범한, 흔한
- commonly
ad. 일반적으로
- commons
n. 평민

ordinary
[ɔ́:rdənèri]

a. 통상적인(usual), 보통의, 대단찮은

an **ordinary** meeting
정례회
an **ordinary** dress
평상복
- ordinarily
ad. 일반적으로, 보통

- by ordinary 통상
- out of ordinary 보통과 다른

popular
[pápjələr]

a. 인기 있는, 유행하는, 인민의, 쉬운

a **popular** government
민주정치
in a **popular** language
쉬운 말로
popular front
인민전선
- popularize
v. 일반화하다, 통속화하다
- popularity
n. 인기

familiar
[fəmíljər]

a. ~을 잘 알고 있는, 친한, 흔한

facts that are **familiar** to everybody
누구나 알고 있는 흔한 사실
- familiarity
n. 정통, 친밀, 친한 사이

generalize
[dʒénərəlàiz]

v. 일반화하다, 막연히 말하다, 보급시키다

- general
a. 일반적인
- generality
n. 일반성, 보편성

compare
[kəmpɛ́ər]

v. 비교하다, 비유하다

To live is often **compared** to a voyage. 항해
산다는 것은 흔히 항해에 비유된다.
- comparable
a. ~와 필적하는, 유사한
- comparison
n. 비교, 대조

- compare with[to] ~와 비교해서
- beyond compare 비할 바 없는

figurative
[fígjərətiv]

a. 비유(은유)적인

a **figurative** use of a word
낱말의 비유적 용법

contrast
[kántræst]

v. 대조하다 n. 대조, 대비

In this book the writer **contrasts** Europe with American.
이 책에서 저자는 유럽과 미국을 비교하고 있다.

complex
[kəmpléks]

n. (심리) 콤플렉스, (건물의) 단지 a. 복잡한

complex sentence
복문
- complexity
n. 복잡, 복잡한 것

complicate
[kámpləkèit]

v. 복잡하게 하다 n. 뒤얽힌(intricate)

That **complicates** matters.
그것은 일을 뒤얽히게 만든다.

문제, 일, 사건

obscure
[əbskjúər]

a. 애매한, 무명의(vague, unknown), 희미한

an **obscure** passage
애매모호한 문구
an **obscure** poet
무명 시인
- obscurely
ad. 애매하게, 어둡게

intricate
[íntrəkit]

a. 복잡하게 얽힌, 애매한(obscure)

This is a novel with an **intricate** plot.
이것은 복잡한 줄거리로 쓰여진 소설이다.
- intricacy
n. 복잡(complexity)

음모, 줄거리

implicate
[ímpləkèit]

v. (범죄에) 연루시키다

be **implicated** in a crime
범죄에 연루되다
an **implicit** promise
묵약(默約)
- implicit
a. 함축적인, 암묵적인

involve
[inválv]

v. 포함하다(include), 초래하다, 얽혀 들게 하다

He is **involved** in the crime.
그는 그 범행에 연루되어 있다.
■ involvement
n. 연루, 연좌, 곤란한 일

assure
[əʃúər]

v. 확실하게 하다, 보증하다

I **assure** you of her innocence.
나는 그녀가 결백하다는 것을 보증한다.
■ assurance
n. 보증, 확신

secure
[sikjúər]

v. 안전하게 하다(protect), 보증하다(insure)
a. 안전한, 확신하는(confident), 견고한(firm)
opp. anxious 걱정하는, 열망하여

■ secure for ~를 위해 확보하다
■ secure from ~에서 얻어 내다

Security is the greatest enemy.
방심이 제일 무서운 적(속담)
■ security
n. 안전, 방심, 보증, 담보

vow
[vau]

v. 맹세하다 n. 서약, 맹세

All the men took a **vow** of loyalty to their leader.
모든 부하들이 그들의 지도자에게 충성을 맹세했다.

pledge
[pledʒ]

n. 맹세, 서약(solemn promise), 증표, 담보

Take this ring as a **pledge** of our love.
사랑의 증표로 이 반지를 가져라.

insure
[inʃúər]

v. 보증하다(guarantee), 확인하다

Is your house **insured** against fire?
당신 집은 화재보험에 들어 있습니까?
- insurer
n. 보험업자
- insurance
n. 보험

- insure against ~에 대한 보험을 들다
- insure for ~액수의 보험을 들다

warrant
[wɔ́ːrənt, wár-]

n. 까닭(justification), 권한(authority), 보증(guarantee), 영장

Diligence is a **warrant** success.
근면은 성공의 보증이다.

sponsor
[spánsər]

n. 보증인, 광고주 v. 후원하다(support)

The baseball game is being **sponsored** by this company.
그 야구 경기는 이 회사가 후원하고 있다.

guarantee
[gæ̀rəntíː]

v. 보증하다 n. 보증인, 담보

This radio is **guaranteed** for three years.
이 라디오는 3년 동안 보증된다.

- written guarantee 품질보증서
- give a guarantee 보장하다

ensure
[enʃúər]

v. 보증하다(guarantee), 안전하게 하다

ensure the freedom of the press
출판의 자유를 보장하다

certificate
[sərtífəkit]

n. 보증서, 증명서, 검사증

marriage **certificate**
결혼 증명서

vouch
[vautʃ]

v. 보증하다(guarantee), 단언하다(assert)

I'll **vouch** for you.
내가 너의 보증인이 되겠다.

Day 09

confirm
[kənfə́ːrm]

v. 확인하다(verify), 굳히다(strengthen)

I **confirmed** the rumor.
나는 그 소문을 확인했다.
a **confirmed** drunkard
고질적인 술꾼
- confirmation
n. 확인하기, 비준
- confirmed
a. 상습적인, 만성의(chronic)

verify
[vérəfài]

v. 확증하다(prove), 확인하다

His report was **verified** by witness.
그의 보고는 목격자에 의해 사실로 드러났다.

prove
[pruːv]

v. 증명하다(demonstrate), ~으로 판명되다

The exception **proves** the rule.
예외가 있다는 것은 규칙이 있다는 증거. (속담)

demonstrate
[démənstrèit]

v. 증명하다, 감정을 드러내다, 시위를 하다

- demonstration
n. 증명, 데모, 표명

confuse
[kənfjúːz]

v. 혼란시키다, 어리둥절하게 하다(disconcert)

I was **confused** by all the noise.
온갖 잡음 때문에 나는 얼이 다 나갔다.
■ confusion
n. 혼란, 어리둥절함
■ confused
a. 혼란스러운, 당황한
■ confusing
a. 당황케 하는

disrupt
[disrʌ́pt]

v. 혼란에 빠뜨리다, 깨뜨리다

Floods **disrupted** traffic.
홍수로 교통이 두절되었다.

■ disruption 붕괴
■ disruptive 분열시키는
■ disrupture 중단

mess
[mes]

n. 혼란(confusion), 곤경, 음식물

This room is in a terrible **mess**.
이 방은 온통 난장판이다.

distraction
[distrǽkʃən]

n. 혼란(confusion), 위안, 오락

There are too many **distractions** here.
이곳에는 산란스러운 것이 너무 많다.

perplex
[pərpléks]

v. 뒤얽히게 하다(bewilder, complicate),
당황하게 하다(puzzle)

I was **perplexed** for an answer.
어떤 대답을 해야 할지 몰라 곤혹스러웠다.
■ perplexed
a. 난처한, 당혹한

puzzle
[pʌ́zl]

v. 당황케 하다(perplex) n. 난제(hard question)

I am quite **puzzled**.
너무나 당혹스럽다.

■ puzzle over ~을 곰곰이 생각하다
■ do a puzzle 어려운 문제를 풀다

chaos
[kéias]

n. 혼돈, 무질서 opp. cosmos 우주

실패, 실패자

After the power failure, the city was in **chaos**.
정전(停電)이 된 후에 그 도시는 혼돈 속으로 빠졌다.
- chaotic
  a. 무질서한

disorder
[disɔ́:rdər]

v. 혼란케 하다(disturb)
n. 난잡(confusion), 무질서, 소동(tumult)

My room was in **disorder**.
내 방은 난장판이 되어 있었다.
- disorderly
  a. 무질서한, 혼란한

- be in disorder 혼란 상태에 있다
- fall into disorder 혼란에 빠지다

embarrass
[imbǽrəs]

v. 난처하게 만들다, 방해하다

- embarrassment
  n. 당혹, 방해
- embarrassing
  a. 쩔쩔매게 하는

confound
[kənfáund]

v. 혼란케 하다, 혼동하다(confuse)

The election results **confounded** the ruling party.
선거 결과는 집권당을 당혹스럽게 만들었다.

bewilder
[biwíldər]

v. 당황하게 하다(confuse), 어리둥절케 하다

Big city traffic **bewilders** me.
대도시의 교통이 나를 어리둥절케 했다.
- bewildered
  a. 당황한

astonish
[əstániʃ]

v. 놀라게 하다(surprise greatly)
opp. ease 진정시키다; 편함, 용이함

I was **astonished** at the news.
나는 그 소식에 깜짝 놀랐다.

- astonished 놀란
- astonishingly 놀랍게도
- astonishment 놀람
- astonishing 놀라운

astound
[əstáund]

v. 깜짝 놀라게 하다

She was **astounded** when she heard he had won.
그가 이겼다는 소식을 듣고 그녀는 깜짝 놀랐다.

amaze
[əméiz]

v. 놀라게 하다, 경탄케 하다(astound)

I was **amazed** by the news.
나는 그 소식에 경악을 금치 못했다.
- amazement
n. 경악, 놀람

surprise
[sərpráiz]

v. 놀라게 하다 n. 놀람(astonishment), 경악

His conduct **surprised** me.
그의 처신에 놀랐다.

incredible
[inkrédəbəl]

a. 믿어지지 않는, 놀랄 만한(surprising)

a quite **incredible** happening
도저히 믿어지지 않는 일

stun
[stʌn]

v. 실신시키다, 멍하게 만들다(daze, astound)

I was **stunned** by the news.
나는 그 소식을 듣고 정신이 아찔해졌다.

dizzy
[dízi]

a. 현기증이 나는, 얼이 빠지는(bewildered)

a **dizzy** height
현기증이 날 만큼 높은 곳

tumult
[tjúːmʌlt]

n. 소란, 소동(uproar), 소요, 폭동

a popular **tumult**
민중의 소요

riot
[ráiət]

n. 폭동, 소동(tumult), 대혼란(uproar)

The army put down a **riot**.
군대가 폭동을 진압했다.

- **cause riot** 폭동을 일으키다
- **race riot** 인종 폭동

upset
[ʌpsét]

v. 뒤엎다, 전복시키다(overturn) n. 전복, 혼란
a. 전복된, 혼란스러운(disordered)

upset a cup of coffee
커피 잔을 뒤엎다

---

110 깨뜨리다 DISTURB

disturb
[distə́ːrb]

v. (평온을) 깨뜨리다(agitate), 훼방 놓다

Don't **disturb**.
훼방 놓지 마.
- **disturbance**
n. 방해, 소동, 혼란

nuisance
[njúːsəns]

n. 방해, 성가신 것, 방해물

a private **nuisance**
사생활 방해

noise
[nɔiz]

n. 소음, 소란, 소리(sound) opp. stillness 고요

I heard a strange **noise** last night.
나는 지난밤에 이상한 소리를 들었다.

uproar
[áprɔ̀ːr]

n. 소란, 소동, 소음

The village was in **uproar**.
온 마을이 시끌시끌했다.

uprising
[ápràiziŋ]

n. 반란, 폭동

The police put down the **uprising** by force.
경찰은 폭동을 무력으로 진압했다.

힘, 폭력, 무력

defiance
[difáiəns]

n. 도전(challenge), 명령의 무시, 반항
opp. obedience 복종

defiance of established authority
기성 권위에 대한 도전

권위, 권한

defy
[difái]

v. 반항하다, 얕보다, 좌절시키다

This is the problem that **defy** solution.
이것은 아무리 해 봐도 해결되지 않는 문제이다.

■ defy description
이루 말할 수 없다

revolt
[rivóult]

v. 반역하다(rebel), 반항하다 n. 반역, 모반, 폭동
opp. **obey** 복종하다, **submit** 복종시키다, 제출하다

People **revolted** against the government.
국민은 정부에 반기를 들었다.

traitor
[tréitər]

n. 배신(반역)자, 역적

■ traitorous
a. 반역적인

revolve
[riválv]

v. 회전하다, 순환하다, 숙고하다(consider)

The seasons **revolve**.
계절은 순환한다.
■ revolution
n. 혁명, 대변혁, 회전

conquer
[káŋkər]

v. 정복하다, 압도하다(overwhelm), 극복하다
opp. surrender 넘겨주다, 항복하다

the Norman **Conquest**
노르만 정복
- conquest
n. 정복, 극복

surmount
[sərmáunt]

v. 극복하다(overcome), 넘다(cross over),
(수동태로) 얹다(cap)

a tin roof **surmounted** with snow
눈 덮인 양철지붕

defeat
[difíːt]

v. 쳐부수다, 이기다(overcome)
n. 격파, 좌절

A nation may be **defeated**, but never conquered.
국민은 패배할지라도 결코 정복당하지 않는다.

overcome
[òuvərkʌ́m]

v. 정복하다, 압도하다(overwhelm), 극복하다

overcome obstacles
장애를 극복하다

prevail
[privéil]

v. 이기다(triumph), 우세하다(predominate), 유행하다

Truth will **prevail**.
진리는 승리하리라.
- prevalent
a. 유행하는
- prevalence
n. 유행, 보급

vanquish
[vǽŋkwiʃ]

v. 정복하다, (감정을) 극복하다, 이기다

Napoleon was **vanquished** at the battle of Waterloo in 1815.
나폴레옹은 1815년 워털루 전투에서 패배했다.

subdue

[səbdʒúː]

v. 정복하다, (감정을) 억제하다

He **subdued** his anger.
그는 분노를 억눌렀다.

overwhelm

[òuvərhwélm]

v. 압도하다, 당황케 하다

an **overwhelming** catastrophe 대참사
불가항력적인 재난
- **overwhelming**
a. 압도적인

irresistible

[ìrizístəbəl]

a. 압도적인, 매력적인

an **irresistible** force
저항할 수 없는 힘

overthrow

[òuvərθróu]

v. 압도하다, 뒤집다(upset)
n. 전복

- give overthrow 전복시키다

The people **overthrew** the king.
국민들은 국왕을 폐위시켰다.

---

112 고려하다　CONSIDER

consider

[kənsídər]

v. 고려하다, ~라고 생각하다

I **consider** him to be a good doctor.
그는 훌륭한 의사가 되리라고 생각한다.
a very **considerable** person
아주 중요한 인물
- **considerable**
a. 상당한, 많은
- **consideration**
n. 고찰, 중요성

- consider as ~라고 여기다
- consider for ~에 대해 고려하다

124

considering
[kənsídəriŋ]

prep. ~을 생각하면, ~고려하면

He looks old **considering** his age.
나이 치고는 늙어 보인다.

muse
[mjuːz]

v. 곰곰이 생각하다(meditate), 명상하다

It is useless to **muse** upon past errors.
지난 잘못을 되씹는 것은 쓸데없는 일이다.

ponder
[pándər]

v. 숙고하다, 곰곰 생각하다

He **pondered** the troubles with great seriousness.
그는 그 문제에 대해 아주 신중하게 생각했다.
- **ponderous**
  a. 묵직한, 무게 있는, 지루한

reflect
[riflékt]

v. 반사하다, 영향을 미치다, 숙고하다

Stop and **reflect** a minute before you act.
행동으로 옮기기 전에 멈춰 서서 잠깐 동안 곰곰이 생각해 봐라.
- **reflection**
  n. 반사, 반성, 숙고

brood
[bruːd]

v. 곰곰이 생각하다

She **brooded** over the mistake she made.
그녀는 자신의 실수를 곰곰이 생각해 보았다.

contemplate
[kántəmplèit]

v. 깊이 생각하다(think about), 응시하다(gaze at)

He **contemplated** the problem in all its aspects.
그는 그 문제를 온갖 측면에서 깊이 생각했다.
- **contemplation**
  n. 심사숙고, 응시

meditate
[médətèit]

v. 묵상하다, 명상하다, 숙고하다

She **meditated** upon her past life.
그녀는 자기의 지난날을 돌이켜 보았다.
- **meditation**
  n. 묵상, 명상

- meditate on ~에 관해 명상하다
- meditate deeply 깊이 숙고하다

| **study**
[stʌ́di] | v. 연구하다, 생각하다, ~하려고 마음먹다

He **studied** not to do wrong.
그는 옳지 못한 일은 하지 않으리라 마음먹었다. |
| **weigh**
[wei] | v. 무게를 달다, 압박하다, 잘 생각하다(consider)

You **weigh** well before deciding.
잘 생각한 후에 결정해라. |

- weigh down 내리 누르다
- weigh out 달아서 나누다
- weigh up 비교해서 생각하다

113 오염시키다   INFECT

infect [infékt]	v. 오염시키다, (해로운 사상에) 물들게 하다 A lot of people were **infected** with cholera in this summer. 이번 여름에는 많은 사람들이 콜레라에 감염되었다. - infection n. 전염, 전염병
pollution [pəlúːʃən]	n. 오염, 타락 원리, 원칙 The almighty dollar principle **polluted** young people. 황금만능주의는 젊은이들을 타락시켰다. - pollute v. ~을 더럽히다
dissolute [dísəlùːt]	a. 방탕한, 타락한(astray) a **dissolute** life 방탕한 생활
astray [əstréi]	a. ad. 길을 잃어, 타락하여 끌어당김, 매력 The attractions of the city led the youth **astray**. 도시의 유혹은 젊은이들을 타락시켰다.

corrupt
[kərʌ́pt]

v. 부패시키다 a. 오염된, 부패한

corrupt morals
도덕을 문란케 하다
- corruption
n. 타락, 부패(decay)

contaminate
[kəntǽmənèit]

v. ~을 더럽히다, 오염시키다

Smog **contaminates** the air.
스모그는 대기를 오염시킨다.

impure
[impjúər]

a. 음란한, 불결한, 불순한
opp. pure 순수한, 깨끗한

an **impure** motive
불순한 동기
- impurity
n. 불순물

---

114 불변의, 부단한 CONSTANT

constant
[kánstənt]

a. 불변의, 부단한 n. (수학) 상수(常數)

I don't like these **constant** arguments.
논의, 말다툼
이런 지지부진한 논쟁은 정말 싫다.
- constancy
n. 불변, 절조
- constantly
ad. 끊임없이

eternal
[itə́:rnəl]

a. 불후의, 영원한, 불변의

eternal truth
영원한 진리
- eternally
a. 영구히

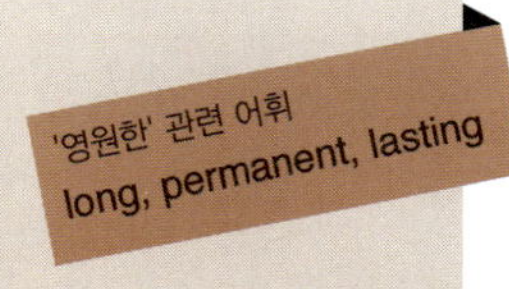

incessant
[insésənt]

a. 끊임없는(ceaseless), 쉴 새 없는

We've had a week of **incessant** rain.
일주일 내내 비가 내렸다.
- incessantly
ad. 끊임없이

perpetual
[pərpétʃuəl]

a. 영구적인(eternal), 끊임없는(constant)

a **perpetual** stream of visitors
끊임없이 이어지는 방문객
- perpetuation
n. 영속
- perpetuity
n. 종신연금, 영속

115 변치 않는 INVARIABLE

invariable
[invέəriəbəl]

a. 변치 않는, 한결같은

They were almost **invariable** silent.
그들은 한결같이 침묵을 지키고 있었다.

consecutive
[kənsékjətiv]

a. 연속하는, 일관된(successive)

consecutive numbers
일련번호
It rained three **consecutive** days.
하루도 쉬지 않고 사흘 동안 비가 내렸다.
- consecution
n. 연속, 일관성

consistent
[kənsístənt]

a. 일관된, 변함없는

He is not **consistent** in his action.
그의 행동은 일관되지 못하다.
- consistency
n. 일관성

serial
[síəriəl]

n. 연속물 a. 일련의

the **serial** numbers of the stolen checks
도난당한 수표의 일련번호

sequence
[síːkwəns]

n. 연속, 결과

the **sequence** of events on the night
밤에 일어난 일련의 사건들

train
[trein]

v. 훈련하다(drill), 양성하다(rear)
n. 기차, 연속(sequence), 행렬

a **train** of thought
일련의 생각
■ training
n. 훈련, 양성

■ in train 준비하여
■ take train 기차를 타다

succession
[səkséʃən]

n. 연속, 계승자들

Disasters came in **succession**.
재앙이 잇따라 들이닥쳤다.
■ successive
a. 잇따른

continue
[kəntínjuː]

v. 계속하다(keep on), 지속하다(last)

A living language **continues** to change.
살아 있는 언어는 계속적으로 변화한다.
continual practice
부단한 연습
■ continual
a. 끊임없는

everlasting
[èvərlǽstiŋ]

n. 영원 a. 연속적인

I'm tired of his **everlasting** complaints.
그의 끊임없는 불평에 넌더리가 난다.

Day 10

abide
[əbáid]

v. 지키다, 거주하다(dwell), 머무르다

You must **abide** by the rules.
규칙을 지켜야 한다.
an **abiding** love
변함없는 사랑
- **abiding**
  a. 지속적인

await
[əwéit]

v. 기다리다, 기대하다(wait for)

Death **awaited** them.
죽음이 그들을 기다렸다.

endure
[endjúər]

v. 견디다(bear, tolerate), 참다

I can't **endure** that noise a moment longer.
그런 소음은 한 순간도 더 견딜 수가 없다.
- **endurance**
  n. 인내력, 참을성
- **enduring**
  a. 영속적인(lasting)

perseverance
[pə̀ːrsivíːrəns]

n. 인내(력), 참을성, 버팀(persistence)

He studied with **perseverance**.
그는 끈질기게 공부했다.
- **persevere**
  n. 참다, 견디다, 꾸준히 해내다

patience
[péiʃəns]

n. 인내, 참을성(endurance)

a man of great **patience**
인내력이 강한 사람
a **patient** worker
근면한 노동자
■ patient
a. 참을성 있는, 끈기 있는 n. 환자

persist
[pəːrsíst]

v. 고집하다, 관철하다

He **persisted** in all his belief.
그는 자신의 신념대로 밀고 나갔다.
■ persistence(-cy)
n. 고집, 인내력
■ persistent
a. 고집하는, 끈질긴

■ persist in 주장하다, 고집하다

bear
[bɛər]

v. 낳다, 참다(suffer), 나르다(carry), 처신하다(behave),
갖다(hold), 관계있다(relate), 품다(hold in mind)

I can't **bear** this pain.
이 고통을 참을 수가 없다.

tolerate
[tálərèit]

v. 묵인하다, 관대하게 다루다, 참다

제멋대로임

I won't **tolerate** your selfishness.
너의 이기심에 찬 행동은 용납하지 않겠다.

last
[læst]

v. 계속하다, 지속하다, 견디다

How long will the fine weather **last**?
좋은 날씨가 얼마나 오래 갈까?

durable
[djúərəbəl]

a. 오래 견디는, 견고한, 항구적인

a **durable** friendship
변함없는 우정
a **durable** goods
내구성 소비재

condense
[kəndéns]

v. 응축(凝縮)시키다, 요약하다, 압축시키다

A cloud is a **condensation** of vapour.
구름은 수증기가 응축된 것이다.
■ condensation
n. 응축

■ condense from ~에서 응축하다
■ condense into ~으로 요약하다

lessen
[lésn]

v. 적게 하다, 줄이다(decrease)

The difficulty can be **lessened** only we help each other.
우리가 서로 도울 때에야 비로소 어려움은 줄어들 수 있다.

shrink
[ʃriŋk]

v. 오그라들다, 줄다, 움찔하다

The rivers have **shrunk** from the drought.
가뭄으로 강물이 줄어들었다.

compress
[kəmprés]

v. 압축하다, 요약하다

the experience of a lifetime **compressed** into a few pages.
서너 쪽으로 요약된 일생의 경험

miniature
[míniətʃər]

n. 축소 모형

The family is society in **miniature**.
가정은 사회의 축소판이다.

diminish
[dəmíniʃ]

v. 줄이다(reduce), 감소하다

His illness **diminished** his strength.
병이 나서 그는 체력이 쇠약해졌다.

underestimate
[ʌndəréstəmèit]

v. 과소평가하다 n. 경시

underestimate the problem
문제를 과소평가하다

shorten

[ʃɔ́ːrtn]

v. 짧게 하다, 단축하다

The new (highway) **shortened** the trip.
간선도로
새로 난 도로는 여행을 단축시켰다.

118 중복시키다 DUPLICATE

duplicate

[djúːpləkit]

v. 중복시키다(double)
n. 사본(寫本) (original 원본), 복사(copy)
a. 복사한, 똑같은

He has a **duplicate** key.
그는 열쇠 하나를 여벌로 갖고 있다.
- duplicator
n. 복사기

■ make a duplicate 사본을 만들다
■ in duplicate 두 통으로

reproduce

[rìːprədjúːs]

v. 재생하다, 번식하다(generate)

This compact disk player **reproduces** every sound perfectly.
이 CD 플레이어는 모든 소리를 완벽하게 재생한다.
- reproduction
n. 재생, 복사, 번식

copy

[kápi]

v. 본뜨다, 복사하다

You should **copy** his good (points) not his bad points.
뾰족한 끝, 점
너는 그의 나쁜 점을 본받지 말고 좋은 점을 본받아야 한다.

manuscript

[mǽnjəskrìpt]

n. 원고 a. 손으로 쓴, 사본의

poems still in **manuscript**
원고 상태로 남아 있는 시

consume
[kənsúːm]

v. 소비하다(spend, waste), (불이) 다 태워버리다
opp. produce 생산하다, 산출하다, 일으키다, 제시하다

The fire **consumed** the wooden buildings.
화재가 목조건물을 다 태워버렸다.
- consumption
n. 소비
- consumer
n. 소비자 opp. producer 생산자

expend
[ikspénd]

v. 소비하다(spend), (돈을) 쓰다

- expenditure
n. 소비, 경비
- expense
n. 비용

value
[vǽljuː]

v. (금액으로) 평가하다, 존중하다
n. 가치, 값어치(worth), 값, (pl.) 가치관

Nothing is more **valuable** than time.
시간만큼 귀중한 것은 없다.
- valuation
n. 평가
- valuable
a. 귀중한

- be of great value 가치가 크다
- go down in value 가치가 떨어지다

spend
[spend]

v. 쓰다, 소비하다(pay out), (시간을) 보내다

He **spent** all his energy on the reconstruction
of his company.
그는 회사 재건에 온 정력을 쏟아부었다.

cost
[kɔːst]

v. (비용이) 들다, 잃게 하다, (노력을) 요하다

Carelessness will **cost** you your life.
부주의는 너의 생명을 앗아갈 것이다.

exhaust
[igzɔ́ːst]

v. 고갈시키다, 지치게 하다(tire) n. 환기장치

He **exhausted** himself by hard work.
그는 과로로 녹초가 되었다.
- exhausted
a. 고갈된, 지친
- exhaustion
n. 소모, 고갈

120 귀중한   PRECIOUS

precious
[préʃəs]

a. 귀중한(valuable), 귀여운(dear)

my **precious** darlings
귀염둥이들
A family is the most **precious** gift in life.
가족은 인생에서 가장 소중한 선물이다.

dear
[diər]

a. 소중한

Life is very **dear** to him.
삶은 그에게 매우 소중하다.

121 미친, 실성한   MAD

mad
[mæd]

a. 미친, 실성한

It would be **madness** to try to climb the mountain in such a snowstorm.
이런 눈보라 속에서 산에 오르려는 것은 미친 짓이다.
- madness
n. 광기, 미친 짓
- be mad for ~에 열광하다
- be mad with joy 몹시 기뻐하다

crazy
[kréizi]

a. 열광하는, 얼빠진

You were **crazy** to lend that man your money.
그런 사람에게 돈을 꿔 주다니 단단히 미쳤군.

drunk
[drʌŋk]

a. 술에 취한, 도취되어
opp. **sober** 술 취하지 않은, 냉정한

dead **drunk**
만취하여

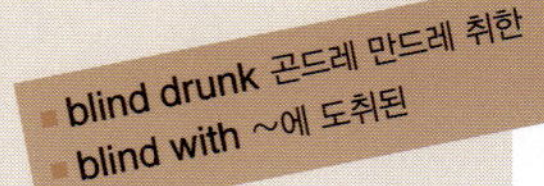

passion
[pǽʃən]

n. 정열, 열광, 열정

He has enough **passion** to make a great poet.
그는 대시인이 되기에 충분한 열정이 있다.
a man of **passionate** nature
성미 급한 사람
■ passionate
a. 열렬한, 성미가 급한

excite
[iksáit]

v. 흥분시키다, 자극하다

They are wild with **excitement**.
그들은 대단히 흥분하고 있다.
■ excitement
n. 자극, 흥분
■ exciting
a. 흥분시키는

enthusiasm
[enθúːziæzəm]

n. 열광, 열중(zeal)

Tennis is my latest **enthusiasm**.
나는 요즘 테니스에 열중하고 있다.
■ enthusiastic
a. 열광적인

offend
[əfénd]

v. 죄를 범하다, 어긋나다, 화나게 하다

장기간에 걸친

a **chronic** **offender**
상습범
a first **offender**
초범자
- **offender**
n. 범죄자, 위반자

crime
[kraim]

n. 위반, 범죄

If you commit a **crime** you must expect to be punished.
죄를 저지르면 벌 받을 것을 각오해야 한다.
- **criminal**
n. 범죄자 a. 범죄의

sin
[sin]

n. (종교, 도덕상의) 죄, 잘못, 어리석은 짓

commit a **sin**
죄를 범하다
the original **sin**
원죄
- **sinful**
a. 죄 많은
- **sinless**
a. 결백한

- a sin against ~을 거스르는 죄
- a mortal sin 대죄

vice
[vais]

n. 악덕, 고약한 버릇, 결점, 흠(evil, sin, fault)
opp. **virtue** 덕, 미덕, 장점

virtue and **vice**
미덕과 악덕

err
[əːr]

v. 틀리다, 잘못을 저지르다(sin)

믿음, 신뢰, 신앙

the **erroneous** belief
잘못된 신념
- **erroneous**
a. 잘못된

punish
[pʌ́niʃ]

v. 처벌하다, 혼내 주다

The wicked are **punished** the good come into their own.
악인은 망하고 선인은 성한다.
- punishment
n. 처벌, 징계

penalty
[pénəlti]

n. 형벌, 벌금

the death **penalty**
사형

- impose a penalty 벌칙을 부과하다
- pay a penalty 대가를 치르다

guilt
[gilt]

n. 유죄

He admitted his **guilt**.
그는 자신의 죄를 시인했다.
- guilty
a. 유죄의 opp. innocent 순진한, 때 묻지 않은, 결백한

blame
[bleim]

v. 꾸짖다(condemn), 책임을 떠넘기다 n. 책임, 허물

I have nothing to **blame** myself for.
내게는 잘못이 없다.
- blamable
a. 비난할 만한

condemn
[kəndém]

v. 비난하다, 나무라다, 유죄를 선고하다

Most people are willing to **condemn** violence of any sort.
대부분의 사람들은 어떠한 종류의 폭력도 비난해마지 않는다.
- condemnation
n. 비난, 유죄 판결

disapprove
[dìsəprú:v]

v. 비난하다(censure), 불찬성하다
opp. **approve** 찬성하다, 승인하다

They **disapproved** of the government's policy.
그들은 정부의 방침에 대해 반대했다.

denounce
[dináuns]

v. (공공연하게) 비난하다, 고발하다

He was **denounced** as a liar.
그는 거짓말쟁이라고 비난받았다.

comment
[kámənt]

n. 설명, 논평, 주해

No **comment**!
할 말 없다!

- a favorable comment 호평
- a passing comment 지나가는 말

scold
[skould]

v. 꾸짖다(blame), 야단치다

He **scolded** the child for being lazy.
그는 아이들이 게으르다고 야단쳤다.
- scolding
n. 질책, 야단

rebuke
[ribjú:k]

v. 꾸짖다(reprove) n. 질책(reproval)
opp. **praise** 칭찬하다 ; 칭찬

The boy was **rebuked** for making a noise.
그 소년은 떠든다고 꾸중을 들었다.

censure
[sénʃər]

v. 비난하다 n. 비난, 혹평

심하게, 엄하게
His conduct was severely **censured**.
그의 행동은 심하게 비난받았다.

reproach
[ripróutʃ]

v. 비난하다, 나무라다 n. 책망, 비난

결정, 과실
It wasn't your fault – you have nothing to **reproach**
yourself with.
네 잘못이 아니야. 자책할 필요는 하나도 없다.
- reproachful
a. 비난하는

produce
[prədjúːs]

v. 생산하다(yield), 낳다, 제시하다, 초래하다(cause)
opp. consume 소비하다, 다 써 버리다

Produce your passport, please.
여권을 보여 주십시오.
intellectual **products**
지적 산물
- **producer**
n. 생산자, 프로듀서
- **product**
n. 생산품, 성과, 결과

- produce from ~으로부터 생산해 내다
- produce as ~으로서 제시하다

crop
[krɑp]

v. 수확하다 n. 작물, 수확량
산출하다, 낳다, 양변하다, 주다
The effort yielded but a sorry **crop**.
노력은 했지만 수확은 별로 없었다.

harvest
[háːrvist]

v. 거둬들이다 n. 수확, 추수
평균의, 보통 수준의
an average **harvest**
평년작

output
[áutpùt]

n. 생산고, 출력, 생산
자동차
the yearly **output** of automobiles
일 년 동안의 자동차 생산량

input
[ínpùt]

n. 입력(정보), 투입량
opp. output 생산, 생산고, 출력

an **input** device
입력 장치

income
[ínkʌm]

n. 소득, 수입 opp. outgo 지출

a fixed **income**
고정 수입

host
[houst]

n. 주인, 다수, 무리

향하다, 정면으로 대하다, 직면하다
We are **faced** with a **host** of difficulties.
우리는 숱한 난관에 봉착해 있다.
- **hostess**
n. (연회 따위의) 여주인, 스튜어디스

flight
[flait]

n. 날기, 비행, 날아가는 무리

a **flight** of wild geese
날아가는 기러기 떼

school
[sku:l]

n. 학교(수업), 유파, 학파, 떼, 어군(魚群)
v. 가르치다, 훈련하다

Rembrant and his **school**
램브란트와 그의 유파

- at school 취학 중, 수업 중
- in school 재학 중

tribe
[traib]

n. 부족, 패거리

American Indian **tribes**
아메리칸 인디안 부족들

mob
[mɑb]

n. 군중, 오합지졸(disorderly crowd), 폭도

mob psychology
군중심리

gang
[gæŋ]

n. 한 떼, 폭력단

어울리다
Don't **get mixed up with** that **gang**.
저런 패거리와 어울려 다니지 마라.

multitude
[mʌ́ltitjùːd]

n. 다수, 군중(crowd)

A great **multitude** gathered in the streets.
많은 군중이 거리로 몰려들었다.

crowd
[kraud]

n. 군중, 대중

He pushed his way through the **crowd**.
그는 군중 속을 헤집고 나아갔다.

herd
[həːrd]

n. 짐승의 떼(특히 소) v. 떼를 짓다, 모으다

People were **herded** together like cattle.
사람들이 소처럼 무리를 이루고 있었다.

swarm
[swɔːrm]

n. (곤충의) 떼 v. ~으로 가득 차다

a **swarm** of ants
개미 떼

throng
[θrɔ(ː)ŋ]

n. 군중 v. 떼 지어 몰리다

A **throng** of people is here.
한 무리의 사람들이 여기에 있다.

126 덩어리, 다수, 대부분　　MASS

mass
[mæs]

n. 덩어리, 다수, 대부분

The nation in the **mass** was not interested in politics.
대부분의 국민은 정치에 관심이 없었다.

majority
[mədʒɔ́(ː)rəti]

n. 대다수, 다수파
opp. minority 소수, 소수 민족

The **majority** is not always right.
다수가 언제나 옳은 것은 아니다.

- get a majority 과반수를 차지하다
- in a majority 대개

major
[méidʒər]

v. 전공하다 n. 성인
a. 주요한, 다수의

the **major** industries
주요 산업

staple
[stéipəl]

n. 원료(raw material), 주요 산물 a. 주요한(principal)

staple food
주식(主食)

---

127 잔혹한, 잔인한   CRUEL

cruel
[krúːəl]

a. 잔혹한, 잔인한

It is **cruel** to do such a thing.
그런 짓을 하는 것은 잔인하다.
■ cruelty
n. 무자비(mercilessness)

brutalize
[brúːtəlàiz]

v. 잔인하게 만들다

Years of warfare had **brutalized** the troops. 전쟁
여러 해에 걸친 전쟁은 군인들을 잔인하게 만들었다.
■ brutal
a. 잔인한, 난폭한

inhuman
[inʰjúːmən]

a. 매정한, 야만적인

man's **inhumanity** to man
인간에 대한 인간의 잔혹 행위
■ inhumanity
n. 잔인, 무자비, 잔인한 행위

outrage
[áutrèidʒ]

v. 학대하다, 폭행하다 n. 폭행, 행패

군중, 다수

The angry crowd committed many **outrages**.
성난 군중들은 온갖 행패를 다 부렸다.

misuse
[misjúːz]

v. ~을 오용(남용)하다, 혹사하다

권위, 권한

misuse of authority
직권을 남용하다
- misusage
n. 오용, 학대

abuse
[əbjúːz]

v. 악용(남용)하다(misuse), 학대하다(mistreat)
n. 욕설(발음주의), 남용, 학대

words of **abuse**
폭언
personal **abuse**
인신공격
- abusive
a. 독설적인, 남용된

curse
[kəːrs]

v. 저주하다, 악담하다 n. 저주, 화근, 악담
opp. **bless** 축복하다

- cursed
a. 저주받은 opp. **blessed** 축성된

- curse for ~때문에 욕하다
- be cursed with 안 좋은 일을 계속 겪다

swear
[swɛər]

v. 맹세하다(vow), 악담하다(curse), 욕하다

swear by God
하나님 이름으로 맹세하다

Day11

damage
[dǽmidʒ]

n. 손상, 피해(harm, loss)

The storm caused great **damage**.
폭풍우는 막심한 피해를 초래했다.

- damage from ~에 의한 피해
- damage to ~에 대한 손해

decay
[dikéi]

v. 썩다, 쇠약해지다 n. 부패, 쇠망

What caused the Roman Empire to **decay**?
로마 제국이 멸망한 원인은 무엇인가?

crumble
[krʌ́mbl]

v. 부스러뜨리다, 붕괴하다, 멸망하다

My hopes have **crumbled** to nothing.
내 희망들은 산산이 부서져 버렸다.

breakdown
[bréikdàun]

n. 파손, 몰락(downfall), 결렬(rupture)

나무라다, 책임 지우다
Both sides blamed each other for the **breakdown** of talks.
교섭이 결렬되자 양측이 서로를 비난했다.

rot
[rɑt]

v. 썩다(decay), 부패하다, 썩히다 n. 부패

떨어진, 쓰러진
A fallen tree soon **rots**.
뿌리 뽑힌 나무는 곧 썩는다.

- rotten
a. 썩은

devour
[diváuər]

v. 게걸스레 먹다, 멸망시키다(annihilate)

The flood **devoured** the whole town.
홍수가 온 마을을 삼켜버렸다.

annihilate

[ənáiəlèit]

v. 전멸시키다, 파괴하다

The invasion force was **annihilated**.
침략군은 전멸당했다.
- annihilation
  n. 전멸, 근절

collapse

[kəlǽps]

v. 무너지다, 허물다 n. 좌절, 붕괴

The bridge **collapsed** under the weight of the train.
다리가 기차의 무게로 붕괴되었다.

destroy

[distrɔ́i]

v. 파괴하다, 멸하다 opp. construct 건설하다

Gambling was his **destruction**.
그는 노름으로 신세를 망쳤다.
- destruction
  n. 파괴, 파멸

discourage

[diskə́:ridʒ]

v. ~을 낙담시키다, 방해하다 opp. encourage ~의 용기를 북돋우다

Don't be **discouraged**.
낙심하지 마라.

depress

[diprés]

v. 낙담시키다, 우울하게 하다

The bad news **depressed** me.
나쁜 소식이 나를 우울하게 만들었다.
- depressed
  a. 우울한, 의기소침한

129 중계하다 RELAY

relay

[rí:lei]

v. 중계하다 n. 교대자

He **relayed** the message too late.
그는 메시지를 너무 늦게 전했다.

- run a relay 릴레이 경주를 하다
- work in relays 교대로 일하다

intermediate
[ìntərmíːdiit]

n. 매개물, 중간시험 a. 중간의

an **intermediate** level English class
영어 중급반

intervene
[ìntərvíːn]

v. 개입하다, 중재하다

intervene in a dispute
● 논쟁
분쟁을 조정하다
■ intervention
n. 간섭, 조정, 개입

interfere
[ìntərfíər]

v. 간섭하다, 방해하다

Please, don't **interfere** in my business.
내 일에 간섭하지 마.
■ interference
n. 방해, 간섭, 중재
■ interfering
a. 간섭하는

■ interfere in 간섭하다
■ interfere with 방해하다, 손상하다
■ interfere between ~사이에 개입하다

interrupt
[ìntərápt]

v. 가로막다, 훼방을 놓다

I don't want to be **interrupted**!
방해받고 싶지 않아!

inject
[indʒékt]

v. 주입하다, 참견하다(interfere)

inject a suggestion into the conversation
● 암시, 연상
대화 중에 한 가지 제안을 하다
■ injection
n. 주입, 주사(량)

meddle
[médl]

v. 쓸데없이 참여(관여)하다, 간섭하다

a **meddlesome** old man
참견이 심한 노인
■ meddlesome
a. 참견하기 좋아하는

demolish
[dimáliʃ]

v. 파괴하다, 좌절시키다

They are going to **demolish** that old building.
그들은 낡은 건물을 곧 해체할 것이다.

devoid
[divɔ́id]

a. 결여된, ～이 없는

He is **devoid** of sense.
그는 감각이 좀 모자란다.

despair
[dispέər]

v. 희망을 잃다, 단념하다 n. 절망, 실망(hopelessness)

a **despairing** look
절망적인 모습
■ despairing
a. 절망적인, 자포자기의

■ despair of ～의 희망을 상실하다
■ out of despair 실망한 나머지
■ in despair 절망하여

disappoint
[dìsəpɔ́int]

v. 실망시키다, 기대에 어긋나다

■ disappointed
a. 기대가 어긋난, 낙담한
■ disappointment
n. 실망

bankrupt
[bǽŋkrʌpt]

n. 파산자 a. 파산된, 결여된

고발하다, 비난하다

The newspapers accused the Government of being
bankrupt in policy.
언론은 정부의 정책 부재에 비난을 가했다.

spoil
[spɔil]

v. 손상시키다(damage), 망치다(ruin)
n. 전리품, 노획품

용서하다, 할애하다, 아끼다
Spare the rod and **spoil** the child.
매를 아끼면 자식을 망친다. (속담)

injure
[índʒər]

v. 상처를 입히다(hurt), 손해를 끼치다

One cannot do evil to others without **injuring** oneself.
남에게 해를 끼치면 필연코 자신도 상처를 입게 된다.
■ injury
n. 손해, 상해(harm)

ruin
[rúːin]

v. 파멸시키다(destroy), 파산시키다
n. 파멸(destruction), 몰락, 폐허

the **ruins** of Rome
로마의 폐허

mischief
[místʃif]

n. 손해(damage), 장난, 상해(harm)

a **mischievous** rumor
짓궂은 소문
■ mischievous
a. 해로운, 짓궂은(naughty)

harm
[hɑːrm]

v. 해치다
n. 해(害), 손상 opp. **profit** 이익, 이득

A few drinks will do you no **harm**.
술 몇 잔 마신다고 해롭지는 않을 거야.

■ do harm 손해를 끼치다
■ out of harm's way 무사히

hurt
[həːrt]

v. 상처 내다, 상하게 하다 n. 손해, 상처

엄한, 엄격한, 심한
It was a **severe** **hurt** to his pride.
그것은 그의 자존심에 심각한 상처를 입혔다.

peril
[pérəl]

v. 위태롭게 하다 n. 위험(danger), 모험

He accomplished the task at the **peril** of his death.
그는 죽음을 무릅쓰고 그 일을 완수해 냈다.

이루다

danger
[déindʒər]

n. 위험, 장해

He was in **danger** of losing his life.
그는 목숨을 잃을 위험에 처해 있었다.

- out of danger 위험에서 벗어나
- in danger 위험하여

hazard
[hǽzərd]

v. 위험을 무릅쓰다 n. 모험, 위험

Rock-climbers sometimes **hazard** their lives.
암벽을 오르는 사람들은 때때로 생명을 거는 위험도 감내한다.

jeopardy
[dʒépərdi]

n. 위험

His life was in **jeopardy**.
그의 생명이 위태로웠다.

deadly
[dédli]

a. 치명적인(mortal, fatal), 지독한(extreme)

a **deadly** poison
맹독

die
[dai]

v. 죽다, 사라지다

When she heard the news her hopes **died** within her.
그녀가 그 소식을 접했을 때 그녀의 가슴 속에 남았던
희망이 사라졌다.

expire
[ikspáiər]

v. 숨을 내쉬다, 만료되다, 죽다
opp. inspire 고무하다, 불어 넣다, 영감을 주다

His term of office as President **expires** next year.
그의 대통령 임기는 내년으로 만료된다.

perish
[périʃ]

v. 멸망하다, 사라지다, 죽다, 괴롭히다

재산, 소유권, 특성
A lot of cultural properties **perished** in flame.
많은 문화재가 화재로 인하여 소실되었다.

decease
[disíːs]

v. 사망하다(die) n. 사망(death)

the family of the **deceased**
유족

extinct
[ikstíŋt]

a. 깨진, 사라진, 죽어 없어진

Our last hope has become **extinct**.
마지막 남은 우리의 희망이 사라져 버렸다.
■ extinction
n. 소멸

■ an extinct species 멸종된 종
■ an extinct volcano 사화산

extinguish
[ikstíŋgwiʃ]

v. (불을) 끄다(put out), 압도하다, 없애다

■ extinguishment
n. 소멸, 소각

evaporate
[ivǽpərèit]

v. 기화(氣化)하다(시키다), 증기처럼 사라지다

His hopes **evaporated**.
그의 희망은 사라져 버렸다.
■ evaporation
n. 증발

vanish
[vǽniʃ]

v. 사라지다(disappear)
opp. appear 나타나다, ～인 것같이 보이다, ～인 듯하다

With a wave of his hand, the magician made the
rabbit **vanish**.
마술사는 손놀림으로 토끼를 사라지게 했다.

disappear

[dìsəpíər]

v. 사라지다

She **disappeared** into the night.
그녀는 어둠 속으로 사라졌다.

intrude

[intrú:d]

v. 강요하다, 침입하다, 방해하다

You **intruded** upon my privacy. 사생활
너는 나의 프라이버시를 침범했다.
- intruder
n. 침입자
- intrusion
n. 침입

- intrude into ~을 침입하다
- intrude upon ~을 침해하다

impose

[impóuz]

v. (세금 의무를) 부과하다, 강요하다

I must perform the task that has been **imposed** upon me.
내게 주어진 일을 수행해야만 한다.
- imposition
n. 부과물, 세금, 과세

decide

[disáid]

v. 결정하다, 결심하다

He's quite **decided** about it.
그는 그 문제에 대해 확고한 입장이다.
- decided
a. 분명한, 단호한

conclude
[kənklúːd]

v. 결정하다(decide), 끝나다

His letter **concluded** as follows.
그의 편지는 다음과 같이 끝을 맺고 있었다.

- conclusion
n. 결말, 종결
- conclusive
a. 결정적인, 명확한

■ conclude by ~으로 마무리하다
■ conclude from ~으로부터 결론을 내리다

determine
[ditə́ːrmin]

v. 결정하다, 결심하다

- determined
a. 단호한(resolute)
- determination
n. 결의, 결단력

resolute
[rézəlùːt]

a. 결심이 굳은, 단호한

He is **resolute** in his decision.
그의 결의는 단호하다.

- resolution
n. 결심, 해결, 분석

resolve
[rizálv]

v. 결심하다(decide), 해결하다 n. 결심, 결의

resolve to study law
법률을 공부하기로 결심하다

---

136 분석, 해부 ANALYSIS

analysis
[ənǽləsis]

n. 분석, 해부
opp. **synthesis** 종합, 합성

- analyze
v. 분해하다, 해석하다
- analytic
a. 분석의

solve
[sɑlv]

v. 풀다, 해명하다

solve a puzzle
수수께끼를 풀다

settle
[sétl]

v. 정착시키다, 결심하다, 진정시키다, 해결하다

settle one's mind
마음을 가라앉히다
That **settled** the question.
그 문제는 그것으로 해결되었다.

- settle to ~에 착수하다
- settle down 자리 잡다
- settle with ~와 화해하다

137 살다, 거주하다 RESIDE

reside
[riːsáid]

v. 살다(live), 거주하다, 존재하다(exist)

- **residence**
  n. 거주, 주택
- **resident**
  n. 거주자(inhabitant), 전문 의학 실습자

inhabit
[inhǽbit]

v. ~에 살다(live in)

- **inhabitable**
  a. 살기에 알맞은
- **inhabitant**
  n. 거주자, 주민
- **inhabitation**
  n. 거주, 서식

populate
[pápjəlèit]

v. ~에 거주하다, 살다

densely **populated** district
인구가 조밀한 지역
지구
- **population**
  n. 인구

colony
[kάləni]

n. 식민지, 거류지

India was once a British **colony**.
인도는 한때 영국의 식민지였다.
a **colony** of artists
예술인 촌
- colonial
a. 식민의, 식민지 풍의

138 기울게 하다 INCLINE

incline
[inkláin]

v. 기울게 하다, 경사지다, ~에 마음이 쏠리다

She **inclined** her head in prayer.
그녀는 고개를 숙여 기도를 드렸다.
- inclined
a. ~할 마음이 내키는

- incline one's ear to
~에 귀를 기울이다
- incline one's heart to do
~하도록 힘쓰다

decline
[dikláin]

v. 기울다, 쇠약해지다, 거절하다(refuse)
opp. **flourish** 번창하다, 무성하게 자라다, 활약하다

Business **declines**.
경기가 쇠퇴하고 있다.
- declination
n. 경사

refuse
[rifjú:z]

v. 거절하다, 사퇴하다
opp. **grant** 주다, 승인하다, 인정하다

- refusal
n. 거절, 거부, 사퇴

reject
[ridʒékt]

v. 거부하다, 버리다(throw away), 토하다 n. 불합격품

- rejection
n. 거절, 거부반응, 배척, 구토

decent
[díːsənt]

a. 점잖은, 적당한, 상당한

Poor people cannot always live in **decent** conditions.
궁한 사람들이 언제나 체면을 차리면서 살 수는 없는 법이다.
- **decency**
n. 예의 바름, 친절

dignity
[dígnəti]

n. 존엄, 위엄, 당당함

She always acted with great **dignity**.
그녀는 언제나 아주 당당하게 행동했다.
- **dignified**
a. 고귀한(noble)

infallible
[infǽləbəl]

a. 절대로 옳은, 확실한(sure), 신뢰할 수 있는(reliable)

In some things he is quite **infallible**.
어떤 면에서 그는 확실히 믿을 만한 사람이다.

logic
[ládʒik]

n. 논리학, 올바른 조리

That is not **logic**.
그것은 타당치 않다.

valid
[vǽlid]

a. 정당한(sound), 타당한

a **valid** conclusion
타당한 결론

- valid for ~동안 유효한
- be valid to ~하는 것이 타당하다

propriety
[prəpráiəti]

n. 적정, 타당, 예절

I question the **propriety** of granting such a request.
그런 요구는 들어주는 것이 타당한지 의심스럽다.

scanty
[skǽnti]

a. 불충분한, 부족한(insufficient), 빈약한
opp. abundant 풍부한

a scanty harvest
흉작   *수확, 수확기*

a scanty income
쥐꼬리만 한 수입

shortcoming
[ʃɔ́:rtkʌ̀miŋ]

n. (pl.) 부족, 결점, 단점, 흉작

We all have some **shortcomings**.
누구나 한두 가지 결점은 가지고 있다.

defect
[difékt]

v. 탈당하다, 탈퇴하다 n. 결점, 흠(blemish)

a defect in character   *성격, 특성, 인격, 등장인물*
인격적인 결함

■ **defective**
a. 결함이 있는(faulty)

■ **defection**
n. 이탈, 탈당

fault
[fɔ:lt]

n. 과실, 결함, 단점, 흠(defect, blemish, flaw)
opp. merit 장점, (종종 pl.) 공적

■ **faultless**
a. 흠이 없는, 완벽한(perfect)

■ **faulty**
a. 흠이 있는, 불완전한(imperfect)

■ **faultfinding**
n. 흉잡기

■ find fault with 흠을 잡다
■ to a fault 틀림없이
■ to a fault 지나치게
■ It's my fault. 내 책임이야.

flaw
[flɔ:]

v. 흠집을 내다 n. 흠집, 결점

flaws in a jewel
보석의 흠집

■ **flawless**
a. 흠집이 없는, 완전한

merit
[mérit]

n. 가치, 장점, 공적

merits and demerits
장점과 단점
merit system
실력 본위의 임용제도

imperfect
[impə́:rfikt]

a. 불완전한, 결함이 있는
opp. **perfect** 완전한, 정확한, 순진한

- **imperfection**
n. 약점

141 방어하다, 보호하다 DEFEND

defend
[difénd]

v. 방어하다, 보호하다, 변호하다

- **defendant**
n. 피고 opp. plaintiff 원고
- **defense**
n. 방어, 수비 opp. offense 공격
- **defensive**
a. 방어의, 수비의 n. 변호

- defend against ~으로부터 지키다
- defend oneself 자기를 변호하다

protect
[prətékt]

v. 보호하다(guard), 막다(defend)

a **protective** color
보호색
- **protective**
a. 방어의, 보호하는

shield
[ʃi:ld]

v. 보호하다, 가로막다 n. 방패

He is our help and our **shield**.
그는 우리를 도우시며 우리의 방패이시니라.

preserve

[prizə́:rv]

v. 보존하다, 유지하다(retain), 소금(설탕)에 절이다
n. (pl.) 설탕 절임, 저장물

a well preserved old man
아직 정정한 노인
preserve silence
침묵을 지키다
- preservation
n. 보존, 저장
- preservative
a. 보존력이 있는 n. 예방법

■ strawberry preserves 딸기잼
■ a forest preserve 삼림 보호 구역

guard

[gɑ:rd]

v. 지키다, 보호하다(protect)
n. 경계, 파수꾼

The policeman were guarding the street.
경찰관들은 도로를 경비하고 있었다.
- guardianship
n. 수호

retain

[ritéin]

v. ~을 유지하다, 간직하다

She tried to retain her self-control.
그녀는 자제심을 잃지 않으려고 애썼다.

reserve

[rizə́:rv]

v. 보존하다(retain), 보류하다(hold over), 예약하다
n. 축적(store), 보류, 예비

We always must keep some money in reserve.
우리는 언제나 예비금으로 어느 정도 돈을 가지고 있어야 한다.
without reserve
기탄없이, 서슴없이
- reservation
n. 예약, 보류, 사양

Day 12

142 천하게 하다

humble
[hʌ́mbəl]

v. 천하게 하다 a. 낮은, 비천한, 겸손한, 초라한(modest)

- humbleness
  n. 겸손

modesty
[mάdisti]

n. 겸손, 정숙

- modest
  a. 겸손한

- in all modesty 자랑은 아니지만
- abnormal modesty 지나친 겸손

illusion
[ilú:ʒən]

n. 환영, 망상(delusion), 착각

신기루

A mirage is an **illusion**.
신기루는 환영이다.

fancy
[fǽnsi]

v. 공상하다 n. 공상, 심상, 기호

fancies of a poet
시인의 상상력

143 부인하다, 거절하다

deny
[dinái]

v. 부인하다, 거절하다(refuse)
opp. accept 받아들이다, 수락하다, 인정하다

He **denied** having said so.
그는 그렇게 말한 일이 없다고 부인했다.

contradict

[kɑ̀ntrədíkt]

v. 반박하다, 부인하다(deny), 모순되다

No truth **contradicts** another truth.
진리는 서로 모순되지 않는다.
- contradictory
  a. 반박적인, 모순의
- contradiction
  n. 반박, 모순

- contradict oneself 모순된 말을 하다
- contradict point-blank 정면으로 반대하다

disprove

[disprúːv]

v. 반증을 들다, 논박하다(refute)

존재

The (existence) of God is a question of faith and therefore impossible to prove or **disprove**.
신의 존재 유무는 믿음의 문제라서 증명을 하거나 반증하는 것은 불가능하다.

144 고독한, 황량한 DESOLATE

desolate

[désəlit]

a. 고독한, 황량한(dreary)
v. 황폐케 하다, 외롭게 만들다

desolate land
흉작
a **desolate** life
쓸쓸한 생활
- desolation
  n. 황폐, 황량

forlorn

[fərlɔ́ːrn]

a. 외로운(desolate), 고독한

The little village looked **forlorn**.
그 작은 마을은 쓸쓸해 보였다.

solitude

[sálitʃùːd]

n. 혼자 살기, 고독, 외딴 곳

He lived in **solitude**.
그는 은둔해서 살았다.

lonesome
[lóunsəm]

a. 쓸쓸한(lonely), 인적이 드문

I'm feeling **lonesome**.
난 지금 외로움을 타고 있다.

bleak
[bliːk]

a. 황량한(desolate), 음산한(gloomy)

bleak winds
을씨년스러운 바람
a **bleak** prospect ← 전망, 가망
어두운 장래

dismal
[dízməl]

a. 음침한, 황량한

a **dismal** story
음침한 이야기

dawn
[dɔːn]

v. 날이 밝다 n. 새벽, 여명(daybreak), (일의) 조짐

from **dawn** till dark
새벽부터 해 질 녘까지

dusk
[dʌsk]

v. 어둑해지다 n. 땅거미, 황혼(twilight)

after **dusk**
해가 저문 뒤에

twilight
[twáilàit]

n. 해 질 녘, 여명

the **twilight** of life
인생의 황혼 ← 산업, 공업
twilight industry
사양 산업

darken
[dáːrkən]

v. 어둡게 하다, 흐려지다
← 향하다, 직면하다, 얼굴
His face **darkened** when heard the bad news.
나쁜 소식을 듣자 그의 얼굴빛이 어두워졌다.

145 신성하게 하다

hallow
[hǽlou]

v. 신성하게 하다(consecrate)
opp. **profane** ~의 신성을 더럽히다

ground **hallowed** by sacred memories
성지

devout
[diváut]

a. 경건한(pious), 독실한, 열정적인(earnest)

with **devout** eyes
경건한 눈빛으로

pious
[páiəs]

a. 경건한, 신앙이 깊은(devout)
opp. **impious** 신앙심이 없는

religion
[rilídʒən]

n. 종교, 신앙심, 신앙생활

Science without religion is lame: **religion** without science is blind.
종교 없는 과학은 절름발이요, 과학 없는 종교는 장님이다.

146 손재주가 있는

dexterous
[dékstərəs]

a. 손재주가 있는, 민첩한

He is **dexterous** in sale.
그는 장사에 능하다.
■ **dexterously**
ad. 능숙하게
■ **dexterity**
n. 재치, 교묘

■ a **dexterous** mechanic
손끝이 여문 기계공
■ **dexterous** management
능란한 처리

tact
[tækt]

n. 재치, 요령

He wants **tact**.
그는 요령이 없다.

avail
[əvéil]

v. 쓸모 있다(be useful), 이용하다
n. 이익, 효용(benefit)

This ticket is **available** for a day.
이 표는 당일만 유용하다.
- available
a. 이용할 수 있는, 유용한

- be of avail 도움이 되다
- to no avail 보람 없이

handy
[hǽndi]

a. 편리한, 유용한, 재주 있는

a **handy** man
재간꾼
He is **handy** with a tool.
그는 연장을 다루는 솜씨가 아주 좋다.

---

147 교훈   DOCTRINE

doctrine
[dáktrin]

n. 교훈, 가르침, 학설(instruction)

a religious **doctrine**
종교적 교리
- doctrinism
n. 교조주의

lecture
[léktʃər]

v. 강의(설교)하다 n. 강의, 강연, 훈계

She **lectures** on English history.
그녀는 영국사를 강의한다.
- lecturer
n. 강사, 강연자

lesson
[lésn]

n. 학과, 수업, 교훈

Each history **lesson** lasts 40 minutes.
매 역사 수업은 40분간이다.

dictate
[díkteit]

v. 받아쓰게 하다, 명령하다 n. 지시, 명령

She **dictated** a letter to her secretary.
그녀는 비서로 하여금 불러주는 대로 받아쓰게 했다.
- dictation
n. 구술, 받아쓰기, 명령

dictator
[díkteitər]

n. 독재자

The country is ruled by a ruthless **dictator**.
그 나라는 난폭한 독재자가 지배하고 있다.
- dictatorship
n. 독재정권, 독재

dogma
[dɔ́(ː)gmə]

n. 교의(教義), 독단, 정설

It is a scientific **dogma**.
그것은 과학적 정설이다.
- dogmatic
a. 독단적인

148 다르다

DIFFER

differ
[dífər]

v. 다르다, 의견을 달리하다
opp. accord 일치하다, 조화시키다, 주다, 허용하다

What's the **difference**?
무엇이 다른가?
- difference
n. 다름, 차이
- different
a. 다른

- differ from ~과 다르다
- differ with ~와 의견이 다르다

discriminate
[diskrímənèit]

n. 구별하다, 차별대우하다

You have to **discriminate** bravery from brute courage.
용기와 만용은 구분해야 한다.
- discrimination
n. 식별, 차별

distinguish
[distíŋgwiʃ]

v. 구별하다, 두드러지게 하다

She **distinguished** herself in the cinema world at a very early age.
그녀는 아주 어릴 적부터 영화계에서 두각을 나타냈다.
- distinguished
a. 두드러진, 현저한

discern
[disə́:rn]

v. 판별하다, 구분하다, 인식하다(perceive)

discern good from evil
선과 악을 구분하다

isolate
[áisəlèit]

v. 격리하다, 고립시키다

When a person has an infectious disease, he is usually **isolated**.
누군가 전염병에 감염되었을 때는 보통 그를 격리한다.

distinct
[distíŋkt]

a. 별개의, 명료한

His method is **distinctive**.
그의 방식은 독특하다.
- distinctive
a. 특유의, 구별이 있는

individual
[ìndəvídʒuəl]

a. 단일의(single), 개개의(separate), 독특한

an **individual** style of speaking
독특한 말투

- individual cases 개개의 경우
- individual difference 개인차

hardship
[há:rdʃìp]

n. 고난(difficulty), 곤궁

It was a **hardship** that was never put upon any one before.
이것은 지금까지 어떤 누구도 겪지 못한 고난이었다.

~을 혹사하다

difficulty
[dífikʌ̀lti]

n. 곤란, 난국 opp. **ease** 편함, 마음 편함, 용이함

She found great **difficulty** in understanding him.
그녀는 그를 이해한다는 것이 너무나 힘들다는 것을 알았다.

dip
[dip]

v. 액체에 (잠깐) 담그다, 적시다(immerse)

He **dipped** his brush in the paint.
그는 붓을 물감에 살짝 적셨다.

wet
[wet]

a. 젖은, 축축한(damp) n. 강우, 우천

wet to the skin
흠씬 젖어서
■ wetness
n. 습기, 강우

■ all wet 완전히 틀린
■ the wet season 우기

drench
[drentʃ]

v. 흠뻑 적시다 n. 호우 opp. **dry** 마르다

They were caught in a downpour and came back **drenched**.
그들은 폭우를 만나 흠뻑 젖은 몸으로 돌아왔다.

plunge
[plʌndʒ]

v. 던져 넣다, 잠기다, 뛰어들다 n. 돌진, 돌입

The room was **plunged** into darkness.
방안은 어둠 속으로 묻혀 버렸다.

immerse
[imə́:rs]

v. 담그다, 가라앉히다(sink), 열중시키다

She was so **immersed** in her work that she didn't notice me.
그녀는 일에 너무 몰두하고 있어서 내가 온 걸 알지 못했다.
■ immersion
n. 담금, 몰두

rush
[rʌʃ]

v. 돌진하다(dash), 몰다(drive) n. 쇄도

They **rushed** up the stairs.
그들은 층계를 뛰어 올라갔다.

■ be in a rush 서두르다
■ rush in ～에 뛰어들다

sink
[siŋk]

v. 가라앉다, 빠지다 n. 수채, 하수

He is **sunk** in thoughts.
그는 생각에 잠겨 있다.

subside
[səbsáid]

v. 가라앉다(sink), 진정되다

Our anger have not **subsided**.
우리들의 분노는 가라앉지 않았다.

soak
[souk]

v. 담그다, 흡수하다, 젖다 n. 침투

He **soaked** the clothes in soapy water.
그는 비눗물에 옷을 담가 두었다.

moisture
[mɔ́istʃər]

n. 습기, 수분, 수증기

The desert air hardly contains **moisture**.
사막의 공기는 수증기가 거의 없다.
■ moist
a. 축축한, 눈물 젖은

humid
[hjú:mid]

a. 습기 있는, 축축한

The weather was so hot and **humid** that we all felt
uncomfortable.
날씨가 너무 덥고 습기가 많아서 우리들은 모두 짜증이 났다.

nasty
[nǽsti]

a. 더러운, 추잡한, 심술궂은(malicious)

You've got a **nasty** mind.
음탕한 마음을 가졌구나.
- nastily
ad. 더럽게

- cheap and nasty 값싸고 질 나쁜
- turn nasty 성내다

suggestive
[səgdʒéstiv]

a. 선정적인, 외설적인, 시사하는, 암시하는

a **suggestive** remark
주의, 의견, 비평
외설적인 말

dirty
[dɔ́ːrti]

a. 불결한, 외설스러운

They sat drinking and telling **dirty** stories.
그들은 앉아서 술을 마시며 음담패설을 나누었다.

immoral
[imɔ́(ː)rəl]

a. 부도덕한, 음란한, 악독한(wicked)

It is **immoral** to cheat in a test.
속이다
시험에서의 부정행위는 부도덕한 것이다.

foul
[faul]

v. 더럽히다, 반칙을 하다 n. 반칙 a. 심술궂은

Industrial pollution has **fouled** the air.
산업의
산업공해가 대기를 오염시켰다.

soil
[sɔil]

v. 더럽히다, 얼룩지게 하다 n. 토양, 국토

The shirt collar was badly **soiled** and I couldn't get it clean.
셔츠 깃이 너무 더러워 빨지 않을 수 없었다.

observe
[əbzə́ːrv]

v. 관찰하다, 알아채다(notice), 진술하다

No one has **observed** on the fact.
누구도 그 사실에 대해 말하지 않았다.

- **observation**
n. 관찰, 관측, 관찰력
- **observance**
n. (법률의) 준수

- observe carefully 면밀히 관찰하다
- observe law 법을 준수하다

perceive
[pərsíːv]

v. 감지하다, 인식하다, 이해하다(understand)

I **perceived** who coming.
누군가 따라오고 있는 것을 알아차렸다.

- **perception**
n. 지각(력), 통찰(insight)

discord
[dískɔːrd]

n. 불화, 불일치(disagreement)
opp. concord 일치

The son is in **discord** with his parents.
아들은 그의 부모와 사이가 나쁘다.

dissent
[disént]

n. 의견 차이, 이의

When I asked for agreement, there was no **dissent**.
내가 동의를 구했을 때 이의를 제기하는 사람은 아무도 없었다.

argue
[áːrgjuː]

v. 논쟁하다, 토론하다, 설득하다

Do what you are told and don't **argue**!
따지지 말고 들은 대로 해라!

debate
[dibéit]

v. 토론하다, 숙고하다

I **debated** the question with Mary.
나는 그 문제를 메리와 상의했다.

dispute
[dispjú:t]

v. 논의하다(argue), 의심을 품다, 반대하다(oppose)
n. 토론, 논쟁

She **disputed** the truth of my statement.
그녀는 내가 한 말이 진실인지 의심을 품었다.
- disputable
a. 문제가 될 만한

controversy
[kántrəvə̀:rsi]

n. 논쟁, 논의

controversial book
논쟁의 여지가 있는 책
- controversial
a. 논쟁의, 물의를 일으키는

discuss
[diskʌs]

v. 의논하다, 토의하다

The question is now under **discussion**.
그 문제는 지금 논의 중이다.
- discussion
n. 토론, 심의

negotiate
[nigóuʃièit]

v. 교섭하다, 의논하다, 협정하다

Negotiations are going on.
협상이 진행 중에 있다.
- negotiation
n. 협상, 교섭

complain
[kəmpléin]

v. 불평하다, (고통을) 호소하다

Mary is always **complaining**.
메리는 언제나 투덜거린다.
- complaint
n. 불평, 불평거리

diffuse
[difjúːz]

v. 퍼지게 하다(widely spread), 흩뜨리다

to **diffuse** knowledge
지식을 전파하다
- **diffusion**
n. 유포

distribute
[distríbjuːt]

v. 분배하다, 분할하다(divide), 흩뿌리다

an equal **distribution** of property
재산의 평등한 분배
- **distribution**
n. 분배, 배급, 배달

share
[ʃεər]

v. 공유하다, 분배하다
n. 몫, 부담, 주(株) (stock)

Children should be taught to **share** their toys.
아이들에게는 장난감을 함께 갖고 놀게 가르쳐야 한다.

dispense
[dispéns]

v. 분배하다(distribute), 시행하다, 조제하다

dispense a law
법을 시행하다
- **dispensable**
a. 중요하지 않은

- **dispense with** 폐지하다, ~없이 지내다
- **dispense to** ~에게 나누어 주다

separate
[sépərèit]

v. 나누다(divide), 제거하다(take away)
a. 개개의(individual), 별개의
opp. **unite** 결합하다, 하나가 되다

The two questions are quite **separate**.
이 두 가지는 아주 별개의 문제이다.

- **separate from** ~에서 분리하다
- **separate into** ~으로 분리하다

label
[léibəl]

v. 분류하다, 표를 붙이다 n. 꼬리표, 표찰

a bottle **labeled** "Danger"
"위험" 표시가 붙은 병

divide
[diváid]

v. 나누다, 분류하다, 분열시키다 n. 분할

division of labor
분업
division of powers
삼권분립
- division
n. 분할(separation), 불화

irrelevant
[iréləvənt]

a. 타당하지 않은, 관계가 없는

irrelevant arguments
적절하지 않은 논쟁

categorical
[kæ̀təgɔ́:rikəl]

a. 단언적인, 분류별의

categorical statement
단언
- category
n. 범주, 종류

abstract
[æbstrǽkt]

v. 제거하다(remove), 분리하다
n. 추상 a. 추상적인, 심오한(abstruse), 난해한
opp. concrete 구체적인

The word 'hunger' is an **abstract** noun.
'hunger'는 추상명사이다.

- abstract from
~에서 추출하다
- abstract oneself from
~에서 물러나다

detach
[ditǽtʃ]

v. 떼다, 분리하다, 파견하다
opp. attach 붙이다, 달다, 소속시키다

Detach yourself from your prejudices.
편견에서 벗어나라.
- detached
a. 떨어져 있는, 속세를 떠난

disconnect
[dìskənékt]

v. ~을 분리하다(separate), 연락을 끊다

We were **disconnected**.
우리는 연락이 끊겼다.

disperse
[dispə́:rs]

v. 흩뜨리다, 유포시키다, 흩어지다
opp. collect 모으다, 징수하다; 모이다

Police used tear gas to **disperse** the demonstrators.
경찰은 시위대를 흩뜨리기 위해서 최루가스를 사용했다.

domain
[douméin]

n. 영토, 소유지, 영역, 분야(field)

public **domain**
공유지

continent
[kántənənt]

n. 대륙, 본토

a **continental** climate
대륙성 기후
■ continental
a. 대륙성의, 대륙의

dominate
[dámənèit]

v. 지배하다(rule), 억누르다(control)

America is a white-**dominated** society.
미국은 백인이 지배하는 사회이다.
■ dominant
a. 지배적인(ruling), 우세한
■ domination
n. 지배, 우세(ascendancy)
■ predominant
a. 우세한, 현저한

156 의심하다, 불확실하다   DOUBT

doubt
[daut]

v. 의심하다(distrust), 불확실하다 n. 의혹, 불확실(uncertainty)

I don't **doubt** the existence of God.
나는 신의 존재를 의심하지 않는다.
- **doubtful**
a. 미심쩍은(dubious), 애매한

---

doubtless
[dáutlis]

ad. 분명히(surely), 아마도(probably)

That is **doubtless** quite true.
그것은 분명히 진실이다.

---

likelihood
[láiklihùd]

n. 있을 법한 사실, 가능성(probability)

in all **likelihood**
십중팔구는

---

probable
[prábəbl]

a. 있음직한, 그럴싸한, 가망이 있는

What's the **probable** cost?
대충 어림잡아 본 비용은 얼마나 들죠?

- **probable cost** 예상 비용
- **probable error** 확률 오차

---

plausible
[plɔ́:zəbəl]

a. 그럴 듯한

설명
Your explanation sounds **plausible** but I can't believe it.
너의 설명은 그럴듯한데 난 믿을 수가 없다.

---

dubious
[djú:biəs]

a. 의심스러운, 분명치 않는, 애매한

전투
a **dubious** battle
승패를 알 수 없는 싸움

neutral
[njúːtrəl]

a. 중립의, 분명치 않은

a **neutral** zone
중립지대

ambiguous
[æmbígjuəs]

a. 애매한, 모호한
opp. **clear** 밝은, 맑은, 명확한 **distinct** 별개의, 뚜렷한

The wording of the contract is **ambiguous**.
그 계약서의 표현 내용은 모호하다.

vague
[veig]

a. 애매한, 어슴푸레한(shadowy), 막연한(indefinable)
opp. **distinct** 별개의, 뚜렷한

a **vague** rumor
막연한 소문

distrust
[distrʌ́st]

v. 신용하지 않다, 의심하다
n. 불신, 의혹

He **distrusted** his own eyes.
그는 자신의 눈을 의심했다.

157 옷을 입히다, 꾸미다   DRESS

dress
[dres]

v. 옷을 입히다, 꾸미다 n. 의복, 복장, 정장

She **dresses** well on very little money.
그녀는 적은 돈으로도 잘 차려입고 다닌다.
  ▪ dressing
  n. 옷치장, 화장

garment
[gáːrmənt]

n. 의복 한 점, (pl.) 의류(dress)

a **garment** of the latest fashion
최신 유행복

clothe
[klouð]

v. 옷을 입히다(dress)

They had to work hard to feed and **clothe** their family.
그들은 가족의 의식(衣食)을 해결하기 위해서 열심히 일해야 했다.
- clothes
n. 옷, 의복
- clothing
n. (집합적) 옷, 의복

cloth
[klɔ(:)θ]

n. 천, 헝겊, 걸레

Clean floor with a **cloth**.
걸레로 마룻바닥을 깨끗이 닦아 내라.

- lay the cloth 식탁을 차리다
- out of whole cloth 순 엉터리의

costume
[kástjuːm]

n. (국민, 시대에 특유한) 복장

the **costume** of the Victorian era
영국 빅토리아 왕조 시대의 복장

연대

gown
[gaun]

n. (여성용) 실내복, 가운, 승복

arms and **gown**
(무기와 잠옷) 전쟁과 평화

eager
[íːgər]

a. 열심인, 갈망하는

We are **eager** for peace.
우리들은 평화를 몹시 갈망한다.

158 지구상의 TERRESTRIAL

terrestrial
[təréstriəl]

a. 지구상의(earthly), 육지의, 현세의
opp. celestial 하늘의, aquatic 물의, 수생의

중력, 인력

terrestrial gravitation
지구의 인력

territorial [tèrətɔ́ːriəl]	a. 영토의, 토지의 the **territorial** air 영공(領空)
worldly [wə́ːrldli]	a. 현세의, 세속적인 **worldly** pleasures 속세의 즐거움 - worldly-minded a. 속물근성의 - world n. 세계, 지구, 세계의 사람들

ecstasy [ékstəsi]	n. 황홀, 환희 He is in **ecstasies** over the new novel. 그는 새로운 소설에 몰두해 있다. - ecstatic a. 황홀한
rapture [rǽptʃər]	n. 환희, 열광 I was in **raptures** at the news. 나는 그 소식을 듣고 황홀경에 빠져 있었다. - rapturous a. 어쩔 줄 모르는, 열광적인
effective [iféktiv]	a. 사실상의, 유효한, 인상적인 an **effective** leader 실질적인 지도자

consequence
[kánsikwèns]

n. 결과(result), 중대성 opp. cause 원인, 이유, 주의

a man of **consequence**
중요한 인물
- **consequently**
ad. 그러므로(therefore)

- in consequence of ~의 결과로서
- of consequence 중대한

outcome
[áutkÀm]

n. 결과, 성과, 추이

총선거
the **outcome** of a general election
총선 결과

effect
[ifékt]

v. 시행되다, 발효되다 n. 결과(result), 효험(efficacy)

cause and **effect**
원인과 결과
- **effectual**
a. 효과적인, 적절한

- come into effect 효력을 나타내다
- have an effect on ~에 영향을 미치다

---

effort
[éfərt]

n. 노력(endeavor), 역작(achievement)

literary **efforts**
문학 작품

exert
[igzə́:rt]

v. 발휘하다, 행사하다

달성하다, 도달하다
He **exerted** himself to attain his object.
그는 자기의 목적을 달성하기 위해 온 힘을 다했다.
- **exertion**
n. 노력, 전력, 행사

endeavor
[endévər]

v. 노력하다(do one's best) n. 노력(effort)

이루다
You must **endeavor** to accomplish your end.
네가 목적을 달성하려면 노력해야 한다.

| **attempt**
[ətémpt] | v. 시도하다(try) n. 시도(trial), 노력

I passed the test at the second **attempt**.
나는 재수(再修)해서 시험에 붙었다. |

elastic [ilǽstik]	a. 탄력이 있는, 가뿐한, 쾌활한 n. 고무줄 All rules are **elastic**. 모든 규칙은 탄력적이다.
flexible [fléksəbəl]	a. 유연한, 유순한, 융통성 있는 **flexible** politics 유연한 정치 자세
soften [sɔ́(:)fən]	v. 부드럽게 하다, 진정시키다, (마음이) 누그러지다 opp. harden 딱딱하게 하다; 딱딱해지다 Time **softens** grief. (큰 슬픔) 시간이 약이다. **soft** drink 청량음료 ■ soft a. 부드러운, 차분한 opp. rough 거칠거칠한, 가공하지 않은
tender [téndər]	a. 부드러운, 예민한, 아픈 **tender** meat 연한 고기 His wound is still **tender**. (상처) 그의 상처는 아직도 다 낫지 않았다. ■ be tender of doing ～하지 않도록 주의하다 ■ tender age 어린 나이

element
[éləmənt]

n. 요소, 성분, 영역, (pl.) 원리(principles)

elementary education
초등 교육
- elementary
a. 초보의, 입문의

factor
[fǽktər]

n. 요소, 요인, 원동력, (수학) 인수

What is the major **factor** in making this decision?
이런 결정을 내리게 된 주요인은 무엇일까?

ingredient
[ingrí:diənt]

n. 성분, 요소, 원료

Health is the most important **ingredient** of human happiness.
건강은 인간의 행복을 이루는 가장 중요한 요소이다.

component
[kəmpóunənt]

n. 구성 분자 a. 구성하는, 성분의

component parts of society
사회의 구성 분자

contrary
[kántreri]

a. 반대의(opposite), 형편이 나쁜, 모순된

contrary weather
악천후

reverse
[rivə́:rs]

v. 순서를 바꾸다, 거꾸로 하다 n. 반대, 역

She **reversed** the glass.
그녀는 컵을 엎어 놓았다.
- reversal
n. 역전, 반복

- in reverse 뒷면에, 반대로
- reverse oneself ~에 대한 생각을 바꾸다

antonym
[ǽntənìm]

n. 반의어 opp. **synonym** 동의어

"Pain" is the **antonym** of "pleasure."
"고통"은 "기쁨"의 반의어이다.

resist
[rizíst]

v. 저항하다(withstand), 반대하다(oppose)

They **resisted** the police in the discharge of their official duties.
그들은 경찰관의 공무 집행을 방해했다.

antagonist
[æntǽgənist]

n. 반대자, 적대자, 경쟁자(rival) opp. supporter 지지자

the **antagonism** between two races
두 민족 간의 반목
- antagonism
n. 적의, 적대감

opponent
[əpóunənt]

n. 적수(adversary), 반대자, 상대방 a. 반대편의(opposite)

a **formidable opponent**
호락호락하지 않은 상대

adversary
[ǽdvərsèri]

n. 적(opponent, enemy), 적군, 반대자

adverse page
반대쪽 페이지
- adverse
a. 반대의(opposed)

foe
[fou]

n. 적, 원수

a **foe** to health
건강의 적

match
[mætʃ]

n. 호적수, 성냥, 시합, 결혼(marriage)

You are no **match** for me.
너는 내 적수가 못 된다.
- meet one's match 호적수를 만나다
- make a match 중매하다

hostile
[hástil]

a. 적의가 있는(unfriendly), 반대하는

a **hostile** army
적군

enormous
[inɔ́ːrməs]

a. 거대한(huge), 막대한(immense)

He has an **enormous** sum of money.
그는 굉장히 많은 돈을 가지고 있다.
■ **enormously**
ad. 터무니없이

■ an enormous difference
엄청난 차이
■ enormous interest
막대한 관심

immense
[iméns]

a. 광대한, 멋진(splendid)

개량, 향상

There has been an **immense** improvement in his health.
그의 건강이 몰라볼 만큼 증진되었다.

innumerable
[injúːmərəbəl]

a. 무수한(countless), 헤아릴 수 없는

innumerable stars
무수한 별

infinite
[ínfənit]

n. 무한한 것 a. 무한의(boundless), 엄청난(immense)

infinite space
무한한 우주

endless
[éndlis]

a. 영원의, 무한의

여행

My journey seemed **endless**.
여행은 끝이 없는 것처럼 보였다.

immortal
[imɔ́ːrtl]

a. 불사의(undying), 불멸의(everlasting)

a **immortal** book
불멸의 책

permanent
[pə́ːrmənənt]

a. 영구적인, 내구성의(lasting, enduring)

a **permanent** tooth
영구치

myriad
[mírɪəd]

a. 무수한(numberless) n. 1만, 무수

a **myriad** of stars
헤아릴 수 없는 별들

gigantic
[dʒaigǽntik]

a. 거대한, 방대한

He has a **gigantic** appetite.
그는 식욕이 왕성하다.

식욕

huge
[hjuːdʒ]

a. 대단히 큰, 거대한

The movie was a **huge** success.
그 영화는 굉장히 성공적이었다.

■ a huge man 거인
■ a huge crowd 엄청난 수의 군중

astronomical
[æ̀strənámikəl]

a. 천문학(상)의, 방대한

astronomical sums of money
천문학적 돈

tremendous
[triméndəs]

a. 거대한, 무시무시한(awful, dreadful), 굉장한(wonderful)

a **tremendous** explosion
무시무시한 폭발

폭발

envy
[énvi]

v. 부러워하다, 시기하다 n. 선망, 시기, 질투(의 대상)

I **envy** your beauty.
너의 미모가 부럽다.

grudge
[grʌdʒ]

v. 시기하다, 원한을 품다
n. 원한

an old grudge
해묵은 원한
- **grudging**
a. 마음 내키지 않는(unwilling)
- **grudgingly**
ad. 마지못해(reluctantly)

- bear a grudge against
~에게 원한을 품다
- with a grudge 한을 품고

malice
[mǽlis]

n. 악의, 원한

지탱하다, 책임을 지다, 낳다, 맺다, 견디다

I **bear** you no **malice**.
너에게 어떤 악의도 없다.

revenge
[rivéndʒ]

v. 보복하다(avenge), 원수를 갚다
n. 복수, 원한

He **revenged** his father's death.
그는 죽은 아버지의 원수를 갚았다.

---

166 마찰, 알력　FRICTION

friction
[fríkʃən]

n. 마찰(rubbing), 알력

international friction
국제간의 알력
- **frictional**
a. 마찰의, 마찰에서 생기는

rub
[rʌb]

v. 문지르다 n. 마찰, 장애

걱정

the **rubs** and **worries** of life
인생의 고초
He **rubbed** his hands to warm them.
그는 손을 비벼 따습게 하였다.

scrape
[skreip]

v. 벗겨 내다, 스치다, 문지르다

I scraped the skin off the apple with a knife.
나는 칼로 사과 껍질을 벗겨 냈다.

avoid
[əvɔ́id]

v. 피하다, 회피하다 opp. **pursue** 추구하다, 쫓다, 종사하다

Avoid bad company.
나쁜 친구들을 피해라.
- avoidance
n. 기피, 회피, 무효

evade
[ivéid]

v. 피하다(avoid), 도피하다(escape) n. 회피

He **evaded** the question.
그는 질문을 회피했다.

miss
[mis]

v. 빗나가다, 결석하다, 모면하다, ~이 없어서 섭섭하다
opp. **hit** 때리다, 치다, 맞히다

I have missed her terribly.
그녀를 몹시도 그리워하고 있다.

escape
[iskéip]

v. 빠져나오다, 탈출하다 n. 도피, 모면

escape pursuit
추적을 피하다
- have a narrow escape 구사일생하다
- a fire escape 비상구

---

167 어림잡다, 평가하다   ESTIMATE

estimate
[éstəmèit]

v. 어림잡다, (사람을) 평가하다 n. (pl.) 견적서

The population of the city is **estimated** at 500,000.
그 도시의 인구는 어림잡아 50만이다.
- estimated
a. 추측의

evaluate
[ivǽljuèit]

v. 평가하다, 어림하다

evaluate assets
재산을 평가하다
■ evaluation
n. 평가, 사정(valuation)

purse
[pəːrs]

n. (돈) 지갑, 재산

the power of the **purse**
돈의 힘

tariff
[tǽrif]

n. 관세(關稅), 율, 요금표(list of prices)

a passenger **tariff**   승객, 여객
여객 운임표

tax
[tæks]

v. 과세하다 n. 세, 무거운 부담

Cigarettes are heavily **taxed** in New York.   무겁게, 몹시
뉴욕에서는 담배에 무거운 세금을 부과한다.

---

168 진귀한 UNCOMMON

uncommon
[ʌnkámən]

a. 진귀한(rare), 비범한(remarkable)

It is not **uncommon** to find such a bird.
이런 새를 보는 것은 드문 일이 아니다.

surpass
[sərpǽs]

v. 우월하다, 능가하다(excel), 초월하다

He **surpasses** me in knowledge.
그는 학식에 있어서 나를 능가한다.
■ surpassing
a. 우수한

■ surpass description
말로 할 수 없이 뛰어나다
■ surpass all imagination
결코 상상할 수 없다

excel
[iksél]

v. 뛰어나다, 탁월하다

He **excels** in courage.
그는 용기가 뛰어나다.

- **excellence**
  n. 우월, 장점
- **excellent**
  a. 뛰어난, 훌륭한

용기, 담력

- excel in ~에서 뛰어나다
- excel as ~으로서 뛰어나다
- excel oneself 어느 때보다 잘하다

exceed
[iksí:d]

v. 초과하다, 능가하다(surpass)

Their success **exceeded** all expectations.
그들의 성공은 모든 예상을 능가한 것이었다.

기대, 예상

excess
[iksés]

n. 과잉, 초과량, 도가 넘치는 행위

- **excessive**
  a. 지나친, 과도한

Day 14

NAIVE

naive
[nɑːíːv]

a. 순진한, 고지식한

That's a **naive** idea.
그것은 고지식한 생각이다.

simple
[símpəl]

a. 간단한, 검소한(plain), 순진한

- **simplicity**
n. 단순, 간소

prodigal
[prɑ́digəl]

n. 낭비자, 방탕자 a. 낭비하는(extravagant), 방탕한, 풍부한
opp. **frugal** 절약하는

extravagant
[ikstrǽvəgənt]

a. 낭비하는(wasteful), 터무니없는

extravagant habits
사치스러운 습관

- an extravagant price 터무니없는 가격
- extravagant effort 과도한 노력

OMIT

omit
[oumít]

v. 누락시키다, ~하지 않다

화가 난, 짜증 나는, 불쾌한
He is annoyed about him **omission** from the team.
그는 그 팀에서 탈락한 것에 화가 나 있다.

- **omission**
n. 누락, 탈락

exclude
[iksklú:d]

v. 제외하다, 몰아내다 opp. include 포함하다

태도, 사고방식

an **exclusive** attitude
배타적인 태도

- exclusion

n. 제외, 배제, 추방

- exclusive

a. 배타적인, 독점적인

monopoly
[mənápəli]

n. (상품의) 전매, 독점 판매, 전매(독점)권

들다, 갖고 있다, 잡다, 유지하다

The Government holds the **monopoly** for tobacco.
정부가 담배의 전매권을 가지고 있다.

exception
[iksépʃən]

n. 예외, 제외

He read nothing **except** poetry.
그는 시 이외에는 아무것도 읽지 않았다.

- exceptional

a. 예외적인

- except

prep. ~을 제외하고는

- make no exception 예외 취급을 하지 않다
- without exception 예외 없이

eliminate
[ilímənèit]

v. 제거하다(remove), 배제하다(exclude)

잘못

구성, 작문

He **eliminated** the mistakes from his composition.
그는 작문에서 잘못된 부분을 제거했다.

- elimination

n. 제거, 배제

undergo
[ʌ̀ndərgóu]

v. 경험하다(experience), 겪다, 수술받다

곤란

He has **undergone** many hardships.
그는 많은 고난을 겪었다.

undertake
[ʌ̀ndərtéik]

v. 맡다, 담당하다, 착수하다

She **undertook** an enterprise. 기획, 기업
그녀는 사업에 착수했다.
- undertaker
n. 수임자, 청부업자
- undertaking
n. 일, 사업

experience
[ikspíəriəns]

n. 경험, 체험

learn by **experience**
경험을 통해 배우다
- experienced
a. 숙달된(skilled)

- by experience 경험에 의해
- from experience 경험에서

expert
[ékspəːrt]

n. 경험자, 전문가 a. 노련한

expert on Russia
러시아 전문가

proficient
[prəfíʃənt]

n. 숙련자, 명인(expert) a. 숙달된(skilled), 익숙한

He is **proficient** in sports.
그는 운동에 능하다.
- proficiency
n. 능숙, 숙달(skill)

---

172 설명하다 ILLUSTRATE

illustrate
[íləstrèit]

v. 설명하다, 예증하다(exemplify)

The uses of words in this dictionary are **illustrated** with example sentences.
이 사전에 나오는 단어의 용법은 예문으로 설명하고 있다.
- illustration
n. 설명, 예화, 삽화

explain
[ikspléin]

v. 설명하다, 해석하다, 변명하다

explanatory notes
주석(註釋)
- **explanatory**
a. 해설의

---

account
[əkáunt]

v. 설명하다, 여기다 n. 계산, 설명, 기사, 계좌, 이유

I **accounted** myself to be lucky.
나는 운이 좋았다고 생각했다.
Short **accounts** make long friends.
셈이 빨라야 친분이 오래간다. (속담)
newspaper **accounts**
신문기사

- on account of ~때문에
- account for ~을 설명하다

---

describe
[diskráib]

v. 기술하다, 묘사하다

a **descriptive** power
묘사력
- **description**
n. 서술, 묘사
- **descriptive**
a. 서술하는, 묘사하는

---

depict
[dipíkt]

v. 묘사하다(describe), 표현하다(represent)

No language can **depict** her beauty.
어떠한 말로도 그녀의 미모를 표현할 수 없다.

---

173 정의를 내리다   DEFINE

define
[difáin]

v. 정의를 내리다, (경계, 윤곽을) 한정하다

How do you **define** 'love'?
'사랑'의 정의를 어떻게 내립니까?
- **definite**
a. 명확한(clear), 한정된

finite

[fáinait]

a. 한정된, 유한의

Man is **finite** existence. 존재
인간은 유한한 존재이다.

express

[iksprés]

v. 말로 표현하다(state), 나타내다(symbolize)
a. 명백한, 지급의

Words cannot **express** it.
그것은 말로 표현할 수 없다.
- **expression**
  n. 표현
- **expressive**
  a. 감정이 풍부한

- express regret 유감의 뜻을 나타내다
- express highway 고속도로

specific

[spisífik]

a. 특수한(particular), 구체적인, 명확한

I want to understand your problem, so please be more
specific.
네 문제를 알고 싶으니 더 구체적으로 말해라.
- **specify**
  v. 지정하다, 일일이 열거하다

explicit

[iksplísit]

a. 명쾌(명백)한, 분명한
opp. implicit 함축적인, 맹목적인

an **explicit** promise
분명한 약속

174 성취하다   ACHIEVE

achieve

[ətʃíːv]

v. 성취하다(to finish successfully), 달성하다

You will never **achieve** anything if you don't work harder.
더 열심히 일하지 않는다면 아무것도 성취하지 못할 것이다.
- **achievement**
  n. 업적, 공적, 성취, 학력

accomplish
[əkɑ́mpliʃ]

v. 성취하다, 완성하다(perform, fulfill)

an **accomplished** fact
기정사실
- **accomplished**
a. 노련한(expert), 기정의

- **accomplish by force**
힘으로 달성하다
- **accomplish one's duty**
자기 임무를 다하다

feat
[fiːt]

n. (동음어 feet) 위업, 공적

a **feat** of arms
무공(武功)

exploit
[éksplɔit]

v. 개발하다(develop), 착취하다
n. 공훈, 위업

지원, 수단, 기략

exploit the resources of the oceans
해양자원을 개발하다
- **exploitation**
n. 개발, 개척, 착취

---

175 넓히다, 뻗다   EXTEND

extend
[iksténd]

v. 넓히다, 뻗다, 연기하다

- **extension**
n. 확장
- **extensive**
a. 넓은, 광활한

lengthen
[léŋkθən]

v. 길어지다, 늘이다

at full **length**
팔 다리를 쭉 펴고
- **length**
n. 길이, 세로 opp. breadth 폭

prolong
[proulɔ́:ŋ]

v. 연장하다(extend), 오래 끌다

The construction committee decided to **prolong** a road system.
건설분과 위원회는 도로망을 확충하기로 결정했다.

alien
[éiljən]

n. 외국인 a. 외국의, 성미에 맞지 않는

Lying is **alien** to his nature.
거짓말은 그의 성미에 맞지 않는다.

abroad
[əbrɔ́:d]

ad. 외국에(overseas), 널리(widely), 옥외에

a trip **abroad**
해외여행

exotic
[igzátik]

a. 외래의(foreign), 이국풍의

exotic music
이국풍의 음악

strange
[streindʒ]

a. 기묘한(queer), 미지(未知)의, 낯선

in a **strange** land
낯선 땅에서
■ strangeness
n. 기묘함

■ a strange face 낯선 얼굴
■ strange to say 이상하게 들리겠지만

eccentric
[ikséntrik]

n. 기인, 괴짜
a. 괴상한(odd), 중심에서 벗어난

The old lady has some **eccentric** habits.
그 노인네는 좀 별난 습관을 가지고 있었다.
■ eccentricity
n. 기행(奇行)

curious
[kjúəriəs]

a. 호기심이 강한, 이상한

A student should always be **curious** to learn.
학생은 배움에 호기심이 강해야 한다.
- curiosity
n. 호기심

abnormal
[æbnɔ́:rməl]

a. 비정상적인, 이상한(peculiar)

abnormal behavior
비정상적인 행동

- abnormal shape 기형
- abnormal mentality 정신 이상

quaint
[kwéint]

a. 희한한, 기묘한(queer, odd)

a **quaint** person
괴짜

177 외부의, 대외의 EXTERNAL

external
[ikstə́:rnəl]

a. 외부의, 대외의(outer, outward), 형식적인(superficial)

약, 의학
a medicine for **external** use
외용약

exterior
[ikstíəriər]

n. 외부(outside)
a. 대외적인, 바깥의(outer)

정책, 방침
an **exterior** policy
대외 정책

countenance
[káuntənəns]

n. (얼굴의) 표정(expression), 안색

an angry **countenance**
성난 표정

face
[feis]

v. ~에 면하다, 대항하다 n. 얼굴, 표정

face a danger
위험에 맞서다

■ **face to face** 마주보고, 대면하여
■ **in one's face** 눈앞에서

justify
[dʒʌ́stəfài]

v. 정당화하다, 옳다고 주장하다

Nothing can **justify** such behavior.
그러한 행위는 무엇으로도 정당화될 수 없다.

disinterested
[disíntəristid]

a. 공평무사한(impartial), 사심 없는

a **disinterested** judge　→ 재판관, 심판관, 감정가
공평한 재판관

impartial
[impáːrʃəl]

a. 공평한(fair), 편견 없는

an **impartial** judgment　→ 판단, 재판, 의견
편견 없는 재판

loyal
[lɔ́iəl]

a. 성실한, 충성스러운(true and faithful)

a **loyal** friend
성실한 친구
■ **loyalty**
n. 충성, 애국심

conscience
[kánʃəns]

n. 양심, 도의심

in **conscience**
양심적으로, 당연히
■ **conscientious**
a. 양심적인, 신중한

false
[fɔːls]

a. 거짓의(untrue), 성실치 못한(unfaithful)

Better an open enemy than a **false** friend.
불성실한 친구보다 공공연한 적이 더 낫다. (속담)
- falsehood
n. 거짓말, 기만, 허위

counterfeit
[káuntərfit]

n. 가짜, 모조품 a. 위조의, 모조의

counterfeit illness　병
꾀병

intimate
[íntəmit]

a. 친밀한(familiar), 사적인(private) n. 친구 v. 암시하다

I invited only several **intimate** friends.
나는 몇몇 친한 친구들만 초대했다.
- intimation
n. 암시, 통고, 발표

close
a. [klous]
v. [klouz]

a. (발음 주의) 가까운(near), 정밀한, 폐쇄된
v. 닫다, 폐쇄하다, 끝내다

a **close** neighbor　이웃(사람)
바로 이웃 사람

- **close about** 둘러싸다
- **close on** 다가가다

celebrate
[séləbrèit]

v. 축하하다, (의식을) 거행하다

If you pass your exams, we'll have a party to **celebrate**.
네가 시험에 합격한다면 축하 파티를 열어 줄게.

congratulate
[kəngrǽtʃəlèit]

v. 축하하다

I **congratulated** him on his departure for success.
출발, 이탈
그의 성공을 향한 출발에 나는 축하를 보냈다.
- congratulation
n. 축하, 축사

note
[nout]

v. 주의하다, 기록하다 n. 기록, 각서, 지폐

a **noted** performer
유명한 연예인
- noted
a. 유명한, 저명한

- note of ~을 기록하다, ~에 주의하다
- a mental note 명심, 마음에 새김

notorious
[noutɔ́:riəs]

a. 소문난, 악명이 높은

a **notorious** thief
세상을 떠들썩하게 만든 도둑
- notoriety
n. 나쁜 평판

magnificent
[mægnífəsənt]

a. 훌륭한, 두드러진, 장려한

magnificent view
경치, 관점, 바라봄
웅대한 광경
- magnify
v. 확대하다

notable
[nóutəbəl]

n. 유명인, 고관 a. 주목할 만한, 저명한

Korea has made a **notable** progress in industry since 1960.
전진, 진행, 진보
한국은 1960년 이후 눈부시게 발전하였다.
- notably
ad. 두드러지게, 현저하게

extraordinary
[ikstrɔ́ːrdənèri]

a. 비범한, 현저한(noteworthy), 터무니없는

do **extraordinary** things
터무니없는 짓을 하다

conspicuous
[kənspíkjuəs]

a. 눈에 잘 띄는(manifest), 뚜렷한

a **conspicuous** statesman
저명한 정치가

outstanding
[àutstǽndiŋ]

a. 걸출한, 미해결의, 현저한, 눈에 띄는

an **outstanding** figure
걸출한 인물
outstanding debts
아직 갚지 않은 빚

prominent
[prámənənt]

a. 저명한(well-known), 두드러진, 걸출한

prominent teeth
뻐드렁니
■ **prominence**
n. 걸출(distinction), 현저

renown
[rináun]

n. 명성(fame, celebrity), 유명

■ **renowned**
a. 유명한(famed)

eminent
[émənənt]

a. 저명한(distinguished), 뛰어난

He is **eminent** for his learning.
그는 학문으로 이름이 알려져 있다.

fantastic
[fæntǽstik]

a. 공상적인(fanciful), 터무니없는, 허황된

He could soar on the wings of **fantasy**.
그는 공상의 날개로 훨훨 날아오를 수 있었다.
- **fantasy**
n. 공상, 몽상, 변덕

- **fantastic fears** 근거 없는 공포
- **a fantastic view** 환상적인 경관

imagine
[imǽdʒin]

v. 상상하다, 생각하다

Can you **imagine** life without electricity? 전기
전기 없는 생활을 상상할 수 있겠니?
- **imagination**
n. 상상력, 공상

daydream
[déidrìːm]

n. 백일몽, 공상

- **daydreamer**
n. 공상가

mode
[moud]

n. 방법, 양식, 습관, 관행, 유행
기묘한, 특이한, 고유의
a **peculiar mode** of life
특이한 생활양식
There are **modes** wherever there are men.
사람들이 모이는 곳에 유행은 생기게 마련이다.

vogue
[voug]

n. 풍습, 유행(fashion), 인기(popularity)

High boots were the **vogue** for women last year.
긴 부츠가 작년에 여성들에게 유행했다.

accustom
[əkʌ́stəm]

v. 익히다, 습관 들이다(habituate)

- accustomed
a. 익숙한(familiar), 평소의

practice
[prǽktis]

v. 실천하다, 연습하다, (의사, 변호사업) 개업하다
n. 습관, 풍습, 연습, 실천

We've made our plans and now we must put them into **practice**.
계획을 세웠으면 당장 실행에 옮겨야 한다.
keep in **practice**
쉼 없이 연습하다

- practical
a. 실제적인, 쓸모 있는

habit
[hǽbit]

n. 습관, 습성, 버릇, 기질

Habit is a second nature.
습관은 제2의 천성.

- habituate
v. 익숙하게 하다

---

184 실행하다   EXECUTE

execute
[éksikjùːt]

v. 실행하다, 처형하다, 연주하다

forcible **execution**
강제 집행

- execution
n. 수행, 집행, 처형

- executive
a. 법률을 집행하는, 행정적인

feasible

[fíːzəbəl]

a. 실현 가능한(practicable), 편리한

The plan sounds quite **feasible**.
그 계획은 실현 가능성이 꽤 있는 것 같다.

convenience

[kənvíːnjəns]

n. 편리, 편리한 것

a public **convenience**
공중 화장실
■ convenient
a. 편리한
opp. inconvenient 불편한, 형편이 마땅치 않은

■ convenience food
편리 식품(통조림 등)
■ convenience store
편의점

Day 15

fatal
[féitl]

a. 치명적인, 숙명적인

the **fatal** day
운명의 날
- **fate**
n. 운명
- **fatally**
ad. 운명적으로
- **fatality**
n. 필연성, 운명, 치명적인 사고

destine
[déstin]

v. 운명 짓다(fate, doom)

Their hopes were **destined** never to be realized.
그들의 희망은 결코 실현되지 못하도록 운명 지어졌다.
plane **destined** for Paris
파리행 비행기
- **destiny**
n. 운명, 숙명
- **destination**
n. 목적지, 행선지

■ destined for ~로 가는

mortal
[mɔ́ːrtl]

a. 죽을 운명인, 인간의(human)

Man is **mortal**.
사람은 죽게 마련이다.

doom
[duːm]

v. 운명 짓다
n. 운명(fate, destiny), 죽음

From the start, the plan was **doomed** to failure.
그 계획은 처음부터 실패할 운명이었다.

portion
[pɔ́ːrʃən]

v. 분할하다(divide), 분배하다(distribute)
n. 일부, 부분(part), 몫(share)

Read this **portion** of the book.
책의 이 부분을 읽으십시오.

sensation
[senséiʃən]

n. 감각(sense), 느낌(feeling), 평판

It was so cold that he lost all **sensation** in his limbs. 팔다리
너무 추워서 그는 손발의 감각을 완전히 잃었다.

sense
[sens]

n. 감각, 분별, 상식, 의미(meaning)

in a sense
어떤 의미에서는
sense organ
감각 기관
- sensational
a. 선풍적 인기의, 감각(상)의

- out of one's senses 미쳐서
- in all senses 모든 점에서
- make sense 이치에 맞다

sensible
[sénsəbəl]

a. 분별 있는(judicious), 민감한, 깨달은

It is **sensible** of you to have told him the truth.
그에게 진실을 말한 것은 현명한 일이다.

sensitive
[sénsətiv]

a. 감수성이 강한, 화를 잘 내는 opp. insusceptible 무감각한

- sensitivity
n. 민감, 감수성
- sentimental
a. 감상적인, 정서적인
- sentimentalism
n. 감상주의, 감상벽

sagacious
[səgéiʃəs]

a. 현명한(wise), 민첩한(shrewd)

a **sagacious** answer
재치 있는 대답
- sage
a. 현명한 n. 현인 opp. fool 바보

emotion
[imóuʃən]

n. 격렬한 감정, 감동

an outlet for one's **emotion**
감정의 배출구

fertile
[fə́:rtl]

a. 비옥한(productive), 다산의
opp. barren 불모의, sterile 불모의

- a fertile farm 비옥한 농장
- fertile rains 단비

fertile soil
비옥한 땅
- fertility
n. 비옥, 풍요, 다산
- fertilize
v. 풍요롭게 하다
- fertilizer
n. 비료

fruitful
[frú:tfəl]

a. 다산의, 유익한(profitable), 열매가 많은

a **fruitful** meeting
유익한 모임

187 허구, 소설　FICTION

fiction
[fíkʃən]

n. 허구, 소설(novel)

Is the story fact or **fiction**?
그 이야기가 사실이냐? 지어낸 것이냐?

fable
[féibəl]

n. 우화, 전설(legends)

Aesop's **Fables**
이솝 우화
- fabulous
a. 전설적인, 믿을 수 없는

legend
[lédʒənd]

n. 전설

Korea has many **legends** about the tiger.
한국에는 호랑이에 관한 전설이 많다.

tradition
[trədíʃən]

n. 전설, 전통, 인습

story founded on **tradition**
전설에 바탕을 둔 이야기
- traditional
a. 전통의, 인습적인

- by tradition 전통에 의해, 구전으로
- tradition says that
  ～이라고 말로 전해 내려오다

fabulous
[fǽbjələs]

a. 거짓말 같은, 전설상의

a **fabulous** sum of money
거짓말같이 많은 돈

188 현실의 ACTUAL

actual
[ǽktʃuəl]

a. 현실의(real), 현행의, 사실상의 opp. ideal 이상의

In **actual** fact it was quite cheap.
사실 그것은 싼 가격이다.

virtual
[və́:rtʃuəl]

a. 사실상의, 실질적인

a **virtual** promise
사실상의 약속

<table>
<tr><td>real
[ríːəl]</td><td>n. 실물 a. 실제의, 진실의, 부동산의
opp. ideal 이상의, personal 동산의</td></tr>
<tr><td>realism
[ríːəlìzəm]</td><td>n. 현실주의, 현실성, 사실주의

in reality
실제로는
■ reality
n. 현실</td></tr>
</table>

<table>
<tr><td>refine
[rifáin]</td><td>v. 정제하다(make pure), 세련되게 하다

a refined way of speaking
세련된 말씨
an oil refinery
정유 공장
■ refined
a. 세련된 opp. vulgar 저속한, 상스러운, 통속적인
■ refinery
n. 정제소</td></tr>
<tr><td>elegant
[éləgənt]</td><td>a. 우아한(graceful), 세련된

He was an elegant young gentleman.
그는 세련된 젊은 신사였다.
■ elegance, -y
n. 세련, 우아</td></tr>
<tr><td>exquisite
[ikskwízit]</td><td>a. 정교한, 섬세한(keen, delicate), 우아한

exquisite workmanship
정교한 솜씨
■ exquisitely
ad. 섬세하게</td></tr>
</table>

- refine on ~을 개량하다
- refine a metal 금속을 정제하다

elaborate
[ilǽbərèit]

v. 공들여 만들다 a. 정교한, 공들여 만든

an **elaborate** style
갈고 닦은 문체

grace
[greis]

n. 우아, 매력, 애교, 친절, 은총

a **graceful** apology 사과
솔직한 사과
the **graceful** poise of dancer
댄서의 우아한 자세
- **graceful**
a. 우아한, 솔직한
- **gracious**
a. 우아한, 자애로운(merciful)

moderate
[mάdərət]

a. 적당한, 보통의

a family of **moderate** means 평균
중산층 가정
moderate prices
적당한 가격

proper
[prάpər]

a. 적당한, 적절한(right and fitting), ~에 특유한,
예의 바른(polite), 진정한

at a **proper** time
적절한 시기에
customs **proper** to the Koreans
한국인 고유의 풍습
England **proper**
영국 본토
- **properly**
ad. 적절하게, 정확히

- as you think proper 적당히
- proper for ~에 적합한

appropriate
[əprouprièit]

a. 적당한(proper) v. 충당하다, 사용하다

a salary **appropriate** to an office
직급에 어울리는 봉급
The government **appropriated** a large sum of money for building hospitals.
정부는 많은 돈을 병원을 짓는 데 충당했다.

fit
[fit]

v. ~에 적합하다, ~에 맞다
a. ~에 적합한, 어울리는
opp. unbecoming 어울리지 않는

■ fit in 꼭 맞다, 조화하다
■ fit on 옷을 입어 보다

water **fit** to drink
식수
The key **fits** the lock.
그 열쇠는 자물쇠에 맞는다.
■ fitting
a. 적합한

suit
[suːt]

v. 알맞다, 잘 어울리다 n. 소송(lawsuit), 한 벌
cf. suite(한 벌, 일행)와 혼동 주의

a **suit** of clothes
옷 한 벌
a criminal **suit**
형사 소송
a civil **suit**
민사 소송
■ suitable
a. 적절한(proper), 어울리는

---

191 들러붙다, 고수하다 ADHERE

adhere
[ædhíər]

v. 들러붙다, 고수하다(stick) n. 자기편

He **adhered** to his decision.
그는 자기의 결의를 굽히지 않았다.

partisan
[pɑ́ːrtəzən]

n. 도당, 유격대 a. 편파[당파]적인

partisan spirit — 정신, 영혼
당파심

forbid
[fərbíd]

v. 금하다(prohibit), 방해하다(prevent)
opp. **allow** 허락하다, 주다, 인정하다

The law **forbids** the use of chemical fertilizer. — 비료
법은 화학비료의 사용을 금지하고 있다.
forbidden fruit
금단의 열매
- **forbidden**
  a. 금지된

ban
[bæn]

v. 금지하다 n. 금지령(prohibition)

There's a **ban** on smoking in theaters.
극장 안에서는 흡연을 금하고 있다.

prohibit
[prouhíbit]

v. 방해하다, 못하게 하다(forbid, hinder)

smoking strictly **prohibited**
절대금연
- **prohibition**
  n. 금지, 금지령

bar
[baːr]

v. 잠그다(bolt), 방해하다(obstruct), 금하다(forbid)
n. 막대기, 법정(court), 줄, 술집

a **bar** of light
한 줄기의 광선
The way is **barred**.
그 길은 막혀 있다.

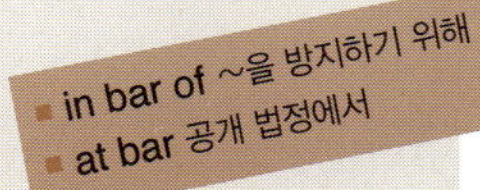

taboo
[təbúː]

v. 금하다 n. 금기(禁忌), 터부

taboo word
금기어

prevent
[privént]

v. 막다, 방해하다(hinder), 예방하다, 보호하다

The heavy rain **prevented** me from coming in time.
비가 심하게 퍼부어 나는 제시간에 오지 못했다.

restrain
[riːstréin]

v. 제지하다(hold back), 제한하다(restrict), 억제하다(suppress)

Please **restrain** the children from creating a disturbance.
아이들이 소란 피우지 못하도록 하세요.
- restraint
n. 억제, 구속

block
[blɑk]

v. 방해하다, 막다 n. 덩어리, 토막, 방해(물)

The floor was made of wooden **blocks**.
그 마루는 나무토막으로 만들어졌다.

obstruct
[əbstrʌ́kt]

v. 방해하다(check), 가로막다

obstruct a road
도로를 차단하다
- obstruction
n. 방해, 장애(물)

hinder
[híndər]

v. 방해하다, 훼방하다(prevent), 지연시키다(retard)
a. 뒤쪽의, 후방의

the **hinder** gate
뒷문
- hinderance
n. 방해, 훼방

retard
[ritάːrd]

v. 방해하다, 더디게 하다

Road repairing **retarded** the car.
도로 공사로 교통 흐름이 정체되었다.

| **check**
[tʃek] | v. 저지하다(prevent), 대조하다
n. 저지, 대조

■ **checkbook**
n. 수표책
■ **checkpoint**
n. 검문소 |

| **curb**
[kə:rb] | v. 억제하다 n. 구속(restraint), 재갈

curb one's irritation
노여움을 억누르다 |

| **confine**
[kənfáin] | n. 제한하다(restrict), 가두다(imprison)

The animal was **confined** in a very small cage.
동물은 아주 작은 우리에 갇혀 있었다. |

| **reinforce**
[rì:infɔ́:rs] | v. 보강하다, 증원하다

■ **reinforcement**
n. 증원(군), 증강 |

| **compel**
[kəmpél] | v. 억지로 ~시키다, 강요하다

He **compelled** me to stay indoors.
그는 나한테 집 안에 남으라고 강요했다. |

193 강요하다   OBLIGE

| **oblige**
[əbláidʒ] | v. 강요하다(compel, force), (은혜를) 베풀다

We are **obliged** to pay taxes.
우리는 납세의무가 있다.
■ **obliged**
a. 고맙게 생각하는 |

bind
[baind]

v. 묶다(tie), 의무를 지우다(oblige)

They **bound** the prisoner with rope.
그들은 죄수를 밧줄로 묶었다.

force
[fɔːrs]

n. 힘(strength), 병력(power), 세력, 부대, (pl.) 군대

the Air **Force**
공군

enlist
[enlíst]

v. 군대에 입대하다(시키다)

He **enlisted** when he was 20.
그는 20세에 입대했다.

compulsory
[kəmpʌ́lsəri]

a. 강제적인(compelling), 의무적인

compulsory military service 병역
의무 병역
■ compulsion
n. 강제, 억지

■ compulsory education 의무 교육
■ compulsory execution 강제 집행

enforce
[enfɔ́ːrs]

v. 강요하다(force, compel), 시행하다

문자 그대로, 엄밀히
The law was **enforced** to the letter.
그 법률은 엄밀히 시행되었다.

---

194 예측하다   FORECAST

forecast
[fɔ́ːrkæst]

v. 예측(예상)하다, 계획하다 n. 예보, 예상

a weather **forecast**
일기 예보
forecasting the future
미래 예측

predict
[pridíkt]

v. 예언하다(foretell, prophesy), 예보하다

The Weathers Bureau **predicts** that snow is falling.
기상대는 눈이 내릴 것이라고 예보하고 있다.
- prediction
n. 예언

foresee
[fɔːrsíː]

v. 예견하다, 미리 알다

We **foresee** the war to break out.
우리는 전쟁이 발발할 것으로 예측한다.

prophecy
[práfəsi]

n. 예언(prediction), 예언서

The **prophecy** come true.
예언은 현실로 드러났다.

anticipate
[æntísəpèit]

v. 기대하다(look forward to), 예상하다

We **anticipated** that the enemy would cross the river.
우리는 적이 강을 건널 것이라고 예상했다.
- anticipation
n. 예상, 예견

expectation
[èkspektéiʃən]

n. 기대, 예상, (pl.) 유산

It fell short of my **expectations**.
그것은 내 기대에 미치지 못했다.

- according to expectation
예상대로

overlook
[òuvərlúk]

v. 멀리보다, 간과하다, 너그럽게 봐주다(excuse)

These little details are easily **overlooked**.
이런 작은 항목들은 간과되기 쉽다.

air
[εər]

n. (동음어 heir) 공기, 외모, 태도, 방송

give oneself **air**
점잔 빼다
by air
비행기로
What's on the **air** this evening?
오늘 밤엔 무엇이 방송됩니까?
- aircraft
n. 항공기
- aircraft carrier
n. 항공모함

live
[laiv]

a. 살아 있는, 생방송의

a **live** broadcast
생방송
earn an honest **livelihood**
정직하게 일해서 살아가다
- livelihood
n. 생계의 수단, 살림(living)

broadcast
[brɔ́ːdkæst]

v. 방송하다, (소문을) 퍼뜨리다 n. 방송

a **broadcasting** station
방송국
- broadcasting
n. 방송
- broadcaster
n. 방송자, 방송 회사

net
[net]

v. 그물로 잡다 n. 그물, 올가미(snare) a. 순이익의

We **netted** fish.
우리는 그물로 물고기를 잡았다.

- net price 정가(定價)
- net profit 순이익

method
[méθəd]

n. 방법, 방식, 질서, 체계

There is **method** in his madness.
그의 광기에는 체계가 서 있다.
- methodical
a. 질서 있는, 체계가 서 있는
- methodically
ad. 질서정연하게

formula
[fɔ́:rmjələ]

n. 공식, 처방, 상투적인 말

- formulate
v. 공식화하다

Day 16

diagnose
[dáiəgnòus]

v. 진단하다

The doctor **diagnosed** my illness as flu.
의사는 내 병이 감기라고 진단했다.

prescribe
[priskráib]

v. 규정하다, 명령하다, 처방하다

Do what the laws **prescribe**.
법이 정하는 바를 행하라.
- prescript
  n. 명령, 규정
- prescription
  n. 규정, 처방전

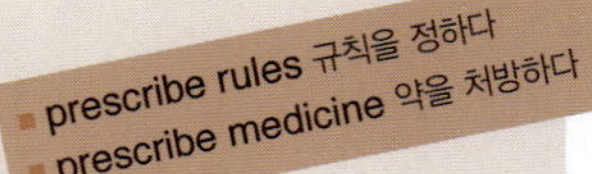

outline
[áutlàin]

v. 개요를 말하다 n. 윤곽, 개요

I made an **outline** before trying to write a composition.
나는 작문을 하기 전에 대략적인 윤곽을 잡았다.

shape
[ʃeip]

n. 외관, 형태, 윤곽

What **shape** will future society have?
미래 사회는 어떤 모습을 하고 있을까?

FREE

free
[fri:]

v. 자유롭게 하다
a. 자유로운, 해방된, 한가한, 공짜의(gratis)

He has very little **free** time.
그는 한가한 시간이 거의 없다.

- set free 석방하다
- free from ~이 없는, ~을 면한

liberate
[líbərèit]

v. 자유롭게 하다, 해방하다

Six months later, **liberating** troops arrived and threw open the prison gates.
6개월 후, 해방군이 도착해서 감옥 문을 열었다.

independence
[ìndipéndəns]

n. 독립, 독립심

Many countries are struggling to achieve economic **independence**.
많은 나라들이 경제적인 독립을 이루기 위해서 발버둥 치고 있다.
- independent
a. 독립의

STARTLE

startle
[stá:rtl]

v. 깜짝 놀라게 하다(surprise)

I **startled** at the sound.
그 소리에 깜짝 놀랐다.
- startling
a. 놀라운

marvel
[má:rvəl]

v. 놀라다 n. 놀라운(경탄할) 일

As I listened to his words, I **marvelled** greatly.
그의 말을 들었을 때 나는 크게 놀랐다.

baffle
[bǽfəl]

v. 당황하게 하다(frustrate), 좌절시키다

The question **baffled** me.
그 문제 때문에 나는 당혹스러웠다.

frustrate
[frʌ́streit]

v. 좌절시키다(baffle), 방해하다

The bad weather **frustrated** our plan of having a game.
좋지 못한 날씨가 경기 계획을 망쳐 놓았다.
- frustration
n. 좌절, 욕구불만

199 공급하다 SUPPLY

supply
[səplái]

v. 공급하다(provide)
n. 공급, 재고품

He **supplied** us with food.
그는 우리에게 음식물을 공급했다.

afford
[əfɔ́ːrd]

v. 주다(give), 공급하다

Reading **affords** him pleasure.
독서는 그에게 즐거움을 준다.
- can afford to ~할 여유가 있다
- well afford 충분한 여유가 있다

provide
[prəváid]

v. 공급하다(furnish), 주다, 준비하다

The army was **provided** with new weapons.
군대는 새로운 무기를 공급받았다.
I will go, **provided** you go.
네가 간다면 나도 가겠다.
- provided, providing
con. 만일 ~이라면
- provision
n. 준비, 공급 (pl.) 식량
- provide for ~에 대비하다
- provide to ~에게 공급하다
- provide with ~을 공급하다

| **furnish**
[fə́:rniʃ] | v. 공급하다

'To let, **Furnished**'
가구 딸린 셋방 있음(게시판)
■ furnishing
n. 가구 |

futile [fjú:tl]	a. 쓸데없는, 헛된, 공연한 a **futile** attempt 공연한 시도 ■ futility n. 무익, 무용
vanity [vǽnəti]	n. 헛됨, 공허(emptiness), 무가치, 허영심(self-conceit) opp. reality 진실, 현실 **Vanity** of vanities; all is vanity. 헛되고 헛되며 헛되니 모든 것이 헛되도다. (성경)
empty [émpti]	v. 비우다, 없애다 a. 빈, 헛된, 무의미한 a word **empty** of meaning 무의미한 말 ■ empty from ~에서 비우다 ■ empty of ~을 비우다
vacant [véikənt]	a. 빈(empty), 한가한(unoccupied), 멍한 a **vacant** smile 공허한 미소
vacuum [vǽkjuəm]	n. 진공, 공백 **vacuum** cleaner 진공 청소기

vain
[vein]

a. 헛된(empty), 쓸데없는(useless)

He has not died in **vain**.
그의 죽음이 헛되지는 않았다.

■ in vain 공연히, 헛되어

nonsense
[nánsens]

n. 무의미, 어처구니없는 일

Stop your **nonsense**!
허튼 짓 그만둬라!

■ make nonsense of ~을 망쳐 놓다
■ stand no nonsense 허튼수작을 용납하지 않다

201 모으다, 모이다 ASSEMBLE

assemble
[əsémbəl]

v. 모으다(collect), 모이다(meet)
opp. disperse 흩뜨리다, 흩어지게 하다

She **assembled** the data for her homework.
그녀는 숙제를 위해 자료를 모았다.
■ assembly
n. 집회, 회의

rally
[ræli]

v. 모이다, 모으다 n. 집회, 대회(meeting)

a political **rally**
정당대회

collect
[kəlékt]

v. 모으다(assemble), (세금) 징수하다

essays **collected** under the title of umbrella
우산이라는 제목으로 모은 에세이
collective ownership
공동 소유
→ 소유주임, 소유권
■ collective
a. 집단의, 공동의(common)
■ collection
n. 수집, 수집품, 수금

accumulate
[əkjúːmjəlèit]

v. 모으다, 축적하다(amass) opp. dissipate 흩뜨리다

accumulate a large fortune
큰 재산을 모으다
- accumulation
n. 축적, 축재

gather
[gǽðər]

v. 모이다, 모으다

A crowd **gathered** to see what had happened.
무슨 일이 일어났는가 하고 군중들이 모여들었다.

congregate
[káŋgrigèit]

v. 모이다, 모으다(assemble)

The crowds **congregated** in the town square.
많은 사람들이 시내 광장에 모였다.
- congregation
n. 회중, 집회

compile
[kəmpáil]

v. 편집하다, 수집하다

compile an encyclopedia
백과사전을 편집하다

award
[əwɔ́ːrd]

v. 수여하다(grant) n. 상, 상품

The Author's League **awarded** him the prize.
저작가 협회는 그에게 상을 주었다.
the highest **award**
최고상

confer
[kənfə́ːr]

v. 수여하다, 비교하다, 협의하다(with)

The lawyers are still **conferring** on this matter.
변호사들은 이 문제에 관해서 여전히 협의 중에 있다.

bestow
[bistóu]

v. 수여하다(confer), (선물로) 주다

He **bestowed** many favors upon us.
그는 우리에게 여러 가지 호의를 베풀었다.

power
[páuər]

n. 힘, 권위, 강국

power politics
힘의 정치
■ **powerful**
a. 강력한

- come to power 정권을 잡다, 세력을 얻다
- party in power 집권당

majesty
[mǽdʒisti]

n. 존엄, 위엄, 권위(dignity, grandeur), (M-) 폐하

the **majesty** of the law
법의 권위
The (procession) was **majestic**.
행렬, 행진
그 행렬은 위풍당당했다.
■ **majestic(al)**
a. 위엄이 있는, 당당한

noble
[nóubəl]

n. 귀족 a. 고귀한, 고결한
opp. **humble** 겸손한, 비천한, **low** 낮은, 천한, 싼

a man of **noble** character
인격이 고결한 사람
noble metals
귀금속
■ **nobleman(pl. -men)**
n. 귀족
■ **nobility**
n. 귀족, 고결함

grand
[grænd]

a. 웅대한(magnificent), 숭고한(noble), 호화로운(luxurious)

a **grand** (spectacle)
광경
장관

stately
[stéitli]

a. 위엄 있는, 위풍당당한

a **stately** old lady
위엄 있는 노부인

royal

[rɔ́iəl]

a. 왕의(of a king), 위엄 있는(majestic)
cf. loyal 충성스러운, 성실한

a **royal** family
왕가
a **royal** power
왕권
- royalty
n. 왕권, 인세(印稅), 특허권

- a battle royal 큰 전투
- have a royal time 매우 재미있는 시간을 보내다

---

appetite

[ǽpitàit]

n. 식욕, 공복(hunger), 욕망(desire)

A good **appetite** is a good sauce.
시장이 반찬이다. (속담)

greed

[griːd]

n. 욕심, 탐욕

greed for money
금전욕
You **greedy** pig!
이 돼지 같은 놈아!
- greedy
a. 탐욕스러운, 열망하는

avarice

[ǽvəris]

n. 탐욕(greediness), 금전욕

- avaricious
a. 탐욕스러운

hatred

[héitrid]

n. 증오, 강한 혐오

Dislike easily rises into **hatred**.
혐오는 곧 증오로 바뀐다.
- hate
v. 증오하다, 혐오하다

| **detest**
[ditést] | v. 혐오하다(abhor), 싫어하다(hate)

I **detest** people who deceive and tell lies.
나는 속이고 거짓말하는 사람을 혐오한다.
■ detestation
n. 혐오, 증오 |

altitude [ǽltətjùːd]	n. 높이, 고도, (pl.) 높은 곳 It is difficult to breathe at high **altitudes**. 고지대에서는 호흡이 곤란하다.
barometer [bərɑ́mitər]	n. 기압계, 고도계, 지표
stature [stǽtʃər]	n. 신장, 키 He is short of **stature**. 그는 키가 작다.
elevate [éləvèit]	v. 올리다, 등용하다 an **elevated** position 높은 지위 ■ elevation n. 높은 곳, 승진 ■ elevate the standard of living 생활을 풍요롭게 하다 ■ elevate one's crest 의기양양하다
enhance [enhǽns]	v. (질을) 높이다(heighten), (가격을) 올리다 opp. spoil 망치다, 성격을 버리다, 응석 받다 **enhance** the royal power 왕권을 강화하다

226

lift
[lift]

v. 올리다(raise up), 향상시키다(elevate)

The mountain **lifts** its peaks skyward.
산봉우리가 하늘을 향해 솟아 있다.

---

205 숨기다   CONCEAL

conceal
[kənsíːl]

v. 숨기다(hide), 비밀로 하다 opp. reveal 드러내다

conceal the truth
진실을 은폐하다
■ concealment
n. 은닉, 은폐

lurk
[ləːrk]

v. 숨다, 피하다, 잠재하다

Some suspicion still **lurked** in his mind.
그의 가슴 속에는 여전히 의혹이 남아 있었다.

cloak
[klouk]

v. 은폐하다 n. 덮개, 망토

His friendly behavior was a **cloak** for his evil intentions.
그의 다정한 행동은 사악한 의도를 감추기 위한 것이었다.

surround
[səráund]

v. 에워싸다(enclose), 둘러치다(encircle)

The prison is **surrounded** by a high wall.
교도소는 높은 벽으로 둘러싸여 있다.
the **surrounding** country
주변 지역
■ surrounding
a. 둘러싸는, 주위의

wrap
[ræp]

v. 감싸다, 둘러싸다, 숨기다

I **wrapped** the book up in paper.
나는 책을 종이로 쌌다.

envelop
[envéləp]

v. 싸다, 봉하다(wrap, enfold)

The building was **enveloped** in flames.
그 건물은 불길에 휩싸였다.

encircle
[ensə́:rkl]

v. 에워싸다(surround), 포위하다

a lake **encircled** by the pine grove
소나무 숲으로 둘러싸인 호수

작은 숲

enclose
[enklóuz]

v. 동봉하다, 둘러싸다 opp. **disclose** 드러내다

- enclosure
  n. 포위, 울타리

bury
[béri]

v. 파묻다, 잊다 opp. **dig** 파다

They were **buried** alive.
그들은 생매장당했다.

secret
[sí:krit]

n. 기밀, 불가사의, 비결 a. 비밀의

the **secret** of happy
행복의 비결

- secrete
  v. 비밀로 하다

- blunder out a secret
  얼떨결에 비밀을 누설하다
- make a secret of ~을 비밀로 하다

private
[práivit]

n. 병졸
a. 사사로운, 개인의(personal), 비밀의(secret)

private law
사법(私法) opp. **public law** 공법

- privacy
  n. 사생활, 비밀

rent
[rent]

v. 임대하다 n. 집세, 땅세

a house for **rent**
(미) 셋집

hire
[háiər]

v. 고용하다(employ) n. 고용, 임대료, 급료

The labored is worthy of his **hire**.
일꾼이 그 삯을 얻는 것은 마땅하니라. (성경)

employ
[emplɔ́i]

v. 고용하다, 소비하다

Time must be **employed** wisely.   현명하게
시간은 현명하게 써야 한다.
full **employment**
완전 고용
■ employment
n. 고용, 직업
■ employee
n. 종업원, 고용인

■ be in a person's employ
~에게 고용되어 있다
■ out of employ 실직하여

loan
[loun]

v. 대여하다 n. 대부, 대여

public **loan**
공채

cave
[keiv]

v. 함몰시키다 n. 동굴

In old times, people lived in **caves**.
옛날에 사람들은 동굴 속에서 살았다.

hollow
[hálou]

n. 구멍(hole), 분지 a. 속이 빈, 우묵한

a **hollow** can
속이 빈 깡통

209 신성한

divine
[diváin]

a. 신성한(sacred) v. 예언하다(predict)

To err is human, to forgive **divine**.
용서하다
잘못은 인간의 일이요, 용서는 신의 몫이다.
■ divinity
n. 신성

worship
[wə́:rʃip]

v. 경배하다 n. 예배(divine service), 숭배

They joined in **worship** together.
그들은 다함께 신을 찬미했다.

ritual
[rítʃuəl]

n. 의식(儀式)(ceremony) a. 의식의, 관습의

superstition
[sù:pərstíʃən]

n. 미신

공통의, 사회 일반의
It's a common **superstition** that black cats are unlucky.
검은 고양이가 재수 없다는 것은 일반적인 미신이다.

theology
[θi:álədʒi]

n. 신학

■ theologian
n. 신학자

holy
[hóuli]

a. 성스러운, 덕이 높은

holy war
성전(聖戰)

■ holy ground 성지
■ the holy Bible 성서

mission
[míʃən]

n. 사절단, 사명, 전도(단)

carry out one's **mission**
사명을 완수하다

heretic
[hérətik]

n. 이단자, 이교도

- heresy
n. 이교, 이단

heaven
[hévən]

n. 천국, (pl.) 하늘 opp. hell 지옥

for **heaven's** sake
제발

sacred
[séikrid]

a. 신성한(holy), 종교적인 opp. profane 신성을 더럽히는

sacred music
종교음악

creed
[kriːd]

n. 교리, 신조, 신념

종교의, 종교적인
religious **creed**
종교적 신념

profane
[prəféin]

v. 더럽히다 a. 불경스러운, 세속적인(secular)

profane art
세속 예술

---

210 성실 INTEGRITY

integrity
[intégrəti]

n. 성실(sincerity), 완전, 보전(保全)

영토의
territorial **integrity**
영토 보전

- a person of integrity 청렴한 사람
- great integrity 청렴결백

sincere
[sinsíər]

a. 진실한(real), 참된

a **sincere** friend
성실한 친구
- sincerity
n. 성실, 진실
- sincerely
a. 마음으로부터, 진정으로

respect
[rispékt]

v. 존경하다(honor) n. 존경, 점(point)

This is inferior to the other in all **respects**.
이것은 다른 것에 비해 어느 모로 보나 못하다.
a **respectable** price
상당한 가격
They took their **respective** seats.
그들은 각자의 좌석에 앉았다.
- respectable
a. 존경할 만한, 꽤 많은
- respective
a. 각각의, 각자의
- respectful
a. 경의를 표하는, 정중한

- have respect for ~를 존경하다
- have respect to ~를 고려하다
- in all respects 모든 점에서

esteem
[istíːm]

v. 존중하다, ~라고 생각하다 n. 존경, 존중

No one can **esteem** your father more than I do.
어느 누구도 나보다 네 아버지를 존경할 수 없을 게다.

reverence
[révərəns]

v. 존경하다 n. 존경, 숭배

큰, 많은, 위대한
The king was held in great **reverence**.
왕은 매우 존경받았다.

Day 17

212 나태한

---

idle
[áidl]

a. (동음어 idol) 나태한(lazy), 무익한 v. 빈둥빈둥 지내다

an idle fellow
게으름뱅이

- lie idle 사용되지 않다
- be left idle 방치되어 있다

---

indolent
[índələnt]

a. 나태한(idle), 게으른

an indolent worker
게으른 일꾼

---

untidy
[ʌntáidi]

a. 흐트러진, 게으른(careless)

untidy room
너저분한 방

---

lazy
[léizi]

a. 나태한, 굼뜬 opp. diligent 근면한

a lazy person
게으름뱅이

industry
[índəstri]

n. 산업, 근면(diligence), 노력

industrial unrest (불안)
산업의 불안
an **industrious** wife
부지런한 아내
- industrial
a. 산업의, 공업의
- industrious
a. 부지런한, 근면한
- industrialist
n. 실업가

- a basic industry 기간산업
- a heavy industry 중공업

diligent
[dílədʒənt]

a. 근면한(industrious), 노력하는(hardworking)
opp. lazy 게으른

He's a **diligent** worker and should do well on the job.
그는 부지런한 일꾼이니 그 일을 잘 해낼 것이다.

negligence
[néglidʒəns]

n. 태만, 무관심, 부주의, 소홀

The accident was caused by the **negligence** of the driver.
운전자의 부주의로 사고가 일어났다.
- negligent
a. 태만한, 부주의한

navigation
[nædvəgéiʃən]

n. 항해, 항해술

He studied aerial **navigation**. (공기의, 공기 같은)
그는 항공술을 배웠다.
- navigate
v. 항해하다, 조종하다(steer)

naval
[néivəl]

a. 해군의

a naval academy
해군 사관학교
a naval port
군항
- navy
n. 해군, 군인

submarine
[sʌ́blmərìːn]

n. 잠수함, 해저 동물 a. 해저(海底)의

submarine volcano
해저 화산
an atomic **submarine**
원자력 잠수함

channel
[tʃǽnl]

n. 해협(strait보다 크다), 수로, 경로, 채널

the English **Channel**
영국해협
on **Channel** 6
채널 6에서

shipwreck
[ʃíprèk]

n. 난파, 파멸

shore
[ʃɔːr]

n. 강가, 바닷가, 기슭

We walked along the **shore**.
우리는 강가를 따라 걸었다.
- ashore
ad. 뭍으로

aboard
[əbɔ́ːrd]

ad. 전 배에, (배, 버스)를 타고
opp. ashore 물가에

All **aboard**!
모두 승선(차)하시오!

- take aboard 태우다, 싣다
- go aboard a ship 배를 타다

ABOUND

abound
[əbáund]

v. 풍부하다(be plentiful) opp. lack ～이 없다

Fish **abound** in this lake.
이 호수에는 물고기가 많다.
- abundance
  n. 풍부
- abundant
  a. 많은

ample
[ǽmpl]

a. 풍부한(abundant), 커다란 opp. scanty 부족한

The house has an **ample** yard.
그 집엔 넓은 뜰이 있다.

마당, 구내

enrich
[enrítʃ]

v. 풍요롭게 하다, (가치를) 높이다(improve)

Reading **enriches** the mind.
독서는 마음을 풍요롭게 한다.
- enrichment
  n. 풍부하게 함

ABOVE

above
[əbʌ́v]

prep. ～위에, 초월하여(beyond)

children of six and **above**
6세 이상의 어린이

- above all 특히, 무엇보다도
- be above oneself 분수를 모르다

beyond
[bijánd]

ad. 저편에 prep. ～을 넘어서

beyond the bridge
다리 건너에

abreast
[əbrést]

ad. 나란히, 병행하여

keep **abreast** with the times
시대에 뒤쳐지지 않다

abrupt
[əbrʌ́pt]

a. 갑작스러운, 가파른(steep), 퉁명스러운

강하, 가게

an **abrupt** descent
급한 내리막길
■ **abruptly**
ad. 갑자기

imminent
[ímənənt]

a. 긴박한, 급박한(impending)

A storm is **imminent**.
한바탕 폭풍우가 닥칠 것 같다.

sudden
[sʌ́dn]

n. 불시 a. 갑작스러운, 돌연한(abrupt)

일어난 일 우발적 사건

a **sudden** incident
돌발사건

impatient
[impéiʃənt]

a. 성급한, 참을 수 없는(intolerant)

He is **impatient** to see his parents.
그는 부모님을 애타게 뵙고 싶어 한다.

■ be impatient for
~이 탐나서 못 견디다
■ be impatient of
~을 참을 수 없다

steep
[stiːp]

a. (경사가) 가파른, 험준한, 터무니없이 높은

a **steep** price
터무니없는 값

| **absence**
[ǽbsəns] | n. 결석, 부재 opp. presence 출석, 존재

absence of mind
방심 |

 흡수하다, 열중시키다 **ABSORB**

| **absorb**
[əbsɔ́:rb] | v. 흡수하다, 열중시키다

He was **absorbed** in the book.
그는 독서에 몰두해 있었다.
■ absorption
n. 흡수, 몰두 |

■ be absorbed in 몰두하다
■ absorb from ~에서 짜내다

| **preoccupy**
[pri:ákjəpài] | v. 마음을 빼앗다(engross), 몰두하게 하다, 심취하다(absorb)

The park bench had been **preoccupied**.
공원 벤치는 사람들이 차지하고 있었다.
■ preoccupied
a. 선취된, 열중한
■ preoccupation
n. 선입관념 |

 끊다, 절제하다 **ABSTAIN**

| **abstain**
[əbstéin] | v. 끊다, 절제하다(refrain)

abstain from beer and wine
음주를 삼가다 |

refrain
[rifréin]

v. 삼가다(abstain), 자제하다 n. 반복구, 후렴

I cannot **refrain** from laughing.
웃지 않을 수 없다.

■ refrain oneself 자제하다

temperate
[témpərit]

a. 절제하는, 온대의, 온화한(calm)

temperate behavior
절도 있는 행동
a **temperate** climate
온화한 기후
■ temperance
n. 절제, 자제

forbear
[fɔːrbɛ́ər]

v. 참고 견디다(bear with), 삼가다, 참다

He deserved to be punished several times, but I've
forborne from doing so.
그는 몇 번이고 벌받아 마땅했지만, 나는 꾹 참아 왔다.

---

220 속도를 더하다 ACCELERATE

accelerate
[æksélərèit]

a. 속도를 더하다(make quicker), 촉진하다(hasten)
opp. decelerate 감속하다

The driver **accelerated** his car.
운전사는 차의 속력을 더 냈다.
■ acceleration
n. 가속(도), 촉진

pace
[peis]

n. 속도, 걸음 v. 천천히 걷다

전진하다, 진보하다
Science progresses at a rapid **pace**.
과학은 빠른 속도로 발전한다.
go the **pace**
전속력으로 가다

■ keep pace with ~에 뒤지지 않다
■ make one's pace 서두르다, 보조를 맞추다

velocity
[vilásəti]

n. 속력, 속도

속도가 붙은
accelerated velocity
가속도

- at a velocity of ~의 속도로
- develop velocity 속력을 내다

tempo
[témpou]

n. 속도, 박자

the fast tempo of city life
도시 생활의 빠른 템포

hasten
[héisn]

v. 서두르게 하다, 재촉하다

낭비, 쓰레기
Haste makes waste.
서두르면 일을 망친다. (속담)
- haste
n. 서두름
- hasty
a. 성급한

---

221 맞이하다, 인사하다 GREET

greet
[griːt]

v. 맞이하다(receive), 인사하다(salute)

She greeted me by shouting "Good morning."
그녀가 내게 "안녕" 하며 인사를 했다.
- greeting
n. 인사

salute
[səlúːt]

v. 인사하다(greet), 경의를 표하다 n. 인사

salute a flag
국기에 경례하다

sneak
[sniːk]

v. 살금살금 가다, 훔치다(steal)

sneak around to the back door
뒷문으로 살금살금 돌아가다

access
[ǽkses]

n. 접근(approach), 출입, 병의 발작

■ **accessible**
a. 손에 넣기 쉬운, 접근이 쉬운

have access to ~에 출입할 수 있다
give access to ~에 접근을 허락하다

near
[niər]

v. 접근하다 a. 친근한, 가까운 ad. 가까이
opp. **far** 멀리, 훨씬

신경질의, 신경의
He got nervous as the day **neared**.
그 날이 다가옴에 따라 그는 초조해졌다.

approach
[əpróutʃ]

v. 접근하다, 문의하다 n. 접근, 입문서

on the **approach** of death
죽음에 임박해서

vicinity
[visínəti]

n. 근처, 주변(neighborhood), 접근

in the **vicinity** of Seoul
서울 주변에

approximate
[əpráksəmèit]

v. 접근하다(approach), 어림잡다(estimate)
a. 대략의, 비슷한

approximate count
대략적인 계산
■ **approximately**
ad. 대략, 거의

creep
[kriːp]

v. 기다, 슬며시 접근하다

The cat **crept** silently toward the mouse.
고양이는 쥐를 향해 살금살금 기어갔다.

adequate
[ǽdikwit]

a. 충분한(sufficient), 적절한(suitable)

an **adequate** person for the job
그 일에 맞는 적임자

sufficient
[səfíʃənt]

a. 충분한(enough, adequate) opp. deficient 부족한

30$ should be **sufficient** for a new pair of shoes.
새 신발 한 켤레를 사는 데 30달러면 충분할 것이다.

applicable
[ǽplikəbəl]

a. 적용할 수 있는, 적합한(suitable)

This rule is not **applicable** to foreigners.
이 규칙은 외국인에게 적용될 수 없다.

223 감탄하다　ADMIRE

admire
[ædmáiər]

v. 감탄하다, 칭찬하다 opp. despise 경멸하다

I **admired** him for his honesty.
나는 그의 정직함에 감탄했다.
■ admiration
n. 감탄, 칭찬

■ admire for ~에 감탄하다
■ admire as ~라고 칭찬하다

adore
[ədɔ́:r]

v. 숭배하다, 흠모하다(admire)

an **adoring** look
흠모의 표정
■ adoration
n. 의기양양, 승진

exalt
[igzɔ́:lt]

v. 찬양(칭찬)하다, 향상시키다(promote)

- exaltation
- n. 의기양양, 승진

applause
[əplɔ́:z]

n. 갈채, 칭찬

amidst a storm of **applause**
우레와 같은 박수 속에

- applaud
- v. 박수를 치다, 칭찬하다

224 나아가다 ADVANCE

advance
[ədvǽns]

v. 나아가다, 출세하다, (날짜를) 앞당기다
n. 전진, 승진, 선불
opp. retreat 퇴각, 은퇴, 물러서다

Napoleon's army **advanced** on Moscow.
나폴레옹의 군대는 모스크바를 향하여 진격했다.

- advancement
- n. 진보, 출세
- advanced
- a. 앞선

- in advance 미리, 선금으로
- in advance of ~에 앞서서, ~보다 나아가서

promote
[prəmóut]

v. 승진시키다, 조장하다(further), 장려하다

The self-interest **promotes** the disorder.
이기심은 무질서를 조장한다.

- promoter
- n. 후원자(patron)
- promotive
- a. 증진하는
- promotion
- n. 승진, 판매 촉진, 흥행

boost
[buːst]

v. 밀어 올리다(raise), 증진시키다(promote)
n. 후원, 증진

boost one's spirits
사기를 북돋우다

proceed
[prousíːd]

v. 진행하다, 착수하다, 고소하다

This problem **proceeded** from ignorance.
이 문제는 무지에서 비롯되었다.
- proceeding
n. 행동(conduct), 조치

225 이점, 편의 ADVANTAGE

advantage
[ədvǽntidʒ]

n. 이점, 편의, 이익

It is of great **advantage** to me.
그것은 내게 아주 유리하다.
- advantageous
a. 유리한

- take advantage of ~을 이용하다
- have the advantage of ~라는 이점이 있다
- to advantage 유리하게

benefit
[bénəfit]

v. 이익이 되다
n. 이익(advantage), 은혜

It is of great **benefit** to everyone.
그것은 누구에게나 유익하다.

incident
[ínsədənt]

n. 사건(event) a. 우연한

This is only a casual **incident**.
이것은 우연한 사고일 뿐이다.
- incidental
a. 부수적인, 우연한

event
[ivént]

n. 사건, 결과, 경기 종목

an **eventful** year
다사다난했던 한 해
- eventful
a. 사건이 많은, 중대한
- eventual
a. 결국의, 최후의

- in any event 좌우간, 여하튼 간에
- in the event 결국
- in the event of 만일 ~의 경우에는

phenomenon
[finámənàn]

n. 〈pl. phenomena〉 현상, 사건, 경이, (pl.) 현상

심리학의, 심리적인
psychological **phenomena**
심리 현상
- phenomenal
a. 현상의, 놀랄만한

affair
[əfɛ́ər]

n. 사건(occurrence), 일(matter), (pl.) 사무

foreign **affairs**
외교
주의하다, 신경 쓰다, 싫어하다
Mind your own **affairs**.
쓸데없이 참견 마라.

occur
[əkə́:r]

v. 일어나다(happen), 생각이 떠오르다

The accident **occurred** at midnight.
한밤중에 사고가 일어났다.
- occurrence
n. 발생, 사건

Day 18

aggravate
[ǽɡrəvèit]

v. 더욱 악화시키다, 화나게 하다

The lack of rain **aggravated** the already serious lack of food.
강우량의 부족은 기존의 심각한 식량 부족을 더 악화시켰다.
- aggravation
n. 분개

provoke
[prəvóuk]

v. 화나게 하다(vex), 부추기다 opp. soothe 달래다

The dog is very dangerous when **provoked**.
그 개를 화나게 만들면 매우 위험스럽다.
- provoking
a. 화가 나는, 귀찮은

displease
[displíːz]

v. 불쾌하게 하다(offend), 화나게 하다

I was **displeased** at her remarks.
나는 그녀의 말에 기분이 상했다.
- displeased
a. 불쾌한

tease
[tiːz]

v. (남을) 놀리다, 괴롭히다(annoy)

They **teased** me because I was fat.
그들은 내가 뚱뚱하다고 놀렸다.
- tease about ~에 대해 놀리다
- tease into 놀려서 ~하게 하다

irritate
[írətèit]

v. 짜증나게 하다, 자극하다

Very intense sunlight **irritated** my eyes.
너무 강렬한 햇빛이 내 눈을 자극했다.
- irritation
n. 역정, 초조, 자극제

torture
[tɔ́ːrtʃər]

v. 고문하다, 고통을 주다(annoy)
n. 고문(torment), 고뇌(agony)

torture a prisoner
죄인을 고문하다
the **tortures** of jealously
질투의 고통
- **torturous**
a. 고통스러운

vex
[veks]

v. 화나게 하다(irritate), 괴롭히다(torment)
opp. **please** 기쁘게 하다; 남의 마음에 들다

exasperate
[igzǽspərèit]

v. 격분케 하다(irritate)

- **exasperation**
n. 격분

integrate
[íntəgrèit]

v. ~을 합치다(unify), 인종차별을 철폐하다

social **integration**
사회적 인종 무차별
- **integration**
n. 통합(unification), 완성(completion), 인종차별의 폐지

- integrate into ~에 통합되다
- integrate with ~와 통합하다

utter
[ʌ́tər]

a. 전적인, 완전한(entire, total, complete) v. 발언하다, 표명하다

an **utter** stranger
생판 모르는 사람

violate
[váiəléit]

v. 위반하다(infringe), 방해하다(disturb), 모독하다
opp. **observe** 준수하다, 관찰하다

- **violation**
n. 위반, 방해(disturbance)

breach
[briːtʃ]

n. 위반(violation), 불화, 틈

a **breach** of contract
계약 위반

incite
[insáit]

v. 격려하다(encourage), 선동하다, 자극하다

관심, 이해관계

Interest is an **incitement** to study.
호기심은 공부하게끔 만드는 하나의 자극제이다.
- incitement

n. 자극(제), 선동, 동기

uplift
[ʌplíft]

v. (사기를) 돋우다

uplifting words
사기를 돋우는 말들

arouse
[əráuz]

v. 깨우다(awaken), 자극하다, 환기시키다

능력, 재능, 학부, 모든 교수들

arouse faculties
재능을 깨우치다

intoxicate
[intáksikèit]

v. (술에) 취하(게 하)다, 흥분시키다(excite)

He was **intoxicated** with the wine of victory.
그는 승리의 달콤한 술에 취해 있었다.

rouse
[rauz]

v. 깨우다(waken), 자극하다(excite)

A boat whistle **roused** me.
뱃고동 소리가 나를 깨웠다.

- rouse from ~에서 깨우다
- rouse to 분발시켜 ~하게 하다

stimulate
[stímjəlèit]

v. (감정을) 자극하다(excite), 활기를 띠게 하다

눈의

Light **stimulates** the optic nerve.
빛은 시신경을 자극한다.

stir
[stə:r]

v. 움직이다(move), 휘젓다, 분발시키다(rouse)
n. 흥분(excitement), 큰 소동 opp. **still** 고요하게 하다

He **stirred** sugar into his coffee.
그는 커피에 설탕을 넣어 휘저었다.

assist
[əsíst]

v. 돕다, 원조하다(help, aid) a. 보조의

She **assisted** me in my work.
그녀가 내 일을 도와주었다.
- **assistance**
n. 원조, 도움(help, support)
- **assistant**
n. 조수, 보조자

remedy
[rémədi]

v. 구제하다, 교정하다, 치료하다(cure)
n. 요법, 치유책, 약

지식, 학식
Knowledge is the best **remedy** for superstition. 미신
지식은 미신을 없애는 즉효약이다.
- **remediable**
a. 고칠 수 있는

aid
[eid]

v. 도와주다(help), 구원하다 n. 도움, 보조(물)

state **aid**
국가의 보조
first **aid**
응급치료

- in aid of ~를 돕기 위해
- by aid of ~의 도움으로

innovation
[ìnouvéiʃən]

n. 쇄신, 혁신

기술적인
technological **innovation**
기술 혁신
- **innovate**
v. 새롭게 하다, 혁신하다

reform
[riːfɔ́ːrm]

v. 개량하다(improve), 고치다(remedy) n. 개량

The committee decided to **reform** the system of education.
교육위원회는 교육제도를 개선하기로 결정했다.
- **reformation**
n. (the R-) 종교개혁

aim
[eim]

v. 겨누다 n. 표적, 목표

He **aimed** the gun carefully.
그는 조심스럽게 총을 겨누었다.
without **aim**
목적 없이

end
[end]

n. 끝, 목표(aim), 결과(result), 죽음

the **end** of the world
세상의 종말
The **end** justifies the means. → 옳다고 하다, 정당화하다
목적은 수단을 정당화한다.
- **ending**
n. 종료(finish), 최후, 죽음
- **endless**
a. 무한한(without end)

purpose
[pə́ːrpəs]

n. 목적(aim), 결의, 효과 v. ~하려고 생각하다(intend)

He went to France for the **purpose** of painting.
그는 그림 그릴 목적으로 프랑스에 갔다.
- **purposeful**
a. 목적이 있는, 중대한
- **purposeless**
a. 목적 없는

- on purpose 고의로, 일부러
- to the purpose 적절한, 요령 있는

target
[táːrgit]

n. 과녁, 표적(mark)

the **target** of jokes → 농담, 놀림
갖가지 희롱의 대상

intend
[inténd]

v. ~할 작정이다, 고의로 행하다

What do you **intend** to do today?
넌 오늘 무얼 할 작정이지?
- **intended**
a. 고의적인
- **intent**
n. 의도(intention), 목적(purpose)

- intend as ~을 의도하다
- intend for ~를 위해 만들다

landmark

[lǽndmaːrk]

n. 표지물, 지표(指標), 획기적인 사건

a landmark in history
역사에 획을 긋는 사건

epoch

[épək]

n. 신기원, 획기적인 일

epoch-making idea
획기적인 생각
- epoch-making
  a. 신기원을 이루는

symbol

[símbəl]

n. 상징(emblem), 심벌, 기호

A horseshoe is a **symbol** of good luck.
말의 편자는 행운의 상징이다.
- symbolism
  n. 상징주의, 상징파
- symbolic
  a. 상징적인
- symbolize
  v. 상징하다

miracle

[mírəkəl]

n. 기적, 경이

an economic **miracle**
기적과 같은 경제 발전
- miraculously
  ad. 기적적으로

omen

[óumən]

n. 조짐(portent), 징조

an ill **omen**
불길한 징조
- ominous
  a. 불길한, 험악한

AKIN

akin
[əkín]

a. 동족의, 동류의

불쌍히 여김, 동정
Pity is **akin** to love.
동정은 사랑에 가깝다.

alike
[əláik]

a. 서로 같은, 같은(equal), 마찬가지로

She treats all her children **alike**.
그녀는 자식들을 모두 똑같이 대한다.

resemble
[rizémbəl]

v. ~와 비슷하다(be like), 닮다

출현, 출연, 외관
She **resembles** her sister in appearance but not in character.
그녀는 언니와 성격은 다르지만 외모는 닮았다.
- resemblance
n. 유사

analogy
[ənǽlədʒi]

n. 유사함, 유추

- analogous
a. 비슷한(similar)

similar
[símələr]

a. 유사한, 닮은, 같은 종류의

My opinions are **similar** to his.
내 의견은 그의 견해와 같다.

- similar in ~에 있어서 유사한
- similar to ~과 유사한

connect
[kənékt]

v. 잇다, 접속하다

connected events
관련된 사건들
- **connected**
a. 관련된
- **connection**
n. 결합, 접속

■ connect closely 단단히 연결하다
■ connect to 연락하다, 연결하다

context
[kántekst]

n. 전후 관계, 문맥

You should tell the meaning of this word from its **context**.
너는 문맥 속에서 이 말의 의미를 파악해야 한다.

relate
[riléit]

v. 진술하다(narrate), 결부시키다(connect)

~외에는

I notice nothing except what **relates** to myself.
나와 관계된 일 외엔 아무런 관심도 없다.
- **related**
a. 관계있는, 친척의

relative
[rélətiv]

a. 관련된(related), 상대적인
n. 친척

위로, 위로가 되는 사람[것]

He is living in **relative** comfort.
그는 비교적 안락한 생활을 하고 있다.
- **relatively**
ad. 비교적, 상대적으로
- **relativity**
n. 관련성, 상대성

intercourse
[ìntərkɔ́:rs]

n. 교제, 교류

외교의, 외교상의

We have no diplomatic **intercourse** with that country.
우리는 그 나라와 외교 관계가 없다.

associate
[əsóuʃièit]

v. 교제하다, 연합하다, 연상하다, 관련시키다
n. (발음)조합원 a. 결합한
opp. dissociate 분리하다

an **associated** bank
조합은행

variety
[vəràiəti]

n. 다양성(diversity), 종류(kind)

■ various
a. 가지가지의(different), 다방면의(many-sided)

diverse
[divə́:rs]

a. 다른, 각종의(different, varied)

넓게, 크게
two widely **diverse** cultures
아주 다른 두 문화

diversify
[divə́:rsəfài]

v. 변화를 주다, 다양하게 하다(vary)

a **diversity** of methods
다양한 방법
■ diversity
n. 상이(difference), 차이점

vary
[vέəri]

v. 수정하다(change, alter), 변경하다(modify), 다르다(differ)

Opinions on this matter **vary**.
이 문제에 대한 의견은 가지각색이다.
Her mood is **variable**.
그녀는 변덕쟁이다.
■ variable
a. 변덕스러운(changeable), 변하기 쉬운
■ varied
a. 잡다한
■ variation
n. 변화(형), 변동(률)

■ vary as ~에 따라 변하다
■ vary with ~에 의해 변하다

substitute
[sʌ́bstitjùːt]

v. 대신하다 n. 대리인, 대용품

재떨이
He **substituted** a can for an ashtray.
그는 재떨이 대신 깡통을 썼다.

replace
[ripléis]

n. 대신하다, 제자리에 놓다(put back), 교환하다(exchange)

I **replaced** a worn tire with a new one.
나는 낡은 타이어를 새것으로 교환했다.
- ■ replacement
- n. 반환, 교환

transfer
[trænsfə́:r]

v. 옮기다(convey), 갈아타다(change) n. 이전, 갈아타는 역

commute
[kəmjú:t]

v. 교환하다(exchange), 경감하다, 통근하다

commute iron into gold
쇠를 금으로 바꾸다
- ■ commuter
- n. 통근자

■ commute from ~에서 통근하다
■ commute to ~로 통근하다, ~로 감형하다

transform
[trænsfɔ́:rm]

v. 변형시키다(change the shape), 바꾸다

A caterpillar is **transformed** into a butterfly.
유충은 나비로 탈바꿈한다.
- ■ transformation
- n. 변형, 변압

translate
[trænsléit]

v. 번역하다(interpret), 변형하다(transform), 설명하다
n. 번역, 해석

interpret
[intə́:rprit]

v. 해석하다, 통역하다

I'll **interpret** your silence as consent.
너의 침묵을 승낙으로 해석하겠다.

render
[réndər]

v. ~이 되게 하다, 주다, 번역하다, 표현하다, 갚다

Pennilessness **renders** me helpless.
나는 무일푼이라서 어찌해 볼 도리가 없다.

protest
[prətést]

v. 항의하다(object), 주장하다(declare), 단언하다
n. 항의, 불복

They refused to buy the company's goods in **protest** against the way it treated its workers.
그들은 회사 측이 노동자들을 처우하는 태도에 대한 항의 표시로 회사 상품에 대한 불매운동을 벌였다.

disobey
[dìsəbéi]

v. 거역하다, 위반하다

a **disobedient** child
반항아
- disobedient
a. 반항적인

state
[steit]

v. 말하다, 진술하다(express)
n. 상태, 신분(status), 위엄(dignity), 국가

in **state**
당당하게

object
v. [əbdgékt]
n. [ábdʒikt]

v. 반대하다 n. 물건, 목표

an **object** of hatred
증오의 대상

- with the object of ~할 목적으로
- for that object 그 취지로

previous
[prí:viəs]

a. 이전의(prior), 예비의(preceding)

a **previous** engagement
약속, 계약, 약혼
선약

precede
[priːsíːd]

v. ~에 앞서다, ~보다 중요하다

Work takes **precedence** over play.
노는 것보다 일이 먼저다.
- precedence, -cy
n. 선행, 우선권
- precedent
n. 전례

stock
[stɑk]

v. 사들이다 n. 재고품, 주(株), 저장, 가축

goods in **stock**
재고품
- stockbroker
n. 증권 중개인
- stock farming
n. 목축업

- be stocked with ~를 풍부하게 가지고 있다
- out of stock 품절된

preliminary
[prilímənèri]

n. 준비 a. 예비적인

a **preliminary** negotiation 협상
예비 교섭

allowance
[əláuəns]

n. 수당, 급여(금), 할인, 승인

retirement **allowance** 은퇴
퇴직금

- make allowance for ~을 참작하다
- at no allowance 참작하지 않고

permit
[pəːrmít]

v. 허가하다(allow) n. 허가(증), 면허(장)

Smoking is not **permitted** indoors.
실내에서는 금연이다.
with your **permission**
허락해 주신다면
- permission
n. 허가, 허락, 승인

license
[láisəns]

n. 면허(장), 허가

a driver's **license**
운전 면허증

concede
[kənsíːd]

v. 인정하다, 양보하다(yield), 부여하다

I **conceded** that he was right.
나는 그가 옳았음을 인정했다.
■ concession
n. 양보(yielding), 승인, 허가

recognize
[rékəgnàiz]

v. 인정하다(admit), 인식하다(identity)

He could **recognize** his old friend.
그는 오랜 친구를 알아볼 수 있었다.
■ recognition
n. 인식, 승인

grant
[grænt]

v. 인정하다, 용인하다(admit), 허락하다
n. 수여, 양도, 보조금

■ take it for granted that
당연하게 여기다

I **granted** that he was right.
나는 그가 옳다는 것을 인정했다.
We had taken for **granted** that he would help us.
그가 우리를 당연히 도와줄 것으로 여겼다.

qualify
[kwɑ́ləfài]

v. 자격을 주다, 간주하다

의료업에 종사하다

He obtained a **qualification** to practice medicine.
그는 개업의 자격을 취득했다.
■ qualification
n. 자격 부여, 면허

entitle
[entáitl]

v. 이름을 붙이다, 권리(자격)를 주다

If you fall once more, you are not **entitled** to try again.
한 번 더 실패하면 다시 할 자격이 없을 줄 알아라.

aloof
[əlúːf]

a. 냉담한 ad. 따로 떨어져서(apart), 초연히

He kept himself **aloof** from the others.
그는 남들로부터 초연하게 지냈다.
- aloofness
n. 초연함, 냉담

apart
[əpáːrt]

ad. 떨어져서(separately)

He has lived **apart** from his wife.
그는 아내와 떨어져서 살고 있다.

- come apart 산산이 흩어지다
- set apart 몫으로 따로 두다, 보류하다

indifferent
[indífərənt]

a. 무관심한(unconcerned), 냉담한, 평범한

She is **indifferent** to me.
그녀는 내게 냉담하다.
- indifference
n. 냉담(unconcern)

chilly
[tʃíli]

a. 차가운, 오싹한, 냉담한

It grew **chilly** when the fire went out.
불이 꺼지자 냉기가 감돌았다.

icy
[áisi]

a. 차가운, 냉담한

She gave me an **icy** look.
그녀는 나를 쌀쌀맞게 쳐다보았다.

glacier
[gléiʃər]

n. 빙하

Two thirds of the continent was covered in ice during
glacial periods.
빙하시대에는 대륙의 2/3가 얼음으로 덮여 있었다.
- glacial
a. 빙하의, 비우호적인, 냉담한

distant
[dístənt]

a. 거리가 먼, 쌀쌀한

distant past
아득한 과거
a **distant** air
냉담한 태도

공기, 이양, 공중

faraway
[fά:rəwèi]

a. 아득히 먼, 꿈꾸는 듯한

a **faraway** place
아득히 먼 곳

remote
[rimóut]

a. 먼, 먼 곳의(distant, far) opp. near 가까운

a **remote** place
외딴 곳
■ remotely
ad. 멀리 떨어져서

ultimate
[ʌ́ltəmit]

a. 가장 먼(farthest), 결정적인(decisive),
근본적인(fundamental), 최후의(last)

ultimate principles
근본 원리

원리, 원칙, 주의, 신념

basic
[béisik]

a. 근본적인(fundamental), 기본의

a **basic** wage
기본급
■ basically
a. 원래, 본래부터

go back to basics 기본으로 돌아가다
basic to ~에 있어 기초적인

inhere
[inhíər]

a. 타고나다

He has an **inherent** eye of beauty.
그는 미(美)에 대한 타고난 안목을 갖추었다.
- inherent
a. 타고난, 고유의

innate
[inéit]

a. 선천적인(inherent), 타고난(inborn)

an **innate** gift
천부적 재능

native
[néitiv]

a. 출생지의, 타고난, 원주민의, 소박한

a **native** of London
런던 태생
native beautiful
소박한 아름다움

- go native 현지인들처럼 행동하려 하다
- native and foreign 국내외의

spring
[spriŋ]

v. 뛰어오르게 하다, 도약하다
n. 봄, 용수철, 샘(fountain), 근원(source)

hot **springs**
온천
- springy
a. 탄력성이 있는

origin
[ɔ́ːrədʒin]

n. 기원(source), 출처(birth), 태생, 원문, 원물

the **origin** of civilization
문명의 기원
an **original** idea
독창적인 생각
- original
a. 원래의, 독창적인
- originate
v. 고안하다, 시작하다

source
[sɔːrs]

n. 원천, 출처, 원인, 소식통

This information came from a reliable **source**.
이 정보는 믿을 만한 소식통으로부터 나왔다.

substance
[sʌ́bstəns]

n. 본질(essence), 물질(matter), 실체, 취지

Salt is a useful **substance**.
소금은 유용한 물질이다.

in substance 사실상, 본질적으로

essence
[ésəns]

n. 본질, 실체

The **essence** of his religious teaching is love for all men.
그의 종교적 가르침의 본질은 만인을 사랑하라는 것이다.

instinct
[ínstiŋkt]

n. 본능, 천성

All living things have an **instinctive** dread of death.
살아있는 모든 것들은 죽음에 대한 본능적인 두려움을 갖고 있다.
- instinctive
a. 본능적인, 천성의

intrinsic
[intrínsik]

a. 본래의(essential), 고유의(inherent)

the **intrinsic** value of the gem
보석의 본질적 가치

radical
[rǽdikəl]

n. 급진주의자
a. 철저한, 근본적인(fundamental), 급진적인
opp. conservative 보수적인

fundamental
[fʌ̀ndəméntl]

a. 근본적인, 기본의(basic)

The new government has promised to make
fundamental changes.
새 정부는 근본적인 개혁을 하겠다고 약속했다.

thorough
[θə́ːrou]

a. 철저한(complete), 완벽한

a **thorough** search
철저한 연구
- thoroughfare
n. 도로, 통행

absolute
[ǽbsəlùːt]

a. 완전한, 절대적인(positive)
opp. relative 상대적인, 비교상의

There is no **absolute** to standard for beauty.
미(美)에 대한 기준은 절대적이지 않다.

positive
[pázətiv]

a. 적극적인, 긍정적인, 절대적인, 명확한

a **positive** proof
확증
- positivity
n. 적극성, 확실성, 명백

negative
[négətiv]

a. 부정적인, 소극적인

a **negative** answer to my request
내 요구에 대한 부정적인 대답
negative virtue
소극적 미덕

profound
[prəfáund]

a. 깊은, 심원한(deep), 철저한

- profundity
n. 심오, 깊이(depth)

drastic
[drǽstik]

a. 격렬한, 철저한

drastic changes
철저한 변화
- drastically
ad. 격렬하게, 과감히

fierce
[fiərs]

a. 사나운, 맹렬한, 격렬한(intense)

That dog is very **fierce**.
저 개는 아주 사납다.
fierce envy
격렬한 질투심

intense
[inténs]

a. 격렬한, 맹렬한(violent), 진지한(eager)

Intensive reading of a few books is better than careless reading of many.
많은 책을 대충대충 읽는 것보다 적은 책을 읽더라도 철저히 읽는 편이 낫다.
- intensive
a. 진지한, 철저한
- intensity
n. 강렬함

- intense cold 혹한
- intense pain 극심한 고통

serious
[síəriəs]

a. 진지한, 엄숙한

표현, 표현법, 표정

a **serious** expression on her face
그녀의 얼굴에 나타난 진지한 표정

sober
[sóubər]

a. 진지한, 취하지 않은, 냉정한

Was he drunk or **sober** at the time of the accident?
사고 당시 그는 술 취한 상태였습니까 아니면 맨 정신이었습니까?

239 격노한, 맹렬한 FURIOUS

furious
[fjúəriəs]

a. 격노한, 맹렬한(violent)
opp. mild 온화한, 온후한, 관대한

He is **furious** with anger.
그는 몹시 화가 나 있다.

violence
[váiələns]

n. 격렬함(intensity), 맹렬함(fury), 난폭

crimes of **violence**
폭행죄
a **violent** noise
굉장한 소음
- violent
ad. 맹렬한, 거친

wrath
[ræθ]

n. 격노, 격분(rage)

the **wrath** of God
신의 노여움

severe
[sivíər]

a. 엄한(strict), 엄격한(stern), 근엄한

Don't be too **severe** on him.
그를 너무 엄하게 대하지 마라.

stern
[stə́:rn]

a. 엄한(severe), 엄격한(strict), 단호한(firm)

stern resolve
굳은 결심
stern reality
냉혹한 현실

240 정확한, 엄격한　EXACT

exact
[igzǽkt]

a. 정확한(accurate), 엄격한(strict, severe)

Give me his **exact** words.
그가 한 말을 그대로 들려다오.
■ **exactness**
n. 정확, 정밀

■ **exact** to the letter 아주 정확한
■ to be **exact** 엄밀히 말하면

strict
[strikt]

a. 정확한(precise), 엄격한(stern, rigid)

strict orders
엄명
■ **strictly**
ad. 엄밀히

correct
[kərékt]

v. 고치다, 교정하다 a. 올바른, 정확한

a **correct** answer
정답
correct the errors
틀린 곳을 고치다

literal
[lítərəl]

a. 문자 그대로의, 정확한

a **literal** translation
직역
- literally
ad. 틀림없이, 글자 그대로

accurate
[ǽkjərit]

a. 정확한(correct), 엄밀한(precise)

Give me an **accurate** report of what happened!
무슨 일이 벌어졌는지 정확한 보고를 해라!
- accuracy
n. 정확성

punctual
[pʌ́ŋktʃuəl]

a. 시간을 엄수하는, 꼼꼼한

He is always **punctual** to the minute.
그는 언제나 시간을 잘 지킨다.
- punctuality
n. 시간 엄수

precise
[prisáis]

a. 명확한(definite), 정확한(exact), 꼼꼼한

a **precise** voice
분명한 목소리
precise calculation
정확한 계산
- precision
n. 정확, 명확

- to be more precise 더 정확히 말하자면
- at the precise moment 바로 그 때에

Day 19

fallacy
[fǽləsi]

n. 그릇된 생각, 오류

a statement based on fallacy
오류에 바탕을 둔 주장

rough
[rʌf]

v. 거칠게 하다 a. 거친, 난폭한(rude)
ad. 거칠게

rough weather
험궂은 날씨
rough manners
버릇없는 태도
■ **roughly**
ad. 거칠게, 대충

■ be rough on ~에게 가혹하게 굴다
■ have a rough time 쓰라린 일을 겪다

rugged
[rʌ́gid]

a. 거친, 억센, 울퉁불퉁한

rugged hills
울퉁불퉁한 언덕

harsh
[hɑ:rʃ]

a. 거친, 딱딱한, (기후가) 혹독한

He was so **harsh** to the poor old lady.
그는 가엾은 할머니를 너무 심하게 대했다.
harsh to the ear
귀에 거슬리는

rude
[ruːd]

a. 무례한(impolite), 거친(crude), 야만적인
n. 파멸, 파산, 파멸의 원인
opp. **civil** 정중한, 시민의, 문명의

It was very **rude** of her to leave without telling us.
그녀가 말 한마디 없이 떠나간 것은 아주 무례한 짓이었다.

barbarian
[bɑːrbɛ́əriən]

n. 야만인, 미개인 a. 원시적인, 교양 없는

Only a **barbarian** would not like the work of such a
great writer.
미개인만이 그런 위대한 작가의 작품을 좋아하지 않을 것이다.
- **barbarous**
- a. 야만스러운, 잔인한(cruel)

impolite
[ìmpəláit]

a. 버릇없는, 무례한(impudent)

가로막다
It is **impolite** to interrupt the speaker.
말을 가로막는 것은 버릇없는 짓이다.

insolent
[ínsələnt]

a. 무례한, 건방진(haughty), 오만한

What an **insolent** fellow you are!
너 참 방자한 녀석이로구나!

- **insolent in** ~이 건방진
- **insolent to** ~에 무례한

arrogant
[ǽrəgənt]

a. 오만한, 거드름 부리는
opp. **modest** 겸손한, 정숙한, 적당한

an **arrogant** official
거드름 피우는 공무원
- **arrogance, -cy**
- n. 오만, 거만

lofty
[lɔ́ːfti]

a. 높은(elevated), 고귀한, 거만한

경멸
He had a **lofty** contempt for others.
그는 거만스레 남을 깔보았다.

imperious

[impíəriəs]

a. 오만한(haughty) , 위풍당당한(commanding) ,
긴급한(urgent)

an **imperious** manner
오만한 태도

haughty

[hɔ́:ti]

a. 거만한, 건방진(arrogant)

You must not carry a **haughty** air.
오만불손한 태도를 취해서는 안 된다.

243 모욕하다

insult

[íns∧lt]

v. 모욕하다 n. 모욕, 무례(insolence)

He **insulted** me by calling me a pig.
그는 돼지라고 부르면서 나를 모욕했다.
■ insulting
a. 모욕적인, 무례한

despise

[dispáiz]

v. 경멸하다, 얕보다

I hate and **despise** that kind of cruel behavior.
나는 그런 잔혹한 행위를 증오하고 경멸한다.

disdain

[disdéin]

v. 경멸하다(scorn) n. 경멸, 모욕

■ disdainful
a. 경멸적인(scornful), 거만한

illiterate

[ilítərit]

n. 무식자 a. 무식한, 문맹의

About half the population is still **illiterate**.
여전히 인구의 절반 정도가 문맹이다.
■ illiteracy
n. 문맹, 무식

ignore
[ignɔ́:r]

v. 무시하다, 모른 체하다

True science teaches us to doubt and to free ourself from **ignorance**.
진정한 과학은 우리에게 의심하는 것과 무지에서 벗어날 것을 가르친다.
■ ignorance
n. 무지

disregard
[dìsrigá:rd]

v. 깔보다, 소홀히 하다(neglect) n. 무시

disregard an order
명령을 무시하다

(주석: 순서, 질서, 명령, 주문)

scorn
[skɔ:rn]

v. 업신여기다(despise) n. 멸시, 경멸

a **scornful** treatment
사람을 깔보는 처사
■ scornful
a. 경멸적인, 건방진

(주석: 취급, 대우, 치료, 처리)

contempt
[kəntémpt]

n. 경멸(disdain), 치욕, 굴욕

contempt of court
법정 모욕죄
■ contemptible
a. 경멸할 만한

(주석: ■ beneath contempt 경멸할 가치조차 없는 / ■ bring into contempt 창피를 주다)

despite
[dispáit]

n. 모욕(insult) prep. ~에도 불구하고

He came to the meeting **despite** his illness.
그는 아픈데도 불구하고 모임에 나왔다.

ridicule
[rídikjù:l]

v. 비웃다(laugh at), 놀리다 n. 비웃음, 조롱

Don't hold him up to **ridicule**.
그를 비웃지 마라.

sneer
[sniər]

v. 조롱하다, 경멸하다 n. 냉소

Don't **sneer** at their religion.
그들의 종교를 비웃지 마라.

(주석: 종교)

scoff
[skɔːf]

v. 조롱하다(sneer), 조소하다 n. 비웃음

He was the **scoff** of the world.
그는 세상의 웃음거리가 되었다.

mock
[mɑk]

v. 비웃다, 업신여기다 a. 모조의, 가짜의

a **mock** trial
모의재판
■ mockery
n. 비웃음(ridicule), 조롱거리

244 큰 소리로

aloud
[əláud]

ad. 〈동음어 allowed〉 큰 소리로(loudly)

read **aloud**
소리내어 읽다

loud
[laud]

a. 시끄러운, 화려한

loud music
시끄러운 음악
loud wallpaper
화려한 벽지

■ loud and clear 이해하기 아주 쉽게
■ out loud 소리내어

noisy
[nɔ́izi]

a. 시끄러운, 요란한

This office is very **noisy**.
이 사무실은 너무 시끄럽다.

whole
[houl]

a. ad. (동음어 hole) 전부, 완전한

The **whole** of the morning was wasted.
아침을 전부 허비했다.
as a **whole**
전체로서

- the **whole** truth 있는 그대로의 사실
- in **whole** 송두리째, 완전히

throughout
[θrú:áut]

ad. 어디든지, 전부 prep. ~동안

throughout one's whole life
일생을 통해

amend
[əménd]

v. 수정(개정)하다, 고치다(improve)

She **amended** her way of living.
그녀는 생활방식을 뜯어고쳤다.
- amendment
n. 수정, 개정
- amends
n. 배상, 변상

modify
[mádəfài]

v. 변경하다, 수정하다

modified capitalism
수정 자본주의

revise
[riváiz]

v. 개정하다(reform), 교정하다

revised edition
개정판

repair
[ripέər]

v. 수리하다, 고치다

beyond **repair**
고칠 수 없는
He **repaired** his health.
그는 건강을 되찾았다.

cure
[kjuər]

v. 치료하다, 없애다, 고치다(heal)

cure a bad habit
나쁜 버릇을 고치다

heal
[hi:l]

v. (병을) 고치다, (상처가) 낫다

The wound is not yet **healed**.
부상자들은 아직 완쾌되지 않았다.

machinery
[məʃíːnəri]

n. 기계류, 기계장치

Nowadays, most farm work is done by **machinery**.
오늘날 대부분의 농장 일은 기계로 한다.

mechanic
[məkǽnik]

n. 기계공, 수리공

a car **mechanic**
자동차 수리공

fix
[fiks]

v. 고정시키다, 확립시키다, 수리하다(mend)
n. 곤경, 난처한 입장

Let's **fix** a time for the meeting.
만날 시간을 정합시다.
I get into a **fix**.
나는 곤경에 처해 있다.
■ fixation
n. 고정, 편견

restore
[ristɔ́ːr]

v. 회복시키다, 복구하다

He **restored** the purse to its owner.
그는 지갑을 주인에게 돌려주었다.

resume

[rizú:m]

v. 다시 시작하다, 회복하다(recover), 되찾다

We'll stop now and **resume** working at two o'clock.
여기서 중단했다가 2시에 다시 작업에 들어갑시다.

compensate

[kámpənsèit]

v. 보상하다, 배상하다, 갚다

without **compensation**
무보수로
- compensation
n. 보상(금), 봉급(salary)

recover

[rikÁvər]

v. 회복하다, 되찾다(get back), 보상하다

He **recovered** consciousness soon after the accident.
그는 사고를 당한 후 곧 의식을 되찾았다.
- recovery
n. 회복

refresh

[rifréʃ]

v. 기운을 돋우다, 상쾌하게 하다(make fresh),
새롭게 하다(renew)
opp. **exhaust** 다 써버리다, 소진시키다, 피폐시키다

He **refreshed** himself with a short nap.
그는 잠깐 동안 낮잠을 자고 나니 기분이 상쾌해졌다.
- refreshing
a. 산뜻한
- refreshment
n. 원기 회복, 음식물

- refresh by ~에 의해 기분이 상쾌해지다
- refresh with ~로써 기분을 새롭게 하다

regain

[rigéin]

v. 되찾다, 회복하다

Lost wealth can be **regained** by industry and economy.
잃어버린 재산은 근면과 절약으로 다시 되찾을 수 있다.

revive
[riváiv]

v. 되살아나다, 부활하다, 소생시키다

Hope **revived** in me.
내 마음속에서 희망이 다시 살아났다.
- revival
n. 부활, 재생, 재상영

amid
[əmíd]

prep. ~가운데에(among), 한복판에

He worked **amid** books.
그는 책에 파묻혀 일했다.

midst
[midst]

n. 중앙, 한가운데

in the **midst** of
~의 한가운데에
first, **midst**, and last
시종일관

- in the very midst of ~의 한창때
- in one's midst ~중에

animate
[ǽnəmèit]

v. 활기를 불어넣다(enliven), 고무하다(inspire)
a. 살아 있는(living), 활기찬(lively)

웃음, 웃음소리
Laughter **animated** his face for a moment.
웃음이 잠시 동안 그의 얼굴에 생기를 돌게 했다.
- animated
a. 생기가 있는

inspire
[inspáiər]

v. 영감을 불어넣다, 고무하다(encourage), 격려하다(stimulate)

Poets often draw **inspiration** from nature.
시인은 종종 자연으로부터 영감을 얻는다.
- inspiration
n. 감화, 격려, 고무, 영감

breathe
[briːð]

v. 숨 쉬다, 쉬다(rest), 불어넣다

as long as one **breathes**
살아있는 한
breathe one's last
죽다
- breathless
a. 숨 가쁜
- breath
n. 호흡, 숨

encourage
[enkə́ːridʒ]

v. 격려하다(inspirit), 북돋우다

I was **encouraged** by his success.
그의 성공으로 나는 용기를 얻었다.

spur
[spəːr]

v. 박차를 가하다(urge) n. 박차, 격려, 자극

He needs the **spur**.
그는 자극 받을 필요가 있다.

impulse
[ímpʌls]

n. 충동, 충격, 자극(stimulus)

Many people are guided by **impulse** rather than reason.
많은 사람들은 이성보다 충동에 의해 이끌린다.
- impulsive
a. 충동적인

incentive
[inséntiv]

n. 자극, 동기(motive) a. 자극적인, 장려하는

incentive wage system
추가 수당 임금 제도

stress
[stres]

v. 강조하다(emphasize)
n. 압박, 스트레스, 중점(emphasis)

under **stress** of poverty
가난에 쫓겨서
the **stress** of city life
도시 생활의 스트레스

- lay stress on ~을 강조하다
- relieve stress 스트레스를 완화하다

tense
[tens]

v. 긴장하다 a. 팽팽한

순간, 때, 중요

a **tense** moment
긴장된 순간

emphasis
[émfəsis]

n. 강조, 강도, 힘, 중점(weight)

The dictionary puts an **emphasis** on examples.
그 사전은 예문에 중점을 둔다.

urge
[ə:rdʒ]

v. 강조하다, 격려하다(encourage), 재촉하다(hasten)
n. 압박, 충동

persecute
[pə́:rsikjù:t]

v. 박해하다, 귀찮게 조르다

the **persecuted** race
박해받는 민족
- persecutor
n. 박해자

oppress
[əprés]

v. 억압하다, 학대하다, 우울하게 하다

They have struggled against **oppression**.
그들은 압제에 대항하여 싸웠다.
the **oppressed**
학대받는 사람들
- oppression
n. 압박, 압제, 학대
- oppressor
n. 압제자, 폭군

bump
[bʌmp]

v. 부딪치다 n. 충돌

The car **bumped** the tree.
그 차는 나무에 쾅 부딪쳤다.
- bumper
n. 완충기

- bump up against ~와 우연히 만나다
- have a bump of ~에 재능이 있다

impact
[ímpækt]

v. 채워 넣다(pack) n. 충돌(collision), 충격

the **impact** of the two cars
두 차의 충돌

collide
[kəláid]

v. 충돌(격돌)하다(crash)

Many people were hurt when the two buses **collided**.
두 대의 버스가 충돌했을 때 많은 사람들이 다쳤다.
- collision
n. 충돌, 상충

fragment
[frǽgmənt]

v. 부서지다, 산산조각 나다 n. 파편, 단편

She dropped the bowl on the floor, and it broke into **fragments**.
그녀는 방바닥에 사발을 떨어뜨렸는데 산산조각이 나 버렸다.

crash
[kræʃ]

v. 깨지다, 부서지다 n. 추락, 충돌, 굉음

crush
[krʌʃ]

v. 으깨다, 뭉개 버리다

My hopes were **crushed**.
희망이 부서져 버렸다.

■ crush out 부수고 나가다
■ crush on 이성에게 반하다

smash
[smæʃ]

v. 박살 나다, 분쇄하다(shatter) n. 일격, 강타

a **smash** that sent his opponent to the floor
적수
적수를 바닥에 쓰러뜨린 일격

flake
[fleik]

n. 파편, 얇은 조각

a **flake** of stone
돌조각

fraction
[frǽkʃən]

n. 분수, 작은 조각(particle)

a **fraction** of a second
초
순식간에
■ fractional
a. 극히 작은

segment
[ségmənt]

v. 나누다, 분할하다
n. 조각(fragment), 부분(portion)

a **segment** of an apple
사과 한 조각

partial
[páːrʃəl]

a. 부분적인, 편파적인, 불공평한

An umpire shouldn't be **partial** to any of teams.
심판은 어느 팀도 편들어서는 안 된다.
- partiality
n. 불공평, 국부성, 편파

fracture
[frǽktʃər]

v. 삐다 n. 골절, 파손

He **fractured** his wrist.
그는 손목을 삐었다.

- a compression fracture 압박골절
- a stress fracture 피로골절

slice
[slais]

v. 얇게 썰다 n. 얇은 조각(piece)

a **slice** of bread
빵 한 조각

chisel
[tʃízl]

v. 조각하다 n. 정, 끌

She **chiseled** stone the figure of a lion.
그녀는 돌을 쪼아서 사자상을 만들었다.

engrave
[engréiv]

v. 새기다, 조각하다(carve), 명심하다

The terrible memory was **engraved** on my mind.
그 끔찍한 기억이 마음속에 각인되어 있었다.
- engraver
n. 조각가

carve
[kɑːrv]

v. 조각하다, 개척하다

He **carved** his name on a tree.
그는 나무에 자기 이름을 새겼다.
cf. **curve**(곡선)와 혼동하지 말 것

scrap
[skræp]

n. 토막, 단편, 조각

a **scrap** of paper
신문 스크랩

statue
[stǽtʃuː]

n. 조상(彫像)

Statue of Liberty
자유의 여신상

inscribe
[inskráib]

v. 기입하다, 새기다, 명심하다

inscribe a stone with one's name
돌에 이름을 새기다
- inscription
n. 명각(銘刻), 기입, 비문

- inscribe with ~을 써넣다
- inscribe in ~에 이름을 적다

sculpture
[skʌ́lptʃər]

v. 조각하다 n. 조각(술), 조각품

There are some important **sculptures** in this church.
이 교회에는 중요한 조각품이 몇 점 있다.
- sculptor
n. 조각가

answer
[ǽnsər]

v. 대답하다(reply), 부합하다, 책임지다

I will **answer** for her.
내가 그녀에 대해 책임지겠다.

■ **answer to** ~에 부합하다, 일치하다
■ **answer for** ~의 책임을 지다

reply
[riplái]

v. 대답하다(answer) n. 응답, 회답

No **reply** is best.
말대꾸 않는 것이 상책이다.

react
[ri:ækt]

v. ~에 반응하다(respond), 역행하다

They **reacted** against this system.
그들은 이 제도에 반기를 들었다.
the forces of **reaction**
반동 세력
■ **reactionary**
n. 반동주의자
■ **reaction**
n. 반작용, 반동, 역행

backward
[bǽkwərd]

a. 뒤쪽의, (진보 따위가) 늦은 ad. 거꾸로

a **backward** country
후진국
a **backward** spring
늦게 찾아온 봄

invert

[invə́:rt]

v. ~을 거꾸로 하다, 뒤집다

She caught the insect by **inverting** her cup over it.
그녀는 컵을 뒤집어서 벌레를 덮쳐 잡았다.

ANTIQUE

255 고대의, 구식의

antique

[æntí:k]

a. 고대의(ancient), 구식의 n. 골동품

from immemorial **antiquity**
까마득한 옛날부터
- antiquity
n. 고대, 고풍, (pl.) 고대의 풍습

- an antique dealer 골동품상
- an antique shop 고물상

immemorial

[ìmimɔ́:riəl]

a. 태고의, 아주 오래된

인류, 인간성, 인간애
Humanity have fought wars since time **immemorial**.
인류는 태곳적부터 전쟁을 해 왔다.

APPLIANCE

256 용구, 장치

appliance

[əpláiəns]

n. 용구(device), 장치

a safety **appliance**
안전장치

tackle

[tǽkəl]

v. 태클하다 n. 태클, 도구(equipment)

fishing **tackle**
낚시 도구

utensil
[juːténsəl]

n. 기구, 용구

cooking **utensils**
요리도구

- **utensil** of war 무기
- household **utensil** 가정용품

apparatus
[æpəréitəs]

n. 기구, 기계장치, (인체의)기관

외과의
a surgical **apparatus**
외과 수술 용구

outfit
[áutfit]

n. 장비(equipment)

an **outfit** for a camping trip
캠핑 장비

implement
[ímpləmənt]

v. 완성하다(complete), 수행하다(carry out)
n. 기구(instrument), 도구

결의, 해결
The committee's resolution will be **implemented**
immediately.
위원회의 결의안은 곧 실행으로 옮겨질 것이다.

instrument
[ínstrəmənt]

n. 도구, 기구, 악기, 수단(means)

문학, 문헌
Literature is one of the most powerful **instruments**
for forming character.
문학은 인격을 형성하는 데 있어 가장 효과적인 도구 중의 하나이다.
- instrumental
  a. 유용한(useful)

lever
[lévər]

v. 지레로 움직이다 n. 지레, 수단

Mind is the great **lever** of all things.
마음은 모든 것을 움직이는 숭고한 힘이다.

scale
[skeil]

n. 저울, (비유적으로) 재판(justice), 규모, 정도, 비늘, 물때

a spring **scale**
스프링 저울
on a small **scale**
소규모로

measure
[méʒər]

v. 측정(측량)하다, 비교하다
n. 측정, 치수, (pl.) 수단, 조치

A clock **measures** time.
시계는 시간을 측정한다.
■ measurement
n. 계량, 측량

dimension
[diménʃən]

n. 치수, (수학) 차원, (pl.) 크기

Length is one **dimension**, and width is another.
길이는 일차원이고 너비는 다른 차원이다.

---

257 기하학 GEOMETRY

geometry
[dʒi:ámətri]

n. 기하학
cf. algebra 대수학

space **geometry**
입체 기하학

radius
[réidiəs]

n. 반지름, 반경
cf. diameter 지름

one's **radius** of action
행동반경

magnitude
[mǽgnətjùːd]

n. 크기(size), 방대, 중요성

an event of great **magnitude**
중대한 사건

significance
[signífikəns]

n. 의미심장, 중대성(importance)

with a look of deep **significance**
의미심장한 표정으로

size
[saiz]

v. 재다(measure) n. 크기(bigness), 규모

of natural **size**
실물 크기의

258 안뜰, 재판소 COURT

court
[kɔːrt]

n. 안뜰(courtyard), 재판소, 막다른 골목

contempt of **court**
법정 모독

judge
[dʒʌdʒ]

v. 재판(심판)하다
n. 재판관, 법관

Judge whether he's right or wrong.
그가 옳은지 그른지 판단하여라.
■ judgment
n. 재판, 판정, 견해

■ as grave as a judge
자못 엄숙한, 진지한 체하는
■ judge by ~으로 판단하다

skim
[skim]

v. 걷어 내다, 대충 읽다, 미끄러지듯 가다

He **skimmed** a newspaper.
그는 신문을 대충 읽어 보았다.

assess
[əsés]

v. 자산을 평가하다, 부과하다(impose)

assess a tax on an income
수입세를 부과하다
- assessment
n. 과세, 평가

appreciate
[əpríːʃièit]

v. 평가하다(estimate), 음미하다, 값이 오르다
opp. **depreciate** 가치를 저하시키다

- appreciation
n. 평가, 이해, (값의) 등귀
- appreciative
a. 감사하는(grateful)

bill
[bil]

n. 계산서(account), 지폐, 법안, 어음

bill of sale
매도증서
- billboard
n. 게시판, 광고판

- support a bill 법안에 찬성하다
- break a bill 지폐를 바꾸다

receipt
[risíːt]

n. 영수증, 수취(受取)

Ask her to give you a **receipt** when you pay the bill.
계산할 때 그녀에게 영수증을 달라고 해라.
- reception
n. 수령, 환영

arithmetic
[əríθmətìk]

n. 산수, 셈, 계산(computation)

mental **arithmetic**
암산
My **arithmetic** is poor.
나는 계산에 서툴다.

calculate
[kǽlkjəlèit]

v. 계산하다(compute), 추정하다, 예상하다

Have you **calculated** the result?
결과를 예상하셨습니까?
- calculation
n. 계산, 예상

reckon
[rékən]

v. 계산하다, 간주하다, 생각하다

I **reckoned** him learned
나는 그가 학식 있는 사람이라고 생각했다.
- reckoning
n. 계산, 어림

regard
[rigá:rd]

n. 주의, 존중, (pl.) 안부 v. 간주하다

I hold her in high **regard**.
나는 그녀를 굉장히 존경한다.
- in regard to ~에 관해서는
- without regard to ~을 고려하지 않고

speculate
[spékjəlèit]

v. 깊이 생각하다(ponder, consider), 추측하다(guess), 투기하다

We can only **speculate** about what will happen next.
다음에 무슨 일이 일어날 것인지 단지 추측만 할 수 있을 뿐이다.
speculate in property
부동산 투기를 하다

260 그리다, 상상하다 PICTURE

picture
[píktʃər]

v. 그리다, 상상하다
n. 그림, 사진, 화신, (pl.) 영화

He is the **picture** of passion.
그는 정열의 화신이다.
- picturesque
a. 그림 같은, 생생한

conceive
[kənsíːv]

v. 상상하다(imagine), 임신하다

I cannot **conceive** such an accident. 사고, 우연, 우연한 일
그런 일은 상상할 수도 없다.

assume
[əsjúːm]

v. 가정하다(presume), ～인 체하다(pretend),
떠맡다(undertake) opp. render ～을 ～하게 하다, 주다

assume office
취임하다
■ assumption
n. 가정, 횡령, 건방짐

■ assume airs 젠체하다, 뽐내다
■ assume ignorance 모르는 체하다

presume
[prizúːm]

v. 가정하다, 짐작하다, 예상하다

■ presumption
n. 가정, 추정, 무례

---

261 자원　RESOURCE

resource
[ríːsɔːrs]

n. 자원, 수단, 재산, 기지(wit)

Education is Korea's most important **resource**.
교육은 한국의 가장 중요한 자산이다.
■ resourceless
a. 수완이 없는

diplomacy
[diplóuməsi]

n. 외교(술), 수완

초당파적인
bipartisan **diplomacy**
초당파적 외교

precaution
[prikɔ́ːʃən]

n. 조심, 예방 조치

We must take all the **precautions** against fire.
화재에 대비하여 만반의 조치를 취해야 한다.

procedure

[prəsíːdʒər]

n. 진행(progress), 조치, 절차 수속

legal procedure
소송절차

process

[práses]

v. 기소하다, 가공 처리하다
n. 경과(course), 과정, 방법(method), 처리

in process of time
시간이 지남에 따라

- procession
n. 행렬, 행진

apply

[əplái]

v. 적용하다, 신청하다, 몰두하다, 문의하다

an applicant for a position
구직자

- applicant
n. 지원자

apply for ~을 신청하다
apply to ~에게 신청하다

quest

[kwest]

v. 탐구하다 n. 탐색(search), 탐구

the long quest for a cure for the disease
질병 치료를 위한 오랜 탐구

research

[risə́ːrtʃ]

v. 연구(조사)하다 n. 연구, 조사(investigation), 탐구

intensive research
철저한 연구

expedition

[èkspədíʃən]

n. 원정, 탐사 여행

an expedition to photograph wild animals in Africa
아프리카 야생 동물을 촬영하기 위한 탐사

scrutinize
[skrú:tənàiz]

v. 세밀하게 조사하다

The teacher gave my homework a scrutiny.
선생님은 내 숙제를 꼼꼼하게 검토하셨다.
■ scrutiny
n. 세밀한 조사

search
[sə:rtʃ]

v. 탐색하다, 찾다 n. 탐색, 조사

■ searchlight
n. 탐조등

search out 찾아내다
in search of ~을 찾아서

explore
[iksplɔ́:r]

v. (미지의 세계를) 탐험하다, 조사하다, 진찰하다

explore the arctic regions
북극 지역을 탐험하다
■ explorer
n. 탐험가

monitor
[mánitər]

v. 조사하다, 모니터로 감시하다
n. (학급의) 반장, 권고자(admonisher)

inquire
[inkwáiər]

v. 묻다, 조사하다

We will inquire more deeply into the matter.
우리는 그 문제를 좀 더 철저히 조사할 것이다.
■ inquiry
n. 질문, 심문, 조사, 연구

inspect
[inspékt]

v. 조사하다, 시찰하다

The dentist inspected my teeth.
그 치과의사는 나의 치아 상태를 조사했다.
■ inspector
n. 검사관, 검열관

investigate

[invéstəgèit]

v. 세밀히 조사하다, 연구하다

The police **investigated** the cause of this accident.
경찰은 이 사건의 원인을 자세히 조사했다.
- investigation
n. 조사 보고, 기록, 논문

review

[rivjú:]

v. 자세히 살피다(survey), 복습하다 n. 복습

The airport authorities have promised to **review** their security arrangements.
공항 당국은 공항의 안전 계획을 재검토하겠다고 약속했다.

survey

[sə:rvéi]

v. 내려다보다(look over), 조사하다, 측량하다
n. 개관, 개설, 측량

Has the house been **surveyed**?
그 집은 측량되었나요?

- under survey 조사 중인, 측량 중인
- survey land 토지를 측량하다

263 궁리하다 CONTRIVE

contrive

[kəntráiv]

v. 궁리하다, 연구하다(devise)

contrive a robbery
강도(질)
강도질을 꾀하다
- contrivance
n. 고안, 발명

device

[diváis]

n. 궁리, 고안, (pl.) 계략, 장치(apparatus)

- devise
v. 고안하다, 궁리하다

hatch
[hætʃ]

v. 부화하다, 고안하다(contrive) n. 승강구

- hatchback
n. 위로 젖히는 뒷문이 달린 자동차

invent
[invént]

v. 고안하다(think out), 날조하다

Alexander Graham Bell **invented** the telephone.
알렉산더 그레이엄 벨이 전화를 발명했다.
- invention
n. 발명(품)

scheme
[skiːm]

v. 기획하다(plan), 고안하다(devise)
n. 계획(program), 음모(intrigue), 체계(system)

a **scheme** of education
교육 계획

design
[dizáin]

n. 설계, 디자인, 의도, (pl.) 음모 v. 기도하다(intend)

by **design**
고의로

system
[sístəm]

n. 계통, 체계, 제도

the solar **system**
태양계
the monetary **system** *화폐의*
화폐 제도

construct
[kənstrʌ́kt]

v. 짜 맞추다, 건설하다

under **construction**
공사 중
- construction
n. 구조, 건축

construct a railroad 철도를 부설하다
construct a theory 이론을 구성하다

structure
[strʌ́ktʃər]

n. 구조(constitution), 구성, 조직

the **structure** of the brain
뇌의 구조

project

v. [prədʒékt]
n. [prádʒekt]

v. 계획하다(scheme), 돌출하다 n. 계획, 기도

The management projected an increase of buildings.
경영진은 건물의 증설을 계획했다.
- projection
n. 발사, 투영, 계획

vital

[váitl]

a. 생명의(of life), 치명적인(mortal), 활발한(lively), 긴요한

vital force
생명력, 활력

- vital for ~에 필수불가결한
- of vital importance 극히 중대한

vivid

[vívid]

a. 선명한, 활발한

vivid in one's memory
기억에 선한

ardent

[áːrdənt]

a. 열렬한(eager, zealous), 강렬한

ardent eyes
이글거리는 눈
- ardently
ad. 열렬히

fiery

[fáiəri]

a. 불같은, 열렬한

a fiery temper
불같은 성질

vehement

[víːəmənt]

a. 강한, 격한(violent), 열렬한

a vehement denial
강한 부정

294

| **zeal**
[zi:l] | n. 열정, 열렬(fervor)

■ zealous
a. 열심인, 열렬한(fervent) |

| **intensify**
[inténsəfài] | v. 강하게 하다(strengthen), 격렬해지다

intensify one's efforts
더 한층 노력하다 |

| **increase**
[inkrí:s] | v. 증가하다, 증진시키다(intensify) n. 증가
Crime is on the **increase**.
범죄가 증가하고 있다.
■ increasingly
ad. 점점 더 |

| **multiply**
[mʌ́ltəplài] | v. 늘리다, 증가시키다(increase), 곱하다

Two **multiplied** by three is six.
2 곱하기 3은 6이다. |

265 매, 강경론자   HAWK

| **hawk**
[hɔːk] | n. 매, 강경론자, 협잡꾼(swindler)
opp. dove 온건 평화주의자 |

| **healthy**
[hélθi] | a. 건강한, 건강에 좋은

healthy country air
건강에 좋은 시골 공기 |

| **robust**
[roubʌ́st] | a. 건강한 opp. delicate 섬세한, 고운, 섬약한, 정밀한

a **robust** baby
건강한 아기 |

potent
[póutənt]

a. 강력한, 효력(효능) 있는, 성적 능력이 대단한 n. 가능, 잠재력

potent drinks
독한 술
- potential
a. 잠재적인

- potent over ~에 능력 있는
- potent leaders 강력한 지도자들

sound
[saund]

a. 건강한, 믿을 만한, 정직한 v. ~하게 들리다

A **sound** mind in a sound body.
건강한 신체에 건전한 정신이 깃든다.

wholesome
[hóulsəm]

a. 온건한, 건전한

Read **wholesome** books.
건전한 책을 읽으시오.

sane
[sein]

a. 건전한(sound), 제정신의(sensible)
opp. mad 미친, 몹시 흥분한, 열광한
　　insane 제정신이 아닌

No **sane** man would do such a thing.
제정신이라면 누구도 그런 짓을 하지 않을 것이다.

male
[meil]

a. 남자의, 강한

a **male** screw · 나사
수나사

female
[fíːmeil]

n. 암컷 a. 여성다운

feminine beauty
여성미
- feminine
a. 여자다운, 섬세한(delicate)

dove
[dʌv]

n. 비둘기(pigeon), 온건파

my **dove**
내 사랑(my darling)

region
[ríːdʒən]

n. 지방(district), 지대(area), 나라

a forest **region**
삼림지대
the **region** of the heart
심장부
- regional

a. 지방의, 국부의

area
[ɛ́əriə]

n. 면적(space), 지역(region), 영역(range)

the metropolitan **area** *주요 도시의*
수도권

countryside
[kʌ́ntrisàid]

n. 시골, 농촌 지역

a quiet village by the **countryside**
한적한 시골 마을

suburb
[sʌ́bəːrb]

n. 시외, (pl.) 교외, 변두리

I live in the **suburbs** of Seoul.
나는 서울 교외에서 살고 있다.
- suburban

a. 교외의

district
[dístrikt]

n. 관할구, 지역

a police **district**
경찰서 관할 구역
an electoral **district**
선거구

province
[prάvins]

n. 지역(district)

the **provinces**
지방

- be within one's province
~의 권한이다, ~의 전문 분야이다
- in the province of ~의 분야에서

neighbor

[néibər]

n. 이웃, 동포, 이웃 나라 v. 인접하다

Good fences make good **neighbors**.
좋은 울타리는 좋은 이웃을 만든다. (속담)
- neighborhood
n. 근처, 이웃 사람들

realm

[relm]

n. 왕국(kingdom), 분야, 부문

the **realm** of science
과학의 영역
the **realm** of commerce
상업계

scope

[skoup]

n. (능력의) 범위(compass), 정도(extent)

This subject was outside the **scope** of their inquiry.
이 문제는 그들이 조사할 영역 밖의 일이었다.

---

267 공, 지구, 세계

GLOBE

globe

[gloub]

n. 공(the globe), 지구, 세계

a **global** problem
세계적 문제
- global
a. 지구의, 세계적인

the whole habitable globe 전 세계
around the globe 전 세계적으로

orbit

[ɔ́ːrbit]

n. 궤도, 세력권

the earth's **orbit** round the sun
태양 주위를 도는 지구의 궤도

satellite
[sǽtəlàit]

n. 위성, 위성국(도시)

satellite cities
위성도시들

- launch a satellite
  인공위성을 쏘아 올리다
- orbit a satellite
  인공위성을 궤도에 올려놓다

cosmopolitan
[kàzməpálətən]

n. 세계인 a. 국제적인

New York is a **cosmopolitan** city.
뉴욕은 국제도시이다.

international
[ìntərnǽʃənəl]

a. 국가 간의, 국제적인

협의, 회의

an **international** conference
국제회의

frontier
[frʌntíər]

n. 국경(border), 변경, 새 분야

곤란

the hardships of **frontier** life
변경에 거주하는 개척자 생활의 고초

migrate
[máigreit]

v. 이동하다, 이주하다

Most birds **migrate** to warmer regions in winter.
대부분의 새는 겨울철에 따뜻한 곳으로 이동한다.
- migratory
a. 방랑성이 있는

immigrate
[íməgréit]

v. 이주하다, 이민 오다

- immigrant
n. 이주민, 이민

emigrate
[éməgrèit]

v. (다른 나라로) 이민 가다

They **emigrated** to America in the 1960s to find a new site of life.
그들은 새로운 삶의 터전을 찾아 1960년대에 미국으로 이민 갔다.
- emigration
n. 이민

degree
[digríː]

n. 정도, 계급, 신분, 학위

in some **degree**
어느 정도

- by degrees 점차
- in a degree 조금은

extent
[ikstént]

n. 범위(scope), 정도(degree), 넓이

to some **extent**
어느 정도까지
to full **extent**
충분히

limit
[límit]

n. 한계, 경계 v. 제한하다

There's a **limit** to a man's ability.
인간의 능력에는 한계가 있다.
- limitless
a. 한이 없는, 방대한

situation
[sìtʃuéiʃən]

n. 위치(position), 사정(circumstances), 국면

Situations wanted
구직

phase
[feiz]

n. (변화의) 단계, 국면

The political world entered upon a new **phase**.
정치권은 새로운 국면으로 접어들었다.

range
[reindʒ]

n. 범위(extent), 산맥 v. ~에 걸치다

a wide **range** of choice
넓은 선택범위

territory
[térətò:ri]

n. 영토, 분야, 세력 범위

We traveled through unknown **territory**.
우리는 미지의 땅을 여행했다.

local
[lóukəl]

a. 장소의, 지방의, 국부적인

a local paper
지방신문
- **locally**
ad. 국부적으로

rural
[rúərəl]

a. 시골의(rustic) opp. **urban** 도시의

rural life
전원생활
rural scenes
전원 풍경

장면, 무대, 경치

tenant
[ténənt]

v. 차용하다 n. 차용자, 소작인
opp. **landlord** 주인, 집주인, 지주

a tenant farmer
소작농

농부

cottage
[kátidʒ]

n. 시골집, 오두막(small house)

cottage industry
가내 공업

- love in a cottage
가난하지만 즐거운 결혼 생활
- a summer cottage
하계 시골 별장

medieval
[mì:díí:vəl]

a. 중세의

medieval history
중세 역사
medieval culture
중세 문화

duke
[dju:k]

n. 공작(公爵)

- **dukedom**
n. 공국(公國)
- **duchess**
n. 공작부인

feudal
[fjúːdl]

a. 봉건제도의

the **feudal** times
봉건시대
■ feudalism
n. 봉건제도

fortify
[fɔ́ːrtəfài]

v. 요새(성채)를 쌓다

a **fortified** city
요새화한 도시
Fort Apache
아파치 요새
■ fort
n. 성채, 보루, 요새
■ fortress
n. (작은) 요새

■ fortify against ~에 대비하여 강화하다
■ fortify with ~으로 기운을 북돋우다

urban
[ə́ːrbən]

a. 도시의

urban life
도시 생활

metropolis
[mitrápəlis]

n. 중심지, 수도

Seoul is a busy, active **metropolis**.
서울은 번화하고 활기 넘치는 대도시이다.

municipal
[mjuːnísəpəl]

a. 시(市)의, 지방자치의

회의, 평의회

the **municipal** council
시의회

governor
[gʌ́vərnər]

n. 관리자, 주지사

the **governor** of California
캘리포니아 주지사

position
[pəzíʃən]

n. 장소(location), 형세(situation), 처지(stand), 지위(rank), 소재지

He is placed in an awkward position.
그는 곤란한 처지에 처해 있다.

latitude
[lǽtətjùːd]

n. 위도(緯度), (pl.) 지대(地帶)
opp. longitude 경도

38 degrees north latitude
북위 38도

locate
[loukéit]

v. 소재를 파악하다, ~에 위치를 정하다

- location
n. 장소, 위치

horizon
[həráizən]

n. 수평선, 한계, 범위, 시야

Travel broadens one's horizons.
여행을 하면 시야가 넓어진다.
- horizontal
a. 지평상의, 수평의 opp. vertical 수직의

view
[vjuː]

n. 시야, 경치, 견해

a view of life
인생관
- viewer
n. (텔레비전) 시청자

- with a view to ~할 목적으로
- in view of ~이 보이는 곳에, ~을 고려하여

vision
[víʒən]

n. 선견지명(foresight), 환영, 시력

field of vision
시야

insight
[ínsàit]

n. 통찰력(penetrator), 직관력(intuition)

A poet must have the power of **insight**.
시인은 통찰력이 있어야 한다.
■ insightful
a. 통찰력이 있는

version
[və́:rʒən]

n. 의견, 견해

give one's **version**
의견을 말하다

intuition
[ìntjuíʃən]

v. 통찰력, 직관

■ intuitive
a. 직관적인

outlook
[áutlùk]

n. 전망, 견해, 감시대(watchtower)

a narrow **outlook**
속 좁은 견해
a window with an **outlook** on the sea
바다가 내다보이는 창

standpoint
[stǽndpòint]

n. 입장, 견지, 관점(viewpoint)

from an educational **standpoint**
교육적 견지에서 본다면

notion
[nóuʃən]

n. 개념(idea), 의견(opinion), 관념

an abstract **notion**
추상관념
■ notional
a. 관념적인

conception
[kənsépʃən]

n. 개념, 임신, 생각하는 힘

conception control
임신 조절

foresight
[fɔ́:rsàit]

n. 선견(지명), 통찰력

He is a man of **foresight**.
그는 선견지명이 있는 사람이다.

providence
[prɑ́vədəns]

n. 섭리, 선견지명, 조심, (P-) 하나님

We believe in Divine **Providence**.
우리는 신의 섭리를 믿고 있다.
■ provident
a. 선견지명이 있는, 조심스러운

273 투시도 PERSPECTIVE

perspective
[pə:rspéktiv]

n. 투시도, 원근법, 전망, 균형

You must see things in **perspective**.
사물을 균형 있게 바라보아야 한다.

spectacle
[spektəkəl]

n. 광경(sight), 구경거리, (pl.) 안경

a moving **spectacle**
감동적인 광경
a man in **spectacles**
안경을 낀 사람

■ make a spectacle of oneself
웃음거리가 될 행동을 하다
■ stage a spectacle 쇼를 공연하다

scene
[si:n]

n. (동음어 seen) 장면, 무대, 경치, 사건 현장

Act 1, **Scene** iii
1막 3장

prospect
[práspekt]

n. 경치(scene), 예상, 기대

The house has a fine **prospect**.
그 집은 전망이 좋다.
- prospective
a. 미래의, 예기된

- be in prospect 가망이 있다
- in prospect 예상하여

site
[sait]

n. 사건의 현장, 부지 v. 자리잡다

a house **sited** to catch the sunshine
양지 바른 터에 자리잡은 집

locality
[loukǽləti]

n. 소재지, (사건) 현장

the **locality** of a murder
살인 사건 현장

274 발생하다, 나타나다

ARISE

arise
[əráiz]

v. 발생하다(issue), 나타나다(appear)

Accidents **arise** out of carelessness.
사고는 부주의에서 비롯된다.

befall
[bifɔ́:l]

v. 일어나다(happen to), 생기다

What **befell** you?
무슨 일이 생겼니?

result
[rizʌ́lt]

v. 생기다 n. 결과

Sickness often **results** from a weak mind.
병은 종종 나약한 마음에서 생긴다.

- result from ~에 기인하다
- result in ~로 끝나다

generate
[dʒénərèit]

v. 만들어 내다(produce), (아이를) 낳다

Where there is money tragedy is **generated**.
돈이 있는 곳에 비극이 생긴다.
generation gap
세대 차
- generation
n. 세대, 발생, 동시대 사람들

emerge
[imə́:rdʒ]

v. (~속에서) 나타나다, 벗어나다

It **emerged** that the driver of the car had been drunk.
그 운전자는 술에 취해 있음이 드러났다.
- emergence
n. 출현

275 펼치다, 진열하다

DISPLAY

display
[displéi]

v. 펼치다(unfold), 진열하다(show) n. 전시

I must **display** goods in the store window.
나는 진열장에 상품을 전시해야 한다.

exhibit
[igzíbit]

v. 나타내다(show), 드러내다 n. 진열(품)

Do not touch the **exhibits**.
진열품에 손대지 마라.
- exhibition
n. 전시, 전람회, 진열품

imply
[implái]

v. 넌지시 나타내다, 암시하다(suggest)

Are you **implying** that I am not telling the truth?
내가 진실을 말하지 않는다는 것을 암시하는 겁니까?

haunt
[hɔːnt]

v. 자주 가다, (유령이) 출몰하다,
(추억, 생각 등이) 늘 붙어 다니다

I was **haunted** by his last words.
그의 마지막 말이 나의 뇌리를 떠나지 않았다.
- haunted
a. 유령이 나오는

represent
[rèprizént]

v. 묘사하다(describe), 대표하다

This picture **represents** Nelson dying at Trafalgar.
이 그림은 트라팔가에서 전사하는 넬슨 제독을 묘사하고 있다.

reveal
[rivíːl]

v. 폭로하다(disclose), 나타내다(display)

Do you promise not to **reveal** my secret?
비밀을 누설하지 않겠다고 약속하시겠어요?

unfold
[ʌnfóuld]

v. 펼치다, 털어놓다(reveal)

unfold a map
지도를 펴다

disclose
[disklóuz]

v. 드러나다(uncover), 밝혀내다(reveal)

He **disclosed** that he had been in prison.
그는 수감 중이었다고 밝혔다.

expose
[ikspóuz]

v. 드러내다, 진열하다, 폭로하다 opp. conceal 숨기다

He died of **exposure**.
그는 길가에서 죽었다.
- exposure
n. 노출, 폭로

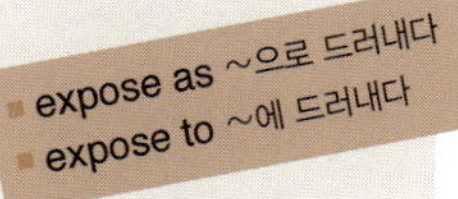

infer
[infə́ːr]

v. 추론하다(deduce), 의미하다, 암시하다

Your silence **infers** consent.
너의 침묵은 동의한다는 것을 암시한다.

deprive
[dipráiv]

v. 빼앗다, 이끌어 내다(deduce)

I always **deprive** knowledge from conversation.
나는 언제나 대화를 통해서 지식을 얻는다.
- deprivation
n. 빼앗기, 박탈

deduce
[didjúːs]

v. 추론하다(infer), 연역하다
opp. induce 권유하다, 야기하다

주의, 의견, 비평

I **deduced** from his remark that he didn't agree with me.
그의 말 속에서 그가 나와 의견이 같지 않음을 추론했다.
- deduction
n. 추론, 연역법

score
[skɔːr]

v. 기록하다 n. 20, 득점, (pl.) 다수

two **score** of eggs
달걀 40개

- on this score 이러한 이유로
- score under ~밑에 선을 긋다

indicate
[índikèit]

v. 가리키다, 지적하다(point out), 암시하다

A signpost **indicates** the right road for us to follow.
이정표는 우리가 가고자 하는 길을 가리켜 준다.
- indication
n. 지시, 징후

designate
[dézignèit]

v. 지적하다(indicate), 지명하다(name)

On this map red lines **designate** main roads.
이 지도에서 붉은 선들은 간선도로를 가리킨다.

enroll
[enróul]

v. 입회하다, 등록하다(record)

enroll one's name in the book fame
역사에 이름을 남기다

| **register** | v. 보이다, 등록하다(record) n. 등록부 |
| [rédʒəstər] | |

The thermometer **registered** 2 below zero.
온도계가 영하 2도를 가리켰다.
- **registration**
n. 등록

| **refer** | v. ~을 언급하다, 조회하다, 참조하다 |
| [rifə́:r] | |

refer to the Bible
성경을 참조하다
- **refer oneself to** ~에게 일임하다
- **refer to** ~을 언급하다

| **repeat** | v. 되풀이하다, 암송하다 |
| [ripí:t] | n. 반복, 복사 |

I **repeated** the word for emphasis.
나는 그 단어를 강조하려고 반복해서 말했다.
- **repeater**
n. 암송자, 연발총, 재수생

| **mention** | v. ~에 관해 말하다 |
| [ménʃən] | |

Don't **mention** it.
천만에요.

| **recite** | v. 암송하다 |
| [risáit] | |

I like **reciting** poetry.
나는 시 암송하기를 좋아한다.

dialogue
[dáiəlɔ̀:g]

n. 대화, 회담

a short **dialogue** between her and me.
나와 그녀 사이에 오고간 짧은 대화

converse
[kənvə́:rs]

v. 대화하다 n. 담화, 역(逆) a. 뒤바뀐

The **converse** is true.
그 역도 참이다.
■ conversion
n. 전환, 변환
■ conversation
n. 대화

colloquial
[kəlóukwiəl]

a. 이야기체의, 구어체의 opp. literary 문학의, 문어의

He is skilled in **colloquial** English.
그는 구어 영어에 능통하다.

slang
[slæŋ]

n. 비어, 속어

army **slang**
군대 속어

---

278 날카롭게 하다 POINT

point
[pɔint]

v. 날카롭게 하다(sharpen) n. 끝, 점(dot)

I **pointed** out his error.
나는 그의 잘못을 지적했다.

■ come to the point 중대한 대목에 이르다
■ at the point of ~의 순간에

recommend
[rèkəménd]

v. 추천하다, 충고하다, 권고하다(advise)

I **recommended** the young man to our firm.
나는 그 젊은이를 우리 회사에 추천했다.

nominate
[námənèit]

v. 지명하다(name), 임명하다(appoint)

I wish to **nominate** him for president.
그를 회장으로 추천하고 싶다.
- nomination
n. 지명, 임명
- nominee
n. 지명된 사람, 후보자

appoint
[əpɔ́int]

v. 임명하다, 지정하다, 약속하다

at the **appointed** date
지정된 날짜에
- appointment
n. 임명, 결정
- appointed
a. 결정된, 약속된

- appoint as ~으로 임명하다
- appoint to ~에 임명하다

aristocracy
[ǽrəstákrəsi]

n. 귀족정치(the aristocracy), 귀족계급

잘 생각하다, ~이라고 생각하다, 고려하다
He is considered the **aristocracy**.
그는 상류급 인사로 통한다.
- aristocrat
n. 귀족(nobleman)

privilege
[prívəlidʒ]

v. 특권을 부여하다, 면제하다(exempt) n. 특권

같음, 평등, 대등
the **privilege** of equality
평등의 권리
the **privilege** of private property
사유재산의 권리
- privileged
a. 특권 있는

responsibility
[rispɑ̀nsəbíləti]

n. 책임, 부담(charge)

I take **responsibility** for losing the money.
돈을 잃어버린 책임은 내게 있다.

duty
[djúːti]

n. 의무, 조세

customs **duties**
관세
a sense of **duty**
의무감
on **duty**
당번으로
- dutiful
a. 의무를 다하는, 공손한

liability
[làiəbíliti]

n. 책무, 의무, 빚

liability to pay taxes
납세의무
- liable
a. 책임져야 할

- accept a liability 책임을 지다
- exempt from liability 책임을 면제해 주다

owe
[ou]

v. 힘입다, 빚이 있다(be indebted)

He **owes** his success to good luck.
그의 성공은 행운 덕택이다.

due
[djuː]

n. 부과금 a. ~에게 빚지고 있는, 적당한

- due to ~때문에(owing to)

indebted
[indétid]

a. 빚이 있는, 은혜를 입고 있는(obliged)

I am **indebted** to you for your help.
도와주셨으니 내가 신세를 진 셈입니다.
- indebtedness
n. 부채, 채무

spontaneous
[spɑntéiniəs]

a. 자발적인, 자연발생적인
opp. **compulsory** 강제적인

a **spontaneous** cheer from the crowd
환호, 갈채
군중들이 내뱉는 자발적인 환호

voluntary
[vɑ́ləntèri]

a. 자발적인, 임의의

a **voluntary** army
의용군

- **volunteer**
  n. 자원 봉사자

arm
[ɑːrm]

n. 팔

arm in arm
서로 팔을 끼고

- **armful**
  n. 한아름

arms
[ɑːrmz]

n. 무기(weapon), 군사

작별
A Farewell to **Arms**
무기여 잘 있거라
bear **arms**
무장하다

army
[ɑ́ːrmi]

n. 육군(해군 navy, 공군 air force), 떼

떠나다, 그만두다, 남기다
leave the **army**
제대하다
an **army** of ants
개미 떼

- **enter the army** 입대하다
- **serve in the army** 병역에 복무하다

strategic
[strətíːdʒik]

a. 전략적인

strategic weapons
전략 무기
- strategy
n. 병법, 계략

armament
[ɑ́ːrməmənt]

n. (pl.) 군사력, 병기(weapons)

the reduction of **armaments**
군비 축소

military
[mílitèri]

a. 군사의, 육군의

military academy
육군사관학교
military draft
징병

might
[mait]

n. 힘, 권력

Might makes right.
힘이 곧 정의다.

sovereign
[sávərin]

n. 통치자, 군주 a. 최고의(highest), 자주적인

Sovereign power must lie with the people.
한나라의 주권은 국민에게 있어야 한다.
the **sovereign** good
지상선

govern
[gávərn]

v. 통치하다(rule), 억제하다, 결정하다

government offices
관공서
a **government** school
국립학교
- governor
n. 지배자, 장관
- government
n. 정치, 정부

- govern oneself 처신하다, 자제하다
- govern the tongue 말을 삼가다

reign
[rein]

v. 지배하다, 군림하다 n. 주권, 통치

The king **reigns**, but does not rule.
왕은 군림할 뿐 통치하지 않는다. (영국)

- **reign as** ~으로서 군림하다
- **reign over** ~을 다스리다

lord
[lɔːrd]

n. 통치자(ruler), (남에게) 군림하다

Man is the **lord** of creation.
인간은 만물의 영장이다.

창조, 천지창조, 창작, 창작물

warden
[wɔ́ːrdn]

n. 관리인, 감시자

the **warden** of an old people's home
양로원의 관리인

oversee
[òuvərsíː]

v. 감독하다, 단속하다(overlook)

to **oversee** the work
작업을 감독하다

---

282 작은 방, 세포
CELL

cell
[sel]

n. 작은 방, 세포

cells of the brain
뇌세포

organ
[ɔ́ːrgən]

n. 오르간, 생물의 기관(器官)

a mouth **organ**
하모니카
a sense **organ**
감각기관

<table>
<tr><td>biological
[bàiəládʒikəl]</td><td>n. 생물학(상)의

biological warfare
세균전
■ biology
n. 생물학
■ biologist
n. 생물학자</td></tr>
<tr><td>joint
[dʒɔint]</td><td>n. 이음매, 관절 a. 공동(합동)의

a joint committee
합동 위원회
■ jointly
ad. 합동으로</td></tr>
<tr><td>palm
[pɑ:m]</td><td>n. 손바닥

read one's palm
손금을 보다</td></tr>
<tr><td>wrist
[rist]</td><td>n. 손목, 관절

a wrist watch
손목시계</td></tr>
<tr><td>elbow
[élbou]</td><td>n. 팔꿈치, 굽은 관

at a person's elbow
가까이에</td></tr>
<tr><td>sole
[soul]</td><td>n. 발바닥, 구두창 a. 단 하나의(single)

the sole right of use
독점 사용권
the sole survivor
유일한 생존자
■ solely
ad. 단독으로(alone), 단지(only)</td></tr>
</table>

위원회

■ out of joint 탈구되어, 관절이 빠져
■ an elbow joint 팔꿈치 관절

eyebrow
[áibràu]

n. 눈썹

raise one's **eyebrows**
눈썹을 치켜 올리다

toe
[tou]

n. 발가락 opp. finger 손가락

from top to **toe**
철두철미

thumb
[θʌm]

n. 엄지손가락

all **thumbs**
솜씨 없는

■ by rule of thumb 어림으로, 경험으로
■ thumb one's nose 경멸하다

bosom
[búzəm]

n. 가슴(breast), 유방, 정(情)
v. 가슴에 품다(embrace)

the wife of your **bosom**
네 품의 아내 (성경)

breast
[brest]

n. 유방, 가슴(chest), 마음

a baby still at its mother's **breast**
젖먹이

chest
[tʃest]

n. 가슴(breast), 흉곽, 포장 상자

a **chest** of jewels
보석 상자

throat
[θrout]

n. 목구멍, 목

clear one's **throat**
헛기침을 하다

sneeze
[sniːz]

n. 재채기 v. 재채기하다, (口語) 코웃음 치다

He is not to be **sneezed** at.
그는 깔볼 만한 사람이 아니다.

muscle
[mʌ́səl]

n. 근육, 완력, 강제

His **muscles** were tight. 단단한, 빈틈이 없는
그의 근육은 단단했다.

bone
[boun]

n. 뼈, (pl.) 골격(skeleton) opp. flesh 살, 살집

My old **bones** ache.
늙은 삭신이 쑤신다.

skeleton
[skélətn]

n. 뼈대, 해골

He has been reduced to a **skeleton**. 줄이다, 진압하다
그는 하도 말라서 뼈만 앙상했다.

blood
[blʌd]

n. 피, 혈기, 가문

blood type
혈액형
Blood is thicker than water.
피는 물보다 진하다.
■ **bloody**
a. 피로 얼룩진

- in cold blood 냉혹하게, 예사로
- run in one's blood 혈통을 이어받다

flesh
[fleʃ]

n. 살, 육체

Tigers are **flesh**-eating animals.
호랑이는 육식동물이다.
His life was devoted to the pleasures of the **flesh**. 바치다
그는 육체의 쾌락을 좇아 일생을 바쳤다.

wrinkle
[ríŋkəl]

n. 주름, 구김살(fold)

iron out **wrinkles** 다림질하다
다림질을 하여 주름을 펴다

curl
[kəːrl]

n. 고수머리 v. 곱실해지다, 뒤틀다(coil up)

Smoke **curled** out of the chimney. 굴뚝
연기가 굴뚝에서 몸을 뒤틀며 올라갔다.

nerve
[nəːrv]

n. 신경, 체력(strength), (pl.) 신경과민

He is quite **nervous** about the results.
그는 그 일의 결과에 신경이 곤두서 있다.
- **nervous**
  a. 신경의, 초조한(irritable)
- **nerveless**
  a. 무기력한

- be all nerves 매우 신경과민이다
- hit a nerve 아픈 곳을 건드리다

pulse
[pʌls]

n. 맥박, (세상의) 동향, 감정

재다, 측정하다
The doctor began to measure my **pulse** rate per minute.
의사는 나의 맥박 수를 측정하기 시작했다.

lung
[lʌŋ]

n. 폐, 허파

lung cancer
폐암

beard
[biərd]

n. 턱수염
cf. mustache 코밑수염

Not all men have **beards**.
남자라고 아무나 턱수염이 나는 것은 아니다.
- **beardless**
  a. 풋내기의

Day22

FAINT

faint
[feint]

a. 희미한(dim), 약한(weak) v. 기절하다

I saw a **faint** light.
희미한 불빛을 보았다.

slender
[sléndər]

a. 호리호리한(slim), 가냘픈, 빈약한

a **slender** girl
호리호리한 아가씨
a **slender** earnings
얼마 되지 않는 수입

별기, (pl.) 소득, 수입

slim
[slim]

a. 빈약한, 가냘픈(slender)

You've **slimmed** down such a lot!
너 아주 날씬해졌구나!

scratch
[skrætʃ]

v. 문지르다, 할퀴다 n. 할퀴기, 긁힌 상처

Be careful of the cat; it'll **scratch** you!
그 고양이를 조심해라, 너를 할퀼지도 몰라!

sweat
[swet]

v. 땀흘리다, 땀흘리며 일하다
n. 땀(perspiration), 수증기, 힘든 일

He was **sweated** at his job.
그는 열심히 일했다.

■ all of a sweat 땀투성이가 되어
■ no sweat 간단히, 수월하게

gasp
[gæsp]

v. 숨을 헐떡이다 n. 숨막힘

to the last **gasp**
숨을 거둘 때까지

- gasp for ~을 갈망하다
- gasp one's last 숨을 거두다

choke
[tʃouk]

v. 질식하다(시키다) (suffocate)

He was **choked** with smoke.
연기 때문에 그는 숨이 막혔다.

suffocate
[sʌ́fəkèit]

v. 질식하다(시키다) (stifle)

The heat **suffocates** me.
더워서 숨이 막힌다.

smother
[smʌ́ðər]

v. 질식시키다, 숨막히다 n. 짙은 안개

He was **smothered** to death.
그는 질식해서 죽었다.

stifle
[stáifəl]

v. 질식시키다(smother), 억누르다(suppress)

a **stifling** hot day
숨이 막힐 정도로 찌는 더위
- stifling
a. 갑갑한

blink
[bliŋk]

v. 깜박거리다(wink), 힐끗 보다, 못 본 체하다

She **blinked** at my mistake.
그녀는 내 잘못을 보고도 못 본 체했다.

shudder [ʃʌ́dər]	v. 전율하다, 몸서리치다 n. 진저리 I **shuddered** at the sight of the dead body. 나는 시체를 보자 전율이 일었다.
throb [θrab]	v. (심장이) 고동치다, 떨리다 n. 맥박 흥분(상태) My heart was **throbbing** with excitement. 내 가슴은 흥분으로 두근거리고 있었다.
vibrate [váibreit]	v. 진동하다(시키다), 떨리다 ■ vibration n. 떨림, 진동
quiver [kwívər]	v. 진동하다(shake), 떨리다(tremble) n. 전율 무서움, 불안 I **quivered** with fear. 나는 무서워서 떨었다.
shiver [ʃívər]	v. 떨다(tremble) n. 전율 I am **shivering** all over. 전신이 와들와들 떨린다. ■ give a person the shivers ~를 떨게 하다 ■ shiver in one's shoes 부들부들 떨다, 겁내다

286 징후, 증상 — SYMPTOM

symptom [símptəm]	n. 징후(sign), 증상 취급, 대우, 치료(법), 처리 a **symptomatic** treatment 증상에 따른 치료법 ■ symptomatic a. 증상을 나타내는

fever
[fíːvər]

n. 열, 열병, 흥분(상태), 열광(craze)

He has a high **fever**.
그는 열병을 앓고 있다.
■ feverish
a. 열이 있는, 흥분한

cancer
[kǽnsər]

n. 암

lung **cancer**
폐암
cancer of the stomach
위암

plague
[pleig]

v. 돌림병에 걸리게 되다, 괴롭히다
n. 악성 돌림병, 페스트, 불행

A **plague** on it!
염병할, 제기랄!

cripple
[krípl]

v. 손상하다 n. 불구자

war **cripples**
상이군인
a mental **cripple**
정신적 불구자

limp
[limp]

v. 절뚝거리다 n. 발을 절기

walk with a **limp**
절뚝거리며 걷다

bruise
[bruːz]

v. 상처를 입히다(injure) n. 타박상

She fell and **bruised** her knee.
그녀는 넘어져서 무릎이 깨졌다.

numb
[nʌm]

v. 마비시키다 n. 마비된, 저린

My fingers are **numb** with cold.
추워서 손가락이 마비되었다.

paralyze, -se
[pǽrəlàiz]

v. 마비시키다, 무력하게 하다 n. 중풍 환자

Her legs were **paralyzed**.
그녀의 다리는 마비되었다.
- paralysis
  n. 중풍, 마비
- paralytic
  a. 무능력한, 마비성의

sting
[stiŋ]

v. 쏘다, 괴롭히다
n. 침, 가시, 고뇌, 괴로움

His conscience **stung** him.
양심이 그를 괴롭혔다.

- have a sting in the tail
  (말 등의) 뒷맛이 나쁘다
- have no sting in it
  자극이 없다

bleed
[bliːd]

v. 피를 흘리다

He **bled** for democracy.
그는 민주주의를 위해 피를 흘렸다.

287 장례식   FUNERAL

funeral
[fjúːnərəl]

n. 장례식 a. 장례식의

a **funeral** procession   행렬 행진
장례 행렬

coffin
[kɔ́ːfin]

v. 관에 넣다 n. 관(棺)

in one's **coffin**
죽어서

cemetery
[sémətèri]

n. 매장지, (공동)묘지(graveyard)

sleep in the **cemetery**
묘지에 잠들다

tomb
[tu:m]

v. 매장하다(entomb) n. 무덤(grave)

the **tomb**
죽음(death)
- tombstone
n. 묘비, 묘석

grave
[greiv]

n. 무덤(tomb), 분묘 a. 중대한(serious)

on this side the **grave**
이승에서
- gravestone
n. 묘비

- from cradle to grave
요람에서 무덤까지
- in one's grave 죽어서

surgeon
[sə́:rdʒən]

n. 외과 의사 opp. physician 내과 의사

- surgery
n. 외과 opp. medicine 내과

recur
[rikə́:r]

v. 재발하다, 되풀이하다

약, 의학

If the pain **recurs**, take this medicine.
만약 통증이 재발하면 이 약을 드십시오.
- recurrence
n. 재발

nutrition
[nju:tríʃən]

n. 영양, 음식물(food)

불충분한
insufficient **nutrition**
영양 부족
- malnutrition
n. 영양실조

thermometer
[θərmámitər]

n. 온도계

a clinical thermometer
체온계

hospitalize
[háspitəlàiz]

v. 입원시키다

He was **hospitalized** for a month.
그는 한 달 동안 입원해 있었다.

incurable
[inkjúərəbəl]

a. 불치의

an **incurable** disease
불치병

sanitary
[sǽnətèri]

a. 위생상의(hygienic), 청결한(clean)

It's not very **sanitary** to let flies come near food.
파리가 음식물로 날아들도록 내버려 두는 것은 위생상 좋지 못하다.
■ sanitarium
n. 요양소

hygiene
[háidʒiːn]

n. 위생학(hygienics), 청결

He studies mental **hygiene**.
그는 정신 위생학을 연구한다.
■ hygienic
a. 위생학의, 건강에 좋은

■ practice hygiene 청결하게 하다
■ dental hygiene 치과 위생

clinic
[klínik]

n. 진료소, 상담소

The **clinic** is near the station.
그 진료소는 역 근처에 있다.
a speech **clinic**
언어 교정소

medical
[médikəl]

n. 신체검사 a. 의학의, 의술의

a **medical** examination
건강 진단
■ medicine
n. 의약품, 약물, 내과

pill
[pil]

n. 환약, 알약
cf. powder medicine 가루약
liquid medicine 물약

tablet
[tǽblit]

n. 알약, 정제, 패

a memorial tablet
기념패   기념의

---

glimpse
[glimps]

v. 힐끗 보다(glance) n. 힐끗 봄, 일별

catch a **glimpse** of ~
~를 힐끗 보다

glance
[glæns]

v. 힐끗 보다, 얼핏 보다 n. 힐끗 보기, 번득임

I **glanced** round the room before I left.
나는 길을 떠나기 앞서 방 안을 둘러보았다.

gaze
[geiz]

v. 응시하다 n. 주목, 응시

He **gazed** after the ship regretfully.   유감스러운 듯
그는 섭섭한 듯 떠나는 배에 눈길을 던졌다.

peer
[piər]

v. 응시하다, 자세히 들여다보다 n. 동료

She **peered** down a well.   우물
그녀는 우물 속을 들여다보았다.
■ peerage
n. 귀족계급

stare
[stɛər]

n. 뚫어지게 쳐다보다(gaze) n. 응시

He sat **staring** into space, thinking.
그는 생각에 잠겨 허공을 응시하며 앉아 있었다.

sight
[sait]

n. 〈동음어 site, cite〉 시력, 명소, 광경

Out of **sight**, out of mind.
눈에서 멀어지면 마음마저 멀어진다. (속담)
■ sightseeing
n. 관광, 유람

behold
[bihóuld]

v. 바라보다(look at, see)

■ beholder
n. 구경꾼(spectator)

audience
[ɔ́:diəns]

n. 청중, 관객, 시청자, (공식적) 접견

the **audible** limit
가청한계
■ audible
a. 들을 수 있는

■ in general audience 공개 석상에서
■ give audience to ~를 접견하다

deaf
[def]

a. 귀가 먼, 귀머거리의

deaf-aid
보청기

mute
[mju:t]

n. 벙어리 a. 말이 없는(silent), 벙어리의(dumb)

■ mutely
ad. 무언으로

dumb
[dʌm]

a. 벙어리의, 과묵한(mute)

The terrible news struck us all **dumb**.
무서운 소식에 우리들은 모두 말문이 막혔다.

click
[klik]

v. 짤까닥 소리 나다

The door **clicked** shut.
문이 찰칵 소리를 내며 닫혔다.

slam
[slæm]

v. 쾅 닫다

Please, don't **slam** the door.
문을 쾅 닫지 마세요.

slap
[slæp]

v. 찰싹 때리다

She **slapped** him on the cheek.
그녀는 그의 따귀를 때렸다.

- at a slap 갑자기
- have a slap at ~와 싸우다

snap
[snæp]

v. 딱 하고 부러뜨리다, 덥석 물다 n. 걸쇠, 스냅사진
a. 성급한

whistle
[hwísəl]

v. 휘파람을 불다

He **whistled** to me from the other side of the street.
그는 길 건너편에서 내게 휘파람을 불었다.

eatable
[íːtəbəl]

n. (pl.) 식료품 a. 먹을 수 있는, 식용의

eatables and drinkables
먹을 것과 마실 것

scent
[sent]

n. 냄새, 향수, 단서

the **scent** of roses
장미 향기

- cold scent 희미한 냄새(자취)
- follow up the scent
단서를 따라 추적하다

perfume
[pə́ːrfjuːm]

v. 향기롭게 하다 n. 향기, 향수(scent)

맛 좋은, 맛있는
a delicious **perfume**
상쾌한 향기

odo(u)r
[óudər]

n. 냄새(smell, scent), 향기

the **odor** of fresh grass
신선한 풀 냄새

fragrance
[fréigrəns]

n. 냄새, 향기

This soap is made in several **fragrances**.
이 비누는 몇 가지 향을 넣어 만들었다.
- fragrant
a. 향기로운, 즐거운

spice
[spais]

n. 양념(condiment), 향미(향신)료, 정취

I don't like **spicy** food.
향료가 들어간 음식은 좋아하지 않는다.
- spicy
a. 양념 맛이 강한

smell
[smel]

v. 냄새를 맡다 n. 후각, 향기

신비
He **smelled** out a mystery.
그는 비밀을 알아냈다.

| **flavo(u)r**
[fléivər] | v. 맛을 내다 n. (특유의) 맛, 향기

It is a book with the **flavor** of the sea.
이 책에는 바다의 향기가 묻어 있다.
■ flavo(u)ring
n. 조미료 |
| **savor**
[séivər] | v. 맛이 나다, 음미하다 n. 맛, 향미(flavor)

She drank the wine, **savoring** every drop.
그녀는 포도주를 한 모금씩 음미하면서 마셨다. |

flock [flɑk]	n. 양, 떼 v. 떼를 짓다 Birds of a feather **flock** together. 깃이 같은 새는 한데 모인다. (속담) ■ flock out 떼를 지어 나오다 ■ the flower of the flock 군계일학
beast [biːst]	n. 짐승(animal), 동물, 거친 사람 wild **beast** 야수 ■ beastly a. 짐승 같은, 추잡한
bull [bul]	n. 황소 cf. cow 암소, 젖소
calf [kæf]	n. 송아지 **calf** love 풋사랑

lamb
[læm]

n. 새끼 양, 새끼 양의 고기, 순진한 사람

behave like a lamb
얌전히 행동하다

- a sacrificial lamb 희생양
- a wolf in a lamb's skin 양의 탈을 쓴 늑대

salmon
[sǽmən]

n. 〈단, 복수 동형〉 연어

canned salmon
연어 통조림

goat
[gout]

n. 염소, 바보

act the goat
바보짓을 하다

paw
[pɔː]

n. (짐승의) 발 v. 발로 긁다

The puppy pawed at the door.
강아지가 발로 문을 긁어 댔다.

pigeon
[pídʒən]

n. 비둘기

a carrier pigeon
전서구(傳書鳩)

goose
[guːs]

n. <pl. geese> 거위, 얼간이

All his geese are swans.
자기 것이면 거위도 백조(속담)

| **cage**
[keidʒ] | v. 우리에 넣다 n. 새장, 감옥

a **caged** bird
새장 속의 새 |

| **buzz**
[bʌz] | v. 윙윙거리다 n. 웅성거림

The crowd **buzzed** with excitement.
군중들이 흥분하여 웅성거리고 있었다. |

| **flutter**
[flʌ́tər] | v. 퍼덕이다, 펄럭이다

The dead leaves were **fluttering**.
낙엽이 휘날리고 있었다. |

■ be in a flutter
가슴이 두근거리고 있다
■ make a great flutter
세상을 떠들썩하게 하다

| **feather**
[féðər] | n. 깃털, 조류

Fine **feathers** make fine birds.
옷이 날개다. (속담) |

| **worm**
[wəːrm] | v. 기어 들어가다 n. 벌레

Even a **worm** will turn.
지렁이도 밟으면 꿈틀거린다. (속담) |

| **insect**
[ínsekt] | n. 곤충, 벌레, 벌레 같은 인간

■ insecticide
n. 살충제 |

| **germ**
[dʒəːrm] | n. 병원균, 세균

a **germ** carrier
보균자 |

tame
[teim]

a. 길들인(domesticated), 온순한(gentle)

a **tame** animal
길들여진 동물

meek
[mi:k]

a. 온순한(mild), 굴종적인

a **meek** eyed cow
순한 눈을 가진 황소

domestic
[douméstik]

a. 가정의, 국내의

domestic relations court *관계*
가정법원

domestic science
가정학

- domesticate
v. 길들이다(tame)

indoor
[índɔ̀ːr]

a. 실내의, 집 안의 opp. **outdoor** 집 밖의

indoor sports
실내 스포츠
stay **indoors**
집 안에 틀어박히다

- indoors
ad. 실내에(within doors)

inland
[ínlənd]

a. 내륙의, 국내의(domestic)

inland trade *무역, 상업*
국내 거래

internal
[intə́ːrnl]

a. 내부의 opp. **external** 외부의

internal damage *손해*
내부 손상

- for internal use 내복용
- internal troubles 내분

nourish
[nə́ːriʃ]

v. (영양분을) 주다, 기르다(feed)

Good books **nourish** people's mind.
좋은 책은 사람의 마음을 살찌운다.
- nourishing
  a. 자양분이 많은

cultivate
[kʌ́ltəvèit]

v. 경작하다, 기르다

cultivate the soil
땅을 갈다
cultivate a love of art
미술에 대한 사랑을 키우다
- cultivation
  n. 경작, 육성
- cultivated
  a. 경작된, 세련된

culture
[kʌ́ltʃər]

n. 경작, 문화, 교양

cultural studies
교양과목
cultural goods
문화재
- cultural
  a. 재배의, 교양의

- develop a culture 문화를 발달시키다
- bring culture to ~에 세련미를 더하다

educate
[édʒukèit]

v. 교육하다, 길들이다, 기르다(cultivate)

He was **educated** at a very good school.
그는 아주 훌륭한 학교에서 교육받았다.
- educated
  a. 교양 있는

breed
[briːd]

v. 기르다(raise), 낳다, 새끼를 낳다

Ignorance **breeds** prejudice. 편견
무지는 편견을 낳는다.

nurse

[nəːrs]

v. 기르다, 간호하다 n. 간호사, 유모

She **nursed** him back to health.
그녀는 그를 간호해서 건강을 되찾게 했다.
a **nursery** tale
동화
a **nursery** song
자장가
- **nursery**
n. 어린이방, 육아실

- at nurse 보모에게 맡기어
- nurse through ~동안 간호하다

glide

[glaid]

v. 미끄러지다, 흘러가다, 활공하다 n. 활주

The years **glided** by.
어느덧 세월이 흘러갔다.

soar

[sɔːr]

v. 하늘 높이 날다(glide), (물가가) 급등하다

soaring hopes
부푸는 희망
soaring prices
치솟는 물가

---

297 목초지, 초원 MEADOW

meadow

[médou]

n. 목초지, 초원

올리다, 기르다, 세우다
They raised many cows and sheep in the **meadow**.
그들은 목초지에서 많은 소와 양을 길렀다.

plant

[plænt]

v. (초목을) 심다, (씨를) 뿌리다(sow), 놓다
n. 식물, 초목, 장치(apparatus), 공장(mill)

a printing **plant**
인쇄 공장
- **planter**
n. 재배자

338

seed
[siːd]

v. 씨를 뿌리다 n. 씨, 종자

She planted the **seeds** of mistrust among them.
그녀는 그들 사이에 불신의 씨앗을 심었다.
- seedbed
n. 모판, 못자리

moss
[mɔ(:)s]

n. 이끼

A rolling stone gathers no **moss**.
구르는 돌에는 이끼가 끼지 않는다.
- mossy
a. 이끼가 낀

lawn
[lɔːn]

n. 잔디(밭)

a **lawn** mower
잔디 깎는 기계

STEM

stem
[stem]

v. 유래하다, 막다 n. 줄기

His failure **stemmed** from his indolence.
그는 게을러서 실패했다.
- stem from ~에서 유래하다
- from stem to stem 철저히

leaf
[liːf]

n. 잎, 잎사귀, 낱장

turn over a new **leaf**
마음을 고쳐먹다
- leaflet
n. 작은 잎, 삐라

blossom
[blásəm]

v. 꽃피다(bloom), 번영하다 n. 꽃, 개화, 청춘, 전성기

a blossoming friendship
무르익은 우정

bud
[bʌd]

v. 싹트다 n. 싹, 꽃봉오리

The plant will come into **bud** in spring.
그 식물은 봄에 싹이 틀 것이다.

sprout
[spraut]

v. 싹트다 n. 새싹(shoot), 새눈

leaves beginning to **sprout**
움트기 시작하는 나뭇잎

vein
[vein]

n. 잎맥, 정맥, 혈관(blood vessel), 기질
opp. artery 동맥

a romantic **vein**
낭만적 기질

weed
[wiːd]

n. 잡초

The garden is full of **weeds**.
정원엔 잡초만 무성하다.

branch
[bræntʃ]

v. 갈라지다 n. 가지, 지점(支店), 학과
cf. bough 큰 가지
　　twig 잔가지
　　vine 덩굴, 포도나무

- branch off 갈라지다, 옆으로 빗나가다
- branch out 가지를 내다, 새 분야에 진출하다

a **branch** of a tree
나뭇가지

flourish
[fləːriʃ]

v. (초목이) 우거지다, (칼, 팔 등) 휘두르다

Very few plants will **flourish** without sunlight.
극소수의 식물들은 햇빛이 없어도 잘 자란다.
- **flourishing**
  a. 나무가 무성한, 활기찬

foliage
[fóuliidʒ]

n. 나뭇잎(leaves)

잃다, 놓치다, 지다, (시계가) 늦게 가다

Most trees lose their **foliage** in winter.
대부분의 나무는 겨울에 잎이 떨어진다.

mature
[mətʃúər]

v. 성숙하다 a. 성숙한(ripe)

경험, 경험한 일

Experiences **matured** him.
그는 많은 경험으로 원숙한 사람이 되었다.
- **maturity**
  n. 원숙, 성숙

- the mature age 분별 있는 나이
- mature for ~에 비해서 성숙한

ripe
[raip]

a. 잘 익은, 성숙한(developed)

a field of **ripe** corn
곡식이 무르익은 들판
ripe wisdom
원숙한 지혜
결혼, 혼인, 결혼식
a girl **ripe** for marriage
결혼 적령기의 아가씨

fellowship
[félouʃip]

n. 협력, 협회, 함께하기(sharing)

fellowship in pain
고통을 나눠 갖기

conspire
[kənspáiər]

v. 공모하다, 협력하다

The gangsters **conspired** to rob a bank.
갱들은 은행을 털기로 음모를 꾸몄다.
- conspiracy
n. 공모, 음모

collaborate
[kəlǽbərèit]

v. 합작하다, 협력하다(work together)

They **collaborated** on the novel.
그들은 공동으로 소설을 썼다.
- collaborator
n. 공저자

compatible
[kəmpǽtəbəl]

a. 협력할 수 있는, 공존할 수 있는

Do you think that religion is **compatible** with science?
종교와 과학이 공존할 수 있다고 생각합니까?
- compatibility
n. 양립성

cooperate
[kouápərèit]

v. 협력하다, 서로 돕다

- cooperation
n. 협력
- cooperative
a. 협조적인

cooperate in ~에 대해 협력하다
cooperate with ~와 협력하다

301 공동체   COMMUNITY

community
[kəmjúːnəti]

n. 공동체, 일반 대중

a college community
대학 사회

- **communism**
  n. 공산주의
- **communist**
  n. 공산주의자

corporate
[kɔ́ːrpərit]

a. 공동체의, 집단의, 법인 조직의

corporate responsibility   *책임*
공동 책임

- **corporation**
  n. 회사, 법인

mutual
[mjúːtʃuəl]

a. 서로의, 공동의

a mutual defense pact   *협정*
상호 방위 조약

- **by mutual consent**
  합의에 의하여
- **mutual respect** 상호 존경

society
[səsáiəti]

n. 사회(community), 사교계, 교제, 협회

I am embarrassed in **society**.   *당혹한*
사람들 앞에 서면 부끄러움을 탄다.
a medical society
의사 협회 (협회의 뜻일 때는 관사를 붙임)

folk
[fouk]

a. 인간의 n. 사람들, 가족

folk art
대중 예술

lad
[læd]

n. 젊은이(youth), 소년(boy)

He's just a **lad**.
그는 어린 소년일 뿐이다.

maid
[meid]

n. 소녀, 처녀(virgin), 여자 하인

a **maiden** work
처녀작
■ maiden
n. 소녀, 처녀 a. 처녀의

youth
[ju:θ]

n. 젊음(youthfulness), 초기(early period)

in the **youth** of civilization
문명의 초기에

juvenile
[dʒúːvənəl]

a. 소년의, 젊은

a **juvenile** court
소년 법원

orphan
[ɔ́ːrfən]

v. 고아로 만들다 n. 고아

The boy was **orphaned** by war.
그 소년은 전쟁으로 고아가 되었다.

pal
[pæl]

n. 친구(friend), 동무

a pen **pal**
편지 친구

beloved
[bilʌ́vid]

n. 애인(darling) a. 가장 사랑하는

beloved by all one's friends
모든 친구들에게서 사랑받는

senior
[síːnjər]

n. 손윗사람(older man), 선배, 4학년생 a. 손위의(older)

a **senior** judge
수석 판사
He is **senior** to me.
그는 나보다 선배다.

predecessor
[prédisèsər]

n. 전임자, 선배

Our new teacher is much younger than his **predecessor**.
새로 오신 선생님은 전임자보다 훨씬 젊다.

bride
[braid]

n. 신부, 새색시

The **bride** wore a beautiful white dress.
신부는 아름다운 하얀 드레스를 입고 있었다.
■ bridal
a. 신부의
■ bridegroom
n. 신랑

take a bride 신부를 맞아들이다
a bride-to-be 예비 신부

bachelor
[bǽtʃələr]

n. 독신자, 미혼 남자, 학사(석사는 master 박사는 doctor)
cf. spinster 미혼 여성

a **bachelor** of science
이학사
■ bachelorhood
n. 미혼, 독신

---

303 졸업장, 감사장   DIPLOMA

diploma
[diplóumə]

n. 졸업장, 감사장, 특허장

He has a **diploma** in engineering.
그는 공과 대학 졸업증이 있다.

graduate
[grǽdʒuèit]

v. 졸업시키다 n. 졸업생

He **graduated** from Oxford.
그는 옥스퍼드 대학을 졸업했다.
a **graduate** school
대학원
- graduation
n. 졸업, 학사학위 취득

identify
[aidéntəfài]

v. 확인하다, 동일시하다

He **identified** himself with one of the characters.
그는 작중인물 가운데 한 사람과 자기 자신을 동일시했다.
identification card
신분증명서
- identical
a. 동일한, 같은
- identification
n. 동일함, 신분 증명
- identity
n. 동일성(oneness), 정체, 신원

identify with ~와 동일시하다
identify by ~에 의해 신원을 확인하다
identify as ~라고 밝히다

feature
[fíːtʃər]

n. 얼굴 생김새, 특징(characteristic)

Her eyes are her best **feature**.
그녀는 눈이 가장 아름답다.

---

304 주의하다

HEED

heed
[hiːd]

v. 주의하다 n. 유의, 주의(care)

You didn't **heed** my warning.
너는 내 경고에 주의를 기울이지 않았다.
- heedful
a. 주의 깊은, 조심성 많은

attention
[əténʃən]

n. 주의, 배려(heed, notice)

Attention!
차려!
■ **attentive**
a. 주의 깊은, 정중한(polite)

■ devote one's attention to
~에 열중하다
■ pay attention to ~에 유의하다

notice
[nóutis]

v. 주목하다, 알아차리다 n. 경고, 통보, 주목

She was wearing a new dress, but he didn't even **notice**.
그녀는 새 옷을 입었지만 그는 보지도 않았다.
■ **noticeable**
a. 남의 눈을 끄는, 현저한

indecision
[ìndisíʒən]

n. 망설임(hesitation), 우유부단(irresolution)

~의 원인이 되다

His **indecision** caused him to lose his love.
그는 우유부단함 때문에 사랑을 잃었다.
■ **indecisive**
a. 우유부단한, 결정적이 아닌

stubborn
[stʌ́bərn]

a. 불굴의(stiff), 완강한, 고집 센(obstinate)
opp. docile 온순한

Facts are **stubborn** things.
진실은 굽힐 수 없다.

rigid
[rídʒid]

a. 굳은, 단단한(stiff)

She was **rigid** with fear.
그녀는 두려움으로 굳어 있었다.

naughty
[nɔ́ːti]

a. 개구쟁이의, 행실이 나쁜(mischievous)

a **naughty** boy
장난꾸러기 소년
It is **naughty** of you to do such a thing.
그런 짓을 하다니 행실이 좋지 못한 애로구나.

authorize
[ɔ́:θəràiz]

v. 권한을 주다, 위임하다(commission)

He **authorized** me to act for him while he was away.
그는 자기가 없는 동안 그를 대행할 권한을 내게 주었다.
the **authority** of a court
법정의 권위
the Army investigation **authorities** 조사
군수사 당국
- **authority**
n. 권위, 권한, (보통 pl.)당국, 권위자

official
[əfíʃəl]

n. 관리, 임직원, 공무원 a. 직무상의, 공적인

The news is not **official**.
이 소식이 공식적인 것은 아니다.
- **officially**
ad. 공식적으로, 직무상으로

chairman
[tʃɛ́ərmən]

n. 의장

- **chairmanship**
n. 회장의 직

kingdom
[kíŋdəm]

n. 왕국, …계(界)

mineral **kingdom**
광물계

- come into one's kingdom
권력을 쥐다
- till kingdom come 영원히

throne
[θroun]

v. 왕위에 오르다 n. 왕좌, 왕권

She was only fifteen when she came to the **throne**.
그녀는 왕위에 올랐을 때 겨우 15살이었다.

tyrannize
[tírənàiz]

v. 포악한 정치를 하다, 압제하다(oppress)

- **tyranny**
n. 전제정치, 폭정, 학정

despot
[déspət]

n. 전제군주, 폭군(tyrant), 압제자

- despotism
n. 전제주의

emperor
[émpərər]

n. 제왕, 황제

the Roman **Empire**
로마 제국
- empire
n. 제국
- empress
n. 여제(女帝), 황후(皇后)

monarch
[mánərk]

n. 군주, 왕

The lion is the **monarch** of all beasts.
사자는 맹수의 왕이다.
- monarchy
n. 군주정치

republic
[ripʌ́blik]

n. 공화국

헌법의
a constitutional **republic**
입헌 공화국

federal
[fédərəl]

a. 연방의

the **Federal** Government
연방 정부, 중앙정부
- the Federal Constitution 미국 헌법
- the Federal Law 연방법

ambassador
[æmbǽsədər]

n. 대사(大使)

지명하다, 정하다
be appointed **ambassador** to France
프랑스 대사로 임명되다
- embassy
n. 대사관

senate
[sénət]

n. 원로원

the **Senate**
상원

vote
[vout]

n. 투표(ballot), 표, 투표권

spoiled **vote**
무효투표
secret **vote**
무기명투표
■ voter
n. 유권자

■ come to the vote 표결에 부쳐지다
■ voice vote 구두 투표

poll
[poul]

v. 투표하다(vote) n. 투표, 투표수

He was elected at the head of the **poll**.
그는 최고 득표로 당선되었다.

ballot
[bǽlət]

n. 투표

던지다, 주조하다, 배정하다
cast a **ballot**
투표하다
ballot box paper
투표용지

candidate
[kǽndədèit]

n. 후보자

a **candidate** for president
대통령 후보

slavery
[sléivəri]

n. 노예제도, 노예 신분

The prisoner were sold into **slavery**.
죄수들은 노예로 팔려 갔다.

bondage
[bándidʒ]

n. 노예의 처지(slavery), 속박, 굴레

Of Human Bondage
인간의 굴레 (소설 제목)

bond
[band]

v. 저당 잡히다 n. 속박, 긴밀한 관계, 증서

a strong **bond** of affection 애정
강한 사랑의 결속
■ **bondman**
n. 노예

■ be under bond 담보에 들어 있다
■ call a bond 공채 상환을 통고하다

tie
[tai]

v. 매다, 속박하다, 묶이다 n. 연줄, 매듭

family **ties**
가족 관계

code
[koud]

n. 신호(체계), 기호, 암호

a message written in **code**
암호로 씌어진 통신

beckon
[békən]

v. (손짓으로) 신호하다, 유인하다

She **beckoned** me to follow her.
그녀는 내게 손짓으로 따라오라고 했다.

patrol
[pətróul]

n. 순찰, 정찰

We're on **patrol**.
우리는 순찰 중이다.

| **witness**
[wítnis] | v. 목격하다, 입증하다 n. 증거, 증언, 목격자

Did anybody **witness** the accident?
그 사고를 목격한 사람이 있습니까? |

| **testimony**
[téstəmóuni] | n. 증언, 고백, 선언

His smile is **testimony** of his joy.
그가 웃는 것은 기뻐하고 있다는 증거이다. |

| **client**
[kláiənt] | n. (소송) 의뢰인, 단골손님(customer)

상태, 국가, 정부
a **client** state
무역 상대국 |

| **patron**
[péitrən] | n. 고객, 단골손님, 옹호자, 후원자

the **patron** of the arts
예술의 후원자 |

309 강탈하다

ROB

| **rob**
[rɑb] | v. 강탈하다(steal)

He **robbed** me of my money.
그는 내 돈을 빼앗았다.
■ robber
n. 도둑, 강도
■ robbery
n. 약탈, 강탈 |

■ rob A of B A에게서 B를 빼앗다
■ rob A blind A를 속여 먹다

burglar
[bə́:rglər]

n. 도둑(thief), 강도

a **burglar** alarm
도난 경보기

---

pirate
[páiərət]

v. 해적질하다 n. 해적

a **pirated** edition
해적판
- piracy
n. 해적 행위, 표절

---

rebel
[rébəl]

v. 모반하다(revolt), 반역하다 n. 반역자

They **rebelled** against the Government.
그들은 대정부 반란을 일으켰다.
- rebellion
n. 반란, 모반(revolt)

---

fine
[fain]

v. 벌금을 과하다 n. 벌금, 과태료

a **parking** fine
주차 위반 벌금

- impose a fine on
  ~에게 벌금을 부과하다
- draw a fine 벌금을 받다

---

jail
[dʒeil]

n. 교도소, 형무소

break jail
탈옥하다

---

imprison
[imprízən]

v. 투옥하다, 가두다(jail), 감금하다

- imprisonment
n. 투옥, 구금

---

whip
[hwip]

v. 매질하다 n. 채찍, 매

He wants the **whip**.
그는 채찍질이 필요하다.

troop
[tru:p]

v. 모이(으)다 n. 무리, 떼, (pl.) 군대(army)

regular troops 정기적인, 규칙적인
상비군

banner
[bǽnər]

n. 기(flag), 가치, 현수막

fight under the **banner** of freedom
자유의 기치 아래 투쟁하다

morale
[mourǽl]

n. 사기(士氣), 의욕

the **morale** of an army
군의 사기

nuclear
[njúːkliər]

a. 핵의

a **nuclear** family
핵가족
nuclear submarine
원자력 잠수함
■ nucleus
n. 핵, 원자핵

go nuclear 핵보유국이 되다
test nuclear weapon 핵무기를 실험하다

atom
[ǽtəm]

n. 원자

an **atomic** power plant
원자력 발전소
■ atomic
a. 원자의

gun
[gʌn]

n. 총포, 총

- shotgun
  n. 엽총

shoot
[ʃuːt]

v. 총을 쏘다, 싹이 트다 n. 사격, 싹

Buds **shoot** forth.
싹이 나오다.
- shooter
  n. 사수

fire
[faiər]

v. 사격하다 n. 불, 화재

The guns were **firing** all night.
밤새도록 발포되고 있었다.

bullet
[búlit]

n. 총알, 낚싯봉

A bulletproof garment stops **bullets** from passing through it.
방탄복은 총알이 관통하는 것을 막는다.

artillery
[ɑːrtíləri]

n. 대포(guns), 포병대

- artilleryman
  n. 포병

cannon
[kǽnən]

n. 대포, 기관포

In this castle there are **cannons** from the 15th century.
이 성에는 15세기에 만들어진 대포가 있다.

bomb
[bɑm]

v. 폭격하다 n. 폭탄, 돌발사건

a time **bomb**
시한폭탄
- bomber
  n. 폭격기
- bombing
  n. 폭격

bombard

[bɑmbáːrd/bɔm-]

v. 폭격하다, (질문을) 퍼붓다

The warship **bombarded** the port.
군함은 항구에 포격을 가했다.

sword

[sɔːrd]

v. 대항하다 n. 검, 무력

sword dance
칼춤
■ swordplay
n. 검술

■ draw a sword 칼을 뽑다, 싸움을 시작하다
■ the sword of justice 사법권

---

312 군단, 단체

CORPS

corps

[kɔːr]

n. (동음어 core) 군단, 단체

a medical **corps**
의료반 병과
the diplomatic **corps**
외교 사절단

tactics

[tǽktiks]

n. 전술, 작전

guerrilla **tactics**
게릴라 전법

triumph

[tráiəmf]

v. 이기다(win) n. 승리(victory), 큰 업적(achievement)
opp. defeat 패배시키다, 쳐부수다

In the end righteousness will **triumph**.
종국에는 정의가 승리하리라.

exult

[igzʌ́lt]

v. 무척 기뻐하다, (승리에) 의기양양하다

They **exulted** at their victory.
그들은 승리하여 몹시 기뻐했다.

soul
[soul]

n. 넋(spirit), 정수, 열정, 화신(化身)

Brevity is the **soul** of wit.
간결함은 재치의 정수이다.

- with all one's heart and soul
온 정성을 다하여
- upon my soul 맹세코

devil
[dévl]

n. 악마, 악인

Talk of the **devil** and he will appear.
호랑이도 제 말하면 온다. (속담)

demon
[díːmən]

n. 악령, 악마(devil)

a little **demon**
장난꾸러기

hymn
[him]

n. 성가, 찬송가

national **hymn**
국가(國歌)

pilgrim
[pílgrim]

n. 순례자, 나그네(traveler)

priest
[priːst]

n. 성직자, 사제

- priestly
a. 성직자다운

Day 24

bless
[bles]

v. 신성하게 하다, 축복하다, 찬미하다(praise)

Bless the name of the God!
신의 가호가 있기를!
Bless me!
저런, 아차
- **blessing**
n. 축복, 은총
- **blessed**
a. 신성한, 행복한

- be blessed with ~을 누리다
- bless for ~에 감사하다

bliss
[blis]

n. 행복의 극치, 지복

Ignorance is **bliss**.
모르는 것이 약이다. (속담)

well-being
[wélbíːiŋ]

n. 평안, 행복, 복지(welfare) opp. misery 비참

a sense of **well-being**
행복감

welfare
[wélfɛ̀ər]

n. 복리, 복지, 번영

child **welfare**
아동 복지

- on welfare 생활보호를 받고 있는
- for one's welfare ~의 복지를 위해

preach
[priːtʃ]

v. 전도하다, 설교하다

preach the Gospel
복음을 전하다
preach down
헐뜯다, 깎아내리다
■ preacher
n. 설교자, 목사

sermon
[sə́ːrmən]

n. 설교, 훈계

deliver a **sermon**
설교를 하다
sermons in stones
돌(자연물) 속에 담긴 교훈

supernatural
[sùːpərnǽtʃərəl]

n. 신비 a. 초자연의, 불가사의한

supernatural powers
초자연력

mystery
[místəri]

n. 신비, 불가사의, 신비한 것

Life is veiled in **mystery**.
인생은 신비에 싸여 있다.

mythical
[míθikəl]

a. 신화적인, 가공의

a **mythical** animal
가공의 동물

myth
[míθ]

n. 신화, 꾸민 이야기

the Roman **myths**
로마 신화

spirit
[spírit]

n. 정신, 영혼(soul), 망령, 기운
opp. body 몸, 시체, 몸통, 주요부

His **spirit** was troubled. 근심스러운
그의 마음은 뒤숭숭했다.
the poor in **spirit**
마음이 가난한 자들

mental
[méntl]

a. 정신의, 두뇌의

mental age
정신연령
mental hospital
정신병원
■ **mentality**
n. 정신력, 지성

■ make a mental note of ~을 외워 두다
■ mental food 마음의 양식

ghost
[goust]

n. 유령, 망령, 영혼

ghost story
괴담

witch
[witʃ]

n. 마녀, 마귀할멈

■ **witchcraft**
n. 마법, 마력
■ **wizard**
n. 마법사

fairy
[fέəri]

n. 요정(妖精) a. 요정의, 뛰어나게 아름다운

fairy tale 이야기
동화

nightmare
[náitmὲər]

n. 악몽, 가위눌림

I was troubled by **nightmare** last night.
지난밤 나는 악몽에 시달렸다.

architecture
[ɑ́ːrkətèktʃər]

n. 건축술, 건축학 a. 건축상의

the **architecture** of ancient Greece
고대의
고대 그리스의 건축술
- architect
n. 건축가

castle
[kǽsl]

n. 성, 저택

An Englishman's house is his **castle**.
영국인의 집은 그의 성(城)이다.

dormitory
[dɔ́ːrmətɔ̀ːri]

n. 기숙사, 합숙소

dormitory car
침대차

gateway
[géitwèi]

n. 출입구

- gatepost
n. 문기둥

chamber
[tʃéimbər]

n. 방(room), 회의소

the audience **chamber**
청중, 관중
접견실

- the upper chamber 상원
- a gas chamber 가스실

ceiling
[síːliŋ]

n. (방의) 천장, (임금, 가격의) 최고 한도 opp. floor 방바닥

ceiling on prices
최고 가격

chimney
[tʃímni]

n. 굴뚝, 분화구

The factory **chimneys** poured smoke into.
따르다, 쏟다
공장 굴뚝이 연기를 내뿜었다.

landlady
[lǽndlèidi]

n. 여자 지주, (여관의) 안주인

■ landlord
n. 지주, (여관) 주인

household
[háushòuld]

n. 가족(family), 세대 a. 가족의

household affairs
가사(家事)
■ householder
n. 세대주, 호주

chore
[tʃɔːr]

n. 허드렛일

She did **chores** round the house.
그녀는 집 안팎의 자질구레한 일을 했다.

kin
[kin]

n. 친족, 일가(relatives)

dwell
[dwel]

v. 살다, 거주하다(live, reside)

I want to **dwell** in the country.
나는 시골에서 살고 싶다.

■ dwell in ~에서 살다
■ dwell on ~을 곰곰이 생각하다

pioneer
[pàiəníər]

v. 개척하다, 솔선하다 n. 개척자, 선구자

pioneer a road
도로를 개척하다

lodge
[lɑdʒ]

v. 숙박하다, 숨겨 주다 n. 오두막(hut)

Where are you **lodging** now?
지금 묵고 있는 데가 어디지?

inn
[in]

n. 여인숙, 주막

stay in an **inn**
여관에서 묵다

| **shelf**
[ʃelf] | n. 선반, 모래톱(sandbank), 서가

Put the cup on the **shelf**.
컵을 선반 위에 갖다 놓아라. |

■ put up a shelf 선반을 달다
■ shelf warmer 오랫동안 팔리지 않는 물건

| **install**
[instɔ́ːl] | v. 설치하다, 임명하다(induct)

install a heating system 난방설비
난방장치를 하다 |

| **equip**
[ikwíp] | v. (장비를) 갖추다, ~에게 갖추게 하다

those **equipped** with special skills
특별한 기술을 갖춘 사람들
■ equipment
n. 장비, 준비, 지식 |

318 겉옷

ROBE

| **robe**
[roub] | n. 겉옷 (pl.) 예복

a judge's black **robes**
재판관의 검은 법복 |

| **sleeve**
[sliːv] | n. 소매, 소맷자락

a dress with long **sleeves**
소매가 긴 드레스
■ sleeveless
a. 소매가 없는 |

| **fur**
[fəːr] | n. (동음어 fir) 모피, 털

a lady in **furs**
모피 코트를 입은 숙녀 |

line
[lain]

n. 선, 주름살, 손금, 노선

The old man's face is covered with **lines**.
노인의 얼굴은 주름살투성이다.

strip
[strip]

v. 벗기다, 빼앗다 n. 가는 조각(narrow piece)

strip off one's clothes 옷
옷을 벗다

a **strip** of land
길쭉한 땅

- strip for ~하려고 옷을 벗다
- strip of ~을 빼앗다
- strip to ~까지 벗다

patch
[pætʃ]

n. 헝겊, 얼룩

in **patches**
군데군데

pearl
[pə:rl]

n. 진주, 은백색

throw **pearls** before swine 돼지, 비열한 놈
돼지한테 진주를 던져 주다

ornament
[ɔ́:rnəmənt]

n. 꾸밈, 장식, 장신구, 간판격인 사람

He was an **ornament** to his age.
그는 그 시대의 대표적인 인물이었다.
- ornamental
a. 장식의
- ornamentation
n. 장식(품)

neat
[ni:t]

a. 산뜻한(tidy), 멋진(skillful)

He keeps his office **neat** and tidy. 단정한, 말쑥한
그는 자기 사무실을 산뜻 깔끔하게 사용한다.

lovely
[lʌ́vli]

a. 아름다운, 멋진, 유쾌한(delightful)

a **lovely** view of the mountains
아름다운 산의 경치

SHAVE

shave
[ʃeiv]

v. 면도하다

He **shaved** off his beard.
그는 턱수염을 깎았다.

- by a close shave 간신히
- shave away 깎아 버리다

wipe
[waip]

v. 닦다, 훔치다

Wipe your feet.
발을 닦아라.

sweep
[swiːp]

v. 청소하다(brush), 휩쓸다, 엄습하다 n. 청소

sweep up a room
방을 깨끗이 청소하다
- **sweeper**
n. 청소부

broom
[bru(:)m]

n. 비

a new **broom**
신임 관리
A new **broom** sweeps clean.
새 비는 잘 쓸린다. (속담, 신임 관리는 일에 열심이고 폐단을
일소하는 데 열심이라는 뜻)

STAIN

stain
[stein]

v. 더럽히다, 얼룩지다(soil) n. 얼룩

stain one's life
인생에 오점을 남기다
- **stainless**
a. 녹슬지 않는

spot
[spɑt]

v. ~을 찾아내다, 얼룩지게 하다 n. 반점(dot), 흠

spot a friend in a crowd
군중 속에서 친구를 찾아내다

- a tender spot 약점
- a solar spot 태양의 흑점, 옥에 티

dusty
[dʌ́sti]

a. 먼지투성이의, 분명치 않은(indefinite)

a **dusty** speech
무미건조한 연설

flour
[flauər]

n. (동음어 flower) 가루, 분말

We make **flour** into noodle.
밀가루로 국수를 만든다.

loaf
[louf]

n. (빵의) 한 덩이

a **loaf** of bread
빵 한 덩어리

crust
[krʌst]

n. (빵) 껍질, 겉모양

a **crusty** old man
성마른 노인
- crusty
a. 껍질로 덮인, 무뚝뚝한, 불쾌한

beverage
[bévəridʒ]

n. 음료(drink)

We sell hot **beverages**.
뜨거운 음료를 팝니다.

carrot
[kǽrət]

n. 당근

carrot and stick
당근과 곤봉 (협박과 회유)

막대기, 지팡이

RAW

raw
[rɔː]

n. 생것, 날것
a. 날것의(uncooked), 순수한, 미숙한(unskilled)

a raw hand
풋내기
■ rawboned
a. 뼈가 앙상한, 말라빠진

salty
[sɔ́ːlti]

a. 소금의, 신랄한, 재치 있는(witty)

sour
[sáuər]

v. 시게 하다 n. 신 것, 쓴 것 a. 신(acid)

sour green apples
신 풋사과

acid
[ǽsid]

n. (화학) 산(酸) a. 신, 신랄한
cf. alkali 알칼리, 염기성 물질

acid rain
산성비

peel
[piːl]

v. 껍질을 벗기다, 벗겨지다

I **peeled** an apple.
나는 사과 껍질을 벗겼다.

mixture
[míkstʃər]

n. 혼합, 합성품

without **mixture**
순수한

blend
[blend]

v. 혼합되다(mix, mingle), 조화되다 opp. sort 분류하다

This house seems to **blend** well with the trees.
이 집은 나무들과 잘 어울리는 것 같다.

mingle
[míŋgəl]

v. 섞(이)다(mix), 혼합되다(blend)

with **mingled** love and hate
사랑과 미움이 섞여서

322 굽다, 내리쬐다

broil
[brɔil]

v. 굽다(grill), 내리쬐다 n. 불고기

It's really **broiling** today.
오늘은 찌는 듯이 더운 날씨다.

feast
[fiːst]

v. 잔치를 베풀다 n. 성찬, 경축, 진수성찬

쾌활한
A cheerful look makes a dish a **feast**.
아무리 하찮은 음식이라도 즐거운 마음으로 먹으면
진수성찬이다. (속담)

taste
[teist]

v. 맛보다 n. 맛, 기호, 취미

쓴, 쓰라린
This medicine **tastes** bitter.
이 약은 쓴맛이 난다.

■ have a taste for
~의 취미를 가지다
■ to taste 기호에 따라

relish
[réliʃ]

v. 맛보다, 즐기다 n. 맛(taste), 기호(liking)

Hunger gives **relish** to any food.
시장이 반찬이다.

recreation
[rèkriéiʃən]

n. 오락, 기분 전환

His only **recreations** are drinking beer.
그의 유일한 기분 전환은 맥주 마시는 것이다.

hobby
[hábi]

n. 습관, 취미

My **hobby** is traveling.
내 취미는 여행이다.

dessert
[dizə́:rt]

n. 디저트, 후식

We had ice cream for **dessert**.
우리는 디저트로 아이스크림을 먹었다. 〈desert와 동음이의어〉

dine
[dain]

v. 정찬을 먹다

I'm going to **dine** out with her tonight.
나는 오늘밤 그녀와 함께 외식을 할 것이다.

chew
[tʃuː]

v. 씹다, 심사숙고하다(ponder)

chew out
비난하다
chewing gum
껌

swallow
[swálou]

v. 삼키다(gulp), 마시다, 참다

He **swallowed** and walked into the examination room.
그는 침을 꿀꺽 삼키고 시험장으로 들어갔다.

lick
[lik]

v. (~을 혀로) 핥다, 넘실거리다 n. 핥음

lick a person's shoes
남에게 굴종하다

suck
[sʌk]

v. 빨다, (지식을) 흡수하다

The baby **suck** its thumb.
아기가 엄지손가락을 빨았다.

thirst
[θə:rst]

v. 갈망하다, 목마르다 n. 갈증, 열망

Running five miles gave him a **thirst**.
5마일을 달리고 나니 그는 목이 말랐다.

starve
[sta:rv]

v. 굶어 죽다 opp. **sate** 배부르게 하다

I am simply **starving**.
배고파 죽겠네.

famine
[fǽmin]

n. 굶주림, 기근

경험하다, 견디다

Parts of India have often suffered from **famine**.
인도 지역은 종종 기근으로 고통을 당하고 있다.

grocery
[gróusəri]

n. 잡화점, 식품점

■ grocer
n. 식료잡화상

butcher
[bútʃər]

n. 백정, 푸주한 v. 도살하다

I bought this chicken at the new **butcher**.
나는 이 닭고기를 새로 생긴 푸줏간에서 샀다.
■ butcherly
a. 잔인한

booth
[bu:θ]

n. 노점, 매점, 투표용지 기입소

a telephone **booth**
전화박스

purchase
[pə́ːrtʃəs]

v. 사다(buy) n. 구매(buying), 획득(gain)

a **purchase** report
구매 보고서

procure
[proukjúər]

v. 획득하다(obtain), 얻다

You will have nothing to **procure** from the dispute. 논쟁
말다툼해 봐야 얻을 게 없다.

obtain
[əbtéin]

v. 획득하다, 행해지다

He **obtained** knowledge through experience.
그는 경험을 통해 지식을 습득했다.

goods
[gudz]

n. 소유물, 상품, 동산(movables)

goods in stock 재고품, 저장, 축적, 가축, 주식
재고품

estate
[istéit]

n. 소유지, 재산(property), 계급(class)

He owns large **estates** in Seoul.
그는 서울에 넓은 땅이 있다.

- come into an estate 상속받다
- the third estate 제3계급, 평민

property
[prápərti]

n. 소유권, 재산, 소유물

Property has its obligations. 의무
소유에는 의무가 따른다.

treasure
[tréʒər]

v. 소중히 간수하다 n. 보물, 재산

a **treasured** memory
소중한 추억
- treasury
n. 국고, 보고(寶庫)

| **worth**
[wəːrθ] | a. ~의 가치가 있는, ~할 만한 n. 가치, 재산

A bird in the hand is **worth** two in the bush.
수중에 있는 새 한 마리는 숲 속의 새 두 마리의 가치가 있다. (속담) |

| **nationality**
[næ̀ʃənǽləti] | n. 국적, 국민성, 민족

What is your **nationality**?
어느 나라에서 오셨습니까? |

| **belong**
[bilɔ́(ː)ŋ] | v. 속하다, 소속하다, 출신이다

Mercies and forgiveness **belong** to God.
자비와 용서는 신의 몫이다.
■ **belonging**
n. (pl.) 소지품, 소유물

■ belong in ~에 있는 것이 당연하다
■ belong to ~에 속하다 |

| **pertain**
[pəːrtéin] | v. 속하다(belong), 부속하다, 어울리다

The documents **pertain** to this event.
그 문서는 이 사건과 관계가 있다. |

| **possess**
[pəzés] | v. 소유하다, 유지하다, 자제하다

He is **possessed** of a large sum of money.
그는 거액의 돈을 거머쥐고 있다. |

| **own**
[oun] | v. 소유하다, 인정하다 a. 자신의, 같은 핏줄의

in my **own** way
나만의 독특한 방식으로 |

heir
[ɛər]

n. 상속인, 계승자

hereditary property
세습 재산
- hereditary
a. 유전성의, 세습의

heritage
[hératidʒ]

n. 유산, 상속 재산

Much of our country's cultural **heritage** was destroyed during the war.
우리나라의 많은 문화유산들이 전쟁 중에 소실되었다.
- heritor
n. 상속인

legacy
[légəsi]

n. 유물, 유산

legacies of civilization
문명의 유산

- hand down a legacy 유산을 물려주다
- come into a legacy 유산을 상속받다

fossil
[fásl]

n. 화석 a. 화석의, 구습의

a **fossil** plant
화석 식물

inherit
[inhérit]

v. (재산을) 물려받다, 상속하다

inheritance tax
상속세
- inheritance
n. 상속, 유산, 유전

genetic
[dʒinétik]

a. 유전학적인, 기원의

genetic engineering
유전자 공학
- genetics
n. 유전학

evolve

[iválv]

v. 진화하다, 전개하다

the theory of evolution
진화론
- evolution
n. 진화(론), 발전 opp. devolution 퇴화

327 일으키다, 올리다

raise
[reiz]

v. 일으키다, 올리다(lift up), 기르다
opp. **lower** 낮추다, 떨어뜨리다; 내려지다

raise a family
가족을 부양하다
raise up an army
군사를 일으키다

■ **raise** above ~위로 올리다
■ **raise** by ~까지 올리다

---

scramble
[skrǽmbəl]

v. 기어오르다(climb), 혼란스럽게 하다

I **scrambled** up the rock.
나는 바위 위로 올랐다.

---

climb
[klaim]

v. 오르다(ascend, mount) n. 등반

climb into society
출세하다

---

escalate
[éskəlèit]

v. 오르다, 단계적으로 확대하다

The cost of living is **escalating**.
생계비가 늘어나고 있다.
■ **escalator**
n. 에스컬레이터

---

ascend
[əsénd]

v. 올라가다, (시대를) 거슬러 오르다 n. 상승, 진보
opp. **descend** 내려가다, 전해지다

Prices **ascend**.
물가가 오르다.
ascend to the 18th century
18세기로 거슬러 올라가다

ladder
[lǽdər]

n. 사닥다리, 출셋길

climb the **ladder** of success 〔오르다〕
출셋길에 오르다

ancestor
[ǽnsestər]

n. 조상, 선조 opp. descendant 자손(offspring)

My **ancestors** came from Spain.
나는 스페인계 사람이다.

forefather
[fɔ́ːrfɑ̀ːðər]

n. 조상, 선조(ancestor)

One of his **forefathers** was an early settler
in the United States.
그의 조상들 중의 한 사람은 미국의 초기 정착민이었다.

posterity
[pɑstérəti]

n. 자손(descendants), 후세

Abraham and his **posterity**
아브라함과 그 후손
■ posterior
a. 뒤의, 후의, 후천적인

offspring
[ɔ́(ː)fsprìŋ]

n. 자식, 자손(descendant), 결과, 소산

the **offspring** of labor 〔노동, 수고〕
노동의 소산

descend
[disénd]

v. 내려가다, 유래하다

■ descent
n. 하강, 혈통
■ descendant
n. 자손, 후예

■ descend from ～의 자손이다
■ descend on 갑자기 덮치다

below
[bilóu]

prep. ～보다 아래에, ～할 가치도 없는

His behavior is **below** contempt. 〔경멸〕
그의 행동은 경멸할 가치도 없다.

brand
[brænd]

v. 낙인찍다, 강한 인상을 남기다
n. 상표(trademark), 낙인, 오명(disgrace)

The scene is **branded** on my memory.
그 광경은 내 기억에 생생하게 남아 있다.

WANT

want
[wɔ(ː)nt]

v. 필요로 하다 n. 결핍, 부족

be in **want** of food
먹을 것이 없다

necessary
[nésəsèri]

n. 필수품 a. 필요한(required), 필연적인(inevitable)

Food is **necessary** for life.
음식은 생존에 필수적이다.
They are in great **necessity**.
그들은 아주 궁핍한 위치에 있다.
■ necessity
n. 필요(need), 궁핍

■ if necessary
필요하다면
■ do the necessary
필요한 수단을 강구하다

integral
[íntigrəl]

a. 필수적인, 중요한(essential)

an **integral** part of the argument
논쟁이 불가피한 부분

논의, 말다툼

inevitable
[inévitəbəl]

a. 막을 수 없는, 필연의(certain)

Death is **inevitable**.
죽음은 피할 수 없다.

postage
[póustidʒ]

n. 우편요금, 송료

postage free
우편요금 무료

cash
[kæʃ]

v. 현금으로 바꾸다 n. 현금

Can you **cash** this check?
이 수표를 현금으로 바꿔 주시겠어요?

- out of cash 무일푼의
- cold cash 현금

penny
[péni]

n. 〈pl. pence〉 적은 금액, 푼돈

Take care of the **pence**, and the pounds will take care
of themselves.
푼돈을 아끼면 큰돈은 저절로 모인다. (속담)

token
[tóukən]

n. 대용 화폐, 부호(sign)

a bus **token**
버스 토큰

athlete
[ǽθliːt]

n. 운동선수

an **athlete** meeting
운동회

race
[reis]

n. 경주, 인종

the white **race**
백인종

gym
[dʒim]

n. 체육(과), 체육관

I have **gym** at 11:00.
11시에 체육 수업이 있다.

rivalry
[ráivəlri]

n. 경쟁, 겨루기

a **rival** in love
연적
■ rival
n. 경쟁자, 호적수

momentum
[mouméntəm]

n. 운동량, 기세, 추진력

with one's **momentum**
여세를 몰아서

propel
[prəpél]

v. 추진하다, 몰아대다

propelling power
추진력
■ propeller
n. 프로펠러, 추진기

challenge
[tʃǽlindʒ]

v. 도전하다 n. 도전

a **challenging** to violence
폭력에의 도전

■ challenge for ~을 위해 도전하다
■ challenge on ~에 이의를 제기하다

leisure
[líːʒər]

n. 일이 없음, 여가 a. 한가한

How do you fill your **leisure**?
한가한 시간을 어떻게 보내지요?

gamble
[gǽmbəl]

v. 도박을 하다 n. 도박, 모험

spend the night **gambling**
도박으로 밤을 새우다

bet
[bet]

v. 걸다, 내기하다 n. 내기

I never **bet**.
나는 절대 내기를 하지 않는다.

riddle
[rídl]

v. 수수께끼를 풀다(solve) n. 수수께끼(puzzle)

read a **riddle**
해답을 찾아내다

perform
[pərfɔ́ːrm]

v. 수행하다, 완수하다, 이행하다

He **performed** his promise.
그는 약속대로 했다.
■ performer
n. 실행자, 연주자

■ perform surgery 외과 수술을 하다
■ perform a contract 계약을 이행하다

role
[roul]

n. (동음어 roll) 역할(part), 구실

I played the **role** of Hamlet.
내가 햄릿 역을 했다.

document
[dákjəmənt]

n. 서류, 문서

official **documents**
공문서
■ documentary
a. 문서의

pottery
[pátəri]

n. 도기(류) (earthenware)

근대의, 현대식의
Modern **pottery** is usually for show and not for
practical use.
현대 도기류는 보통 장식용이지, 실용적인 목적으로 쓰이지는 않는다.

clown
[klaun]

v. 익살부리다 n. 어릿광대, 익살꾼(jester)

clown around
익살 떨다

mimic
[mímik]

v. 흉내 내다(imitate) n. 흉내쟁이 a. 모방의

mimic tears
거짓 눈물

imitate
[ímitèit]

v. 본받다, 모방하다(simulate)

learn by **imitation**
모방을 함으로써 배우다
- imitation
n. 흉내, 모조품, 위조품

twist
[twist]

v. 꼬다, 감다

to make a rope by **twisting** threads
실을 꼬아 밧줄을 만들다

spin
[spin]

v. 빙빙 돌다(돌리다), (실을) 잣다 n. 급회전

My head **spun**.
머리가 어지러웠다.

- spin out 허송세월하다
- go for a spin
(자동차, 자전거를) 타러 가다

knit
[nit]

v. 뜨개질하다, 접합하다, 찌푸리다

I'm **knitting** a pair of socks.
나는 양말 한 켤레를 뜨고 있다.

| **sew**
[sou] | v. (sewed; sewed, sewn) 깁다, 철하다(bind)

sewing machine
재봉틀 |

| **stitch**
[stitʃ] | v. 꿰매다(sew) n. 한 바늘

stitch in a wound
상처를 꿰매다 |

| **weave**
[wiːv] | v. 짜다, 방직하다, (이야기 따위를) 꾸미다

to **weave** a mat
돗자리를 짜다 |

333 격려하다 CHEER

| **cheer**
[tʃiər] | v. 격려하다 n. 환호, 갈채
opp. gloom 우울, 어둠침침함

give a **cheer**
갈채를 보내다
■ **cheerful**
a. 즐거운, 쾌활한 |

| **gay**
[gei] | a. 명랑한(merry), 화사한(showy), 방탕한

All is **gay** that is green.
풋내기는 쾌활한 법(속담)
■ **gaily**
ad. 유쾌하게(merrily), 화사하게 |

| **grin**
[grin] | v. 히죽거리다 n. 방긋 웃음

grin from ear to ear
(이를 보이고) 씩 웃다 |

sorrow
[sárou]

v. 슬퍼하다 n. 슬픔(sadness), 비애

be in deep **sorrow**
깊은 슬픔에 빠져 있다

- to one's sorrow 애석하게도
- alleviate one's sorrow
~의 슬픔을 달래다

misery
[mízəri]

n. 빈곤, 불행, 비참한 신세

miseries of mankind
인류가 짊어진 온갖 불행
- miserable
a. 불쌍한, 비참한, 불행한

deplore
[diplɔ́ːr]

v. (잘못을) 뉘우치다, (죽음을) 슬퍼하다, 애도하다

- deplorable
a. 통탄스러운(lamentable)

regret
[rigrét]

v. 후회하다 n. 유감, 후회

어리석음, 어리석은 행동

I **regret** the follies of my youth.
나는 젊은 날의 어리석음을 후회하고 있다.
- regretful
a. 뉘우치는, 애석한

recede
[riːsíːd]

v. 후퇴하다(retreat), 반환하다(return)

조수, 풍조

the **receding** tide
썰물
- recession
n. 후퇴, 반환, 불경기

retreat
[riːtríːt]

v. 퇴각하다(retire), 은둔하다
opp. **advance** 나아가다, 진보하다, 승진시키다

The young **retreated** into the house.
젊은이들은 집 안으로 쫓겨 들어갔다.

refund

[ríːfʌnd]

v. 상환하다 n. 반환, 상환금

refund the admission fee
입장료를 돌려주다

---

repay

[ripéi]

v. 되갚다

When will you **repay** me the money?
내 돈 언제 갚을 거지?
- repayment
n. 상환(금)

---

retort

[ritɔ́ːrt]

v. 보복하다, 말대꾸하다 n. 말대꾸

a good **retort**
멋진 응수

---

335 후회하다 REPENT

repent

[ripént]

v. 후회하다, 뉘우치다(regret)

The judge could see no sign of **repentance** in the
condemned man.
재판관은 사형수의 얼굴에서 뉘우치는 구석을 찾을 수 없었다.
- repentance
n. 후회

---

sob

[sɑb]

v. 흐느껴 울다, (바람이) 윙윙거리다

a **sobbing** wind
흐느끼는 바람

---

weep

[wiːp]

v. 울다, 한탄하다(lament), 슬퍼하다(mourn)

weep oneself to sleep
울다가 잠들다

sigh
[sai]

v. 한숨 쉬다, 탄식하다, 그리워하다 n. 탄식

He **sighed** with relief.
그는 안도의 한숨을 쉬었다.

제거, 경감, 구제, 교체

grieve
[griːv]

v. 슬퍼하다, 괴로워하다, 슬프게 하다

a committee to deal with workers' **grievances**
근로자의 불만을 처리하는 위원회
- grievance
n. 불만, 불평의 씨
- grievous
a. 슬픈, 한탄스러운(deplorable)

wail
[weil]

v. 비탄하다, 슬피 울다 opp. **joy** 기뻐하다

the wind **wailing** in the chimney
바람이 굴뚝 속에서 구슬피 우는 소리

moan
[moun]

v. 신음하다, 슬퍼하다, 투덜거리다 n. 신음

The wounded **moaned** ceaselessly.
부상자의 신음소리가 끊이지 않았다.

부상당한

mourn
[mɔːrn]

v. 슬퍼하다, 한탄하다

He was **mourning** for his misfortune.
그는 자신의 불행을 한탄하고 있었다.

lament
[ləmént]

v. 한탄하다, 슬퍼하다(mourn) n. 푸념, 넋두리

lament the dead
죽은 이를 애도하다

죽은, 말라 죽은, 생명이 없는

sullen
[sʌ́lən]

a. 시무룩한, 뚱한, 쓸쓸한(mournful)

with a **sullen** brow
이마를 찡그리고

(보통 pl.) 눈썹, 이마

melancholy
[mélənkàli]

n. 비애 a. 우울한

a melancholy mood — 기분
우울한 기분

homesick
[hóumsìk]

a. 망향(望鄉)의

- homesickness
n. 향수병

beauty
[bjú:ti]

v. 장점, 미(美), 아름다움

Beauty is but skin-deep.
미(美)란 가죽 한 꺼풀 차이(겉모양으로 사람을 평가하지 말라는 속담)

sublime
[səbláim]

a. 장려(壯麗)한(majestic), 장렬한, 고상한

a sublime leader of the people
위대한 민중의 지도자

gorgeous
[gɔ́:rdʒəs]

a. 화려한, 현란한

a gorgeous sunset — 해넘이
찬란한 석양
- gorgeousness
n. 화려

- gorgeous phrases 미사여구
- in gorgeous attire 성장하여

glorify
[glɔ́:rəfài]

v. ~에게 영광을 주다, ~을 찬미(예찬)하다

a glorious day
화창한 날
- glorious
a. 영광스러운, 멋진

splendid
[spléndid]

a. 찬란한(shining), 장려한(magnificent)

a **splendid** sunset
빛나는 일몰, 저녁놀

cute
[kjuːt]

a. (작고) 예쁜(pretty), 영리한(clever)

a **cute** child
귀여운 아이

goodwill
[gúdwíl]

n. 호의, 친절, 친선

international **goodwill**
국제 친선

■ win the goodwill of ~의 호의를 얻다
■ a goodwill mission 친선사절단

---

337 눈살을 찌푸리다 FROWN

frown
[fraun]

v. 눈살을 찌푸리다 n. 찡그린 얼굴

He **frowned** at me for laughing at him.
내가 비웃었다고 그는 얼굴을 찡그렸다.

savage
[sǽvidʒ]

a. 야만스러운(barbarous), 사나운, 미개의

a **savage** dog
사나운 개
a **savage** counterattack in the newspapers
신문지상을 통한 통렬한 반격
a **savage** country
미개국

awe
[ɔː]

v. 두렵게 하다 n. 두려움, 경외

I am **awed** by Nature.
나는 자연에 경외감을 느낀다.

terrible
[térəbəl]

a. 무서운, 지독한, 심한

What **terrible** weather we're having!
정말 짜증스러운 날씨군!

thrill
[θril]

v. 오싹하다 n. 전율, 스릴, 감동

a story full of **thrills**
스릴 넘치는 이야기

panic
[pǽnik]

v. 당황하게 하다 n. 공포, 공황 a. 공황의

잡다, 체포하다

People were seized with a **panic**.
사람들은 공포에 사로잡혔다.

monster
[mánstər]

n. 괴물, 괴상한 것

잔학, 잔인한 행위

He is a **monster** of cruelty.
그는 잔인무도한 괴물이다.
- monstrous
a. 기괴한, 엄청난

yearn
[jəːrn]

v. 동경하다, 갈망하다(desire)

yearn for home
고향을 그리워하다

bore
[bɔːr]

v. 질리게 하다(tire), 뚫다 n. 귀찮은 것[사람]

What a **bore**!
참 따분한 사람이군!
- boredom
n. 권태
- boring
a. 지겨운(tiresome)

- bore into[through] ~에 구멍을 뚫다
- bore to ~할 정도로 지루하게 하다

moral
[mɔ́(ː)rəl]

a. 도덕의, 행실이 바른, 교훈적인
opp. immoral 부도덕한

Man is a moral being.
인간은 도덕적 존재이다.

virtue
[və́ːrtʃuː]

n. 미덕, 장점(merit), 효험(efficacy), 정조

a woman of virtue
정숙한 여인

- make a vice into a virtue
악덕을 미덕으로 만들다
- by virtue of ～덕택에

goodness
[gúdnis]

n. 미덕(virtue), 장점, 친절(kindness)

for goodness sake → 동기, 목적
제발

righteous
[ráitʃəs]

a. 정숙한(virtuous), 정정당당한, 정직한

a righteous man
정의로운 사람

evil
[íːvəl]

a. 사악한, 불길한

a social evil
사회악

sinister
[sínistər]

a. 사악한, 불길한(ominous)

a sinister countenance → 표정
음흉한 얼굴 생김새

jealous
[dʒéləs]

a. 질투가 많은, 시샘하는

a jealous wife
질투심 많은 아내

wicked
[wíkid]

a. 사악한, 심술궂은(mischievous), 불쾌한

a wicked smile
장난기 있는 미소

selfish
[sélfiʃ]

a. 자기 본위의, 제멋대로의, 방자한

a selfish boy
제멋대로 하는 소년
■ selfishly
ad. 제멋대로

optimism
[áptəmìzəm]

n. 낙천주의 opp. pessimism 비관(주의)

an **optimistic** view
낙천적 견해
■ optimistic
a. 낙천적인

pessimism
[pésəmìzəm]

n. 염세주의, 비관론

■ pessimistic
a. 비관적인

innocent
[ínəsnt]

a. 순결한(pure), 결백한(guiltless), 악의 없는

"God alone knows," he said to himself, "that I am **innocent**"
"오직 하나님만이 내가 결백하다는 사실을 알고 계신다."고 그는
혼잣말을 하였다.
■ innocence
n. 순결, 결백

earnest
[ə́ːrnist]

n. 진심 a. 진지한, 성실한

Life is **earnest**.
인생은 진지한 것이다.

■ in earnest 진지하게, 본격적으로
■ earnest about ~에 진지한

hearty	a. 다정한, 진심에서 우러난
[háːrti]	a **hearty** greeting *인사*
	마음에서 우러난 인사

plot	v. 꾀하다 n. 음모(conspiracy, intrigue), 줄거리
[plɑt]	a **plot** against the government
	반정부 음모

trap	v. 올가미를 씌우다 n. 덫, 속임수(trick), 함정
[træp]	be caught in a **trap**
	올가미에 걸려들다

- fall into a trap 함정에 빠지다
- lay a trap 함정을 놓다

snare	v. 유혹하다 n. 덫(trap), 유혹
[snɛər]	to **snare** a rabbit
	덫으로 토끼를 잡다

disguise	v. 변장하다, (정체를) 숨기다 n. 변장, 가면
[disgáiz]	She **disguised** herself as a man.
	그녀는 남자로 변장했다.

bribe	v. 뇌물을 쓰다, 매수하다 n. 뇌물
[braib]	They **bribed** a witness. *목격자*
	그들은 목격자를 매수했다.

- bribery
n. 뇌물 쓰기

solemn
[sάləm]

a. 신성한(sacred), 진지한, 장엄한(grave)
opp. frivolous 천박한

a **solemn** look
진지한 표정
a **solemn** hymn
찬송가

proud
[praud]

a. 자랑스러운, 뽐내는(haughty)

It's nothing to be **proud** of.
그것은 하나도 자랑할 만한 일이 아니다.

ideology
[àidiάlədʒi]

n. 이념, 이데올로기

Ideologically, they have many differences. 다름
이념적으로 그들은 다른 점이 많다.
- ideologically
ad. 이념적으로

wit
[wit]

n. 기지, 요령

conversation full of **wit**
재치가 넘치는 대화
- witty
a. 기지(재치)가 있는

- have quick wits 재치가 있다, 요령이 있다
- out of one's wits 제정신을 잃고

clue
[klu:]

n. 실마리, 단서

He found a **clue** to the question.
그는 그 문제에 대한 실마리를 잡았다.

deliberate
[dilíbərèit]

a. 신중한, 사려 깊은, 의도적인(intentional)

a deliberate lie
의도적인 거짓말
a deliberate decision
심사숙고한 결정

random
[rǽndəm]

a. 되는대로의

a random choice
마구잡이 선택
He spoke at **random**.
그는 아무렇게나 지껄였다.

■ at random 아무렇게나

awake
[əwéik]

v. 깨우다(awaken), 자각시키다, 깨닫다

He was **awaked** to the problem.
그는 그 문제를 자각하고 있었다.
■ awaken
v. 깨우다, 자각시키다

brief
[briːf]

n. 요점 a. 짧은, 간결한

a brief life
짧은 생애
■ briefly
ad. 간단히
■ briefing
n. 간략한 보고서

■ in brief 요컨대
■ make brief of ~을 재빨리 처리하다

concise
[kənsáis]

a. 간명한, 간결한
opp. diffuse 산만한

a concise book
문체가 간결한 책

RUMOR

rumor
[rʌ́mər]

v. 소문을 퍼뜨리다 n. 소문

한가한, 게으른, 쓸데없는

an idle rumor
터무니없는 유언비어

gossip
[gásip]

v. 잡담하다 n. 한담(chat), 쑥덕공론

a gossip writer
가십기자

episode
[épəsòud]

n. 삽화, 에피소드

an episode in one's life
살다 보면 일어나는 삽화적인 사건

whisper
[hwíspər]

v. 속삭이다 opp. shout 외치다, 큰 소리를 내다

whisper against a person
뒤에서 욕을 하다

flatter
[flǽtər]

v. 아첨하다, 칭찬하다

He flattered my cooking.
그는 내 요리솜씨를 칭찬했다.
- flattery
  n. 아첨
- flatterer
  n. 아첨꾼

- flatter oneself 자만하다
- flatter the powerful 권력자에게 아첨하다

compliment
[kámpləmənt]

v. 아첨하다, 칭찬하다 n. (pl.) 인사(말), 찬사

My compliments to your parents.
부모님께 안부 전해 주세요.
- complimentary
  a. 칭찬의, 무료의

chat

[tʃæt]

v. 잡담하다 n. 한담(gossip)

They **chatted** over tea.
그들은 차를 마시면서 담소를 나누었다.
Who **chatters** to you will chatter of you.
네게 남의 소문을 전해 주는 자는 네 소문도 퍼뜨릴 것이다. (속담)
- chatter
v. 재잘거리다 n. 수다
- chatterbox
n. 수다쟁이

exclaim

[ikskléim]

v. 외치다, 절규하다

He **exclaimed** that he would rather die.
그는 차라리 죽어 버리겠다고 소리 질렀다.
- exclamation
n. 절규, 외침

yell

[jel]

v. 고함치다, 외치다 n. 고함

He **yelled** out orders at everyone.
그는 모두에게 고함쳐 명령했다.

scream

[skriːm]

v. 고함치다, 비명을 지르다 n. 비명

scream with laughter
낄낄거리다

- scream for ~을 필사적으로 구하다, ~때문에 소리를 지르다

roar

[rɔːr]

v. 포효하다, 울다 n. 고함

The truck **roared** down the hill.
트럭이 굉음을 내며 언덕을 내려갔다.

illustrate
[íləstrèit]

v. 설명하다, 예증하다(exemplify)

- illustration
n. 설명, 예화, 삽화
- illustrative
a. 설명에 도움이 되는

consult
[kənsʌ́lt]

v. 상담하다, 참고하다

a firm of **consultants**
자문 회사
- consultant
n. 상담역(consulter), 고문

- consult one's own interests
자기의 이해를 고려하다
- consult a mirror
안색을 살피려 거울을 보다

promise
[prɑ́mis]

v. 약속하다, 보증하다 n. 약속, 가망, 징조

the land of **promise**
약속의 땅
- promising
a. 촉망되는(hopeful)

oath
[ouθ]

n. <pl. oaths> 맹세, 서약

make an **oath**
맹세하다

grumble
[grʌ́mbəl]

v. 투덜거리다(murmur), 불평하다(complain)
n. 불평, 불만

He's always **grumbling**.
그는 항상 투덜거린다.

growl
[graul]

v. 으르렁거리다, 불평하다(grumble)

The dog **growled** at a stranger.
그 개는 낯선 사람을 보고 으르렁거렸다.

howl
[haul]

v. 울부짖다

The fox **howled** all night.
여우가 밤새도록 울부짖었다.

mutter
[mʌ́tər]

v. 중얼거리다, 투덜거리다

She was **muttering** to herself.
그녀는 혼잣말로 중얼거리고 있었다.

shout
[ʃaut]

v. 부르짖다, 외치다 n. 외침

There's no need to **shout**.
큰 소리로 말할 필요 없어.

discontent
[dìskəntént]

n. 불만, 불평

Discontent is the first step in progress.
불만은 발전의 첫걸음(속담)

dissatisfy
[dissǽtisfài]

v. 언짢게 하다(displease)

He was **dissatisfied** with the news.
그는 그 소식을 듣고 기분이 언짢아졌다.
- dissatisfaction
n. 불만

murmur
[mə́:rmər]

v. 속삭이다, 투덜거리다(grumble) n. 속삭임

without a **murmur**
불평 한 마디 없이

VERSE

verse
[vəːrs]

n. 시, 운문 opp. prose 산문

Not all **verse** is great poetry.
모든 운문이 다 훌륭한 시는 아니다.

- give chapter and verse for
(인용문 등의) 출처를 명백히 밝히다

prose
[prouz]

n. 산문(체), 단조 a. 산문의, 평범한

prose style
산문체
prose poem
산문시
- prosy
a. 무취미한, 평범한

novel
[návəl]

n. 소설 a. 새로운(new), 참신한, 신기한

걱정스러운, 관계하는

All the great **novels** are concerned in one way or another
with the nature of good and evil.
모든 위대한 소설은 이런저런 방식으로 선과 악의 본질에 관련을
맺고 있다.
- novelette
n. 단편소설, 소품
- novelist
n. 소설가

biography
[baiágrəfi]

n. 전기, 일대기

인상적인, 감동받은

I was impressed to read his **biography**.
나는 그의 전기를 읽고 감명을 받았다.
- biographer
n. 전기 작가
- autobiography
n. 자서전

index
[índeks]

n. 색인(索引), 목록, 지표(sign), 지침

문체, 양식, 유파

Style is an **index** of the mind.
글은 마음의 표시이다.

poet
[póuit]

n. 시인

A **poet** is born not made.
시인은 타고난 재능으로 된다.
- poetic
a. 시적인
- poetry
n. 작시법

masterpiece
[mǽstərpìːs]

n. 명작, 대표작

He talked a lot about the **masterpiece** that he would soon paint.
그는 자신이 곧 그리게 될 걸작에 대해 많은 이야기를 했다.

narrate
[nǽreit]

n. 이야기하다, 말하다

이상한, 모르는

Shall I **narrate** a strange experience of mine?
기묘한 체험담 하나 이야기해 줄까?
- narrative
n. 화술(話術) a. 이야기체의
- narration
n. 담화, 이야기

quote
[kwout]

v. 인용하다(cite), 인증하다

quotation marks
따옴표
- quotation
n. 인용(引用), 인용문

journal
[dʒə́ːrnəl]

n. 신문, 잡지, 정기 간행물

- journalism
n. 신문, 잡지 발행업, 문필업
- journalist
n. 언론인

■ subscribe to a journal 잡지를 구독하다
■ keep a journal 일기(일지)를 쓰다

article
[áːrtikl]

n. 기사, 조항, 품목(item)

구성, 체질, 헌법

the ninth **article** of the Constitution
헌법 제9조

deadline [dédlàin]	n. 최종 기한, 사선(死線) We finished it before the **deadline**. 우리는 그것을 마감 전에 끝냈다.
draft [dræft]	v. 제도하다, 선발하다 n. 초고, 설계도, 통풍, 질병 a **draft** of a poem 시의 초고 ■ drafter n. 기안자

frugal [frúːgəl]	a. 알뜰한, 절약하는(saving) •인도하다, 안내하다, ~의 선두에 서다 She leads a **frugal** life. 그녀는 알뜰한 생활을 하고 있다.
economy [ikánəmi]	n. 경제, 절약 an **economic** point of view 경제적 관점 ■ economic a. 경제의, 실용적인(practical) n. (pl.) 경제학 ■ economical a. 경제적인 ■ economize v. 낭비하지 않다, 절약하다 ■ practice economy 절약하다 ■ with an economy of words 간결하게

chemistry
[kémistri]

n. 화학

applied **chemistry**
응용화학
- **chemical**
a. 화학의 n. (pl.) 화학제품

paradox
[pǽrədàks]

n. 패러독스, 역설(逆說)

"More haste, less speed" is a **paradox**.
"급할수록 천천히"라는 말은 하나의 역설이다.

scholar
[skálər]

n. 학자, 장학생

- **scholarly**
a. 학구적인
- **scholarship**
n. 학식, 장학금

pupil
[pjúːpəl]

n. 학생(주로 중학생 이하), 문하생(disciple)

disciple
[disáipəl]

n. 제자, 문하생

Paul is one of the **disciples** of Christ. → 예수 그리스도
바울은 예수의 제자 중 한 사람이다.

discipline
[dísəplin]

v. 훈련하다 n. 훈련, 규율, 훈계
military discipline → 군의, 육군의
군기

- be under discipline 훈련이 잘 되어 있다
- discipline for ～에 대해 징계하다

semester
[siméstər]

n. 1학기(6개월)

I'm taking French this **semester**.
나는 이번 학기에 프랑스어를 수강하고 있다.

theme
[θiːm]

n. 주제, 테마, 제목

theme song
주제가

numerous
[njúːmərəs]

a. 수많은(very many), 밀집된

the **numerous** voice of the people
다수의 목소리

singular
[síŋgjələr]

a. 진기한, 예외적인, 단일의

a **singular** phenomenon
진기한 현상

현상

linguistic
[liŋgwístik]

a. 언어의

great **linguistic** knowledge
풍부한 언어 지식
■ linguistics
n. 언어학

verbal
[və́ːrbəl]

a. 말의, 구두의(oral), 축어적인

a **verbal** agreement
구두에 의한 동의

일치, 협정

motto
[mátou]

n. 좌우명, 표어

My **motto** is "Never lose hope."
나의 좌우명은 "희망을 잃지 말자."이다.

■ coin a motto 표어를 만들다
■ a school motto 교훈(校訓)

proverb
[prάvə:rb]

n. 속담, 격언, 금언

"Don't put all your eggs in one basket." is a **proverb**.
"모든 달걀을 한 바구니에 넣지 마라."는 속담이다.

phrase
[freiz]

n. 구, 숙어, 경구(警句)

a set **phrase**
상투적인 문구

350 지금부터, 여기서부터

hence
[hens]

ad. 지금부터, 여기서부터, 그러므로(therefore)

six years **hence**
지금으로부터 6년 후에

otherwise
[ʌ́ðərwàiz]

ad. 달리, 그렇지 않으면

I couldn't do it **otherwise**.
달리 어떻게 해 볼 방법이 없다.

351 평판

reputation
[rèpjətéiʃən]

n. 평판(fame), 세평

He lives up to his **reputation**.
그는 명성에 걸맞는 생활을 하고 있다.
■ reputable
a. 평판이 좋은

name
[neim]

v. 이름 짓다 n. 이름, 명성, 평판, (pl.) 욕

They called him **names**.
그들은 그를 욕했다.
a bad **name**
악평
nameplate
문패
- **nameless**
a. 무명의, 익명의
- **namely**
ad. 바꾸어 말하면, 즉

- in the name of ~의 이름으로
- name after ~의 이름을 따서 명명하다
- make a name for oneself 유명해지다

indeed
[indí:d]

ad. 실로, 과연

Thank you very much **indeed**.
정말로 감사합니다.

scarce
[skɛərz]

a. 드문(rare), 결핍된(scanty)

Fruit is **scarce** in winter, and costs a lot.
겨울에는 과일이 드물고 값이 비싸다.
- **scarcely**
ad. 간신히, 거의 ~아니다
- **scarcity**
n. 희귀함, 결핍, 기근

rare
[rɛər]

a. 보기 드문(scarce), 희박한(thin)

It's very **rare** for him to be late.
그는 좀처럼 늦지 않는다.
- **rarity**
n. 진품

ready
[rédi]

v. 준비하다(make ready) a. 준비가 된

He **readily** promised to help.
그는 기꺼이 도와주겠다고 약속했다.
- **readily**
ad. 자진하여, 기꺼이

clay
[klei]

n. 점토, 흙(earth)

die and turn to **clay**
죽어서 흙이 되다

grain
[grein]

n. 낟알, 소량

without a **grain** of love
애정이란 눈꼽만큼도 없이

hay
[hei]

n. 꼴, 건초

Make **hay** while the sun shines.
햇볕이 날 때 풀을 말려라 – 기회를 놓치지 마라. (속담)

plow/plough
[plau]

v. 일구다 n. 쟁기, 경작지

plow a field
쟁기로 밭을 일구다

sow
[sou]

v. (씨를) 뿌리다 n. 암퇘지

As a man **sows**, so he shall reap.
뿌린 대로 거둔다. (속담)

irrigate
[írəgèit]

v. 물을 대다, 관개(灌漑)하다

■ irrigation
n. 관개

reap
[riːp]

v. 수확하다, 베다 opp. sow 뿌리다

Now is the time to **reap**.
지금은 거둬들일 때이니라.
■ reaper
n. 수확자, 베는 기계

- reap as one has sown 인과응보
- reap dishonor 악평을 초래하다

mow

[mou]

v. (풀을) 베다, 쓰러뜨리다

We shall **mow** down the long grass in the field.
우리는 밭에 길게 자란 풀을 베어 낼 것이다.
- mower
n. 풀 베는 기계

dairy

[dɛ́əri]

n. 낙농장, 유제품 판매소, 낙농업

- dairymaid
n. 젖 짜는 아가씨

introduce

[ìntrədjúːs]

v. 도입하다(bring in), 소개하다, 안내하다

Let me **introduce** Mr. Han to you.
당신께 미스터 한을 소개하겠습니다.
- introduction
n. 도입, 전래, 소개, 안내서

- introduce oneself 자기소개를 하다
- introduce into ~에 도입하다

usher

[ʌ́ʃər]

v. 인도하다, 안내하다 n. 안내인

She **ushered** him into room.
그녀는 그를 방으로 안내했다.

shepherd

[ʃépərd]

v. 돌보다, 인도하다 n. 양치기

- shepherdess
n. 양 치는 여자

tend

[tend]

v. 돌보다, 지키다, 간호하다

She **tended** on the patient.
그녀는 환자를 간호했다.

graze
[greiz]

v. 풀을 뜯다

The cattle are **grazing** in the pasture.
소들이 목장에서 풀을 뜯어 먹고 있다.

pasture
[pǽstʃər]

v. 풀을 뜯어 먹다 n. 목장, 방목지

- pasturer
n. 목장주

asset
[ǽset]

n. 재산, 귀중한 것, 장점

His sense of humor is a great **asset** to him.
유머 감각은 그에게 커다란 재산이다.

budget
[bʌ́dʒit]

n. 예산, 운영비

a family **budget**
가계부

a **budget** committee
예산 위원회

- open the budget 예산안을 의회에 제출하다
- balance the budget 수지균형을 맞추다

surplus
[sə́ːrplʌs]

n. 잉여(excess) opp. deficit 부족(액)

a **surplus** population
과잉 인구

인구, 주민

thrive
[θraiv]

v. 번창하다, 성공하다, 무성해지다

a **thriving** business
번창하는 사업

endow
[endáu]

v. 기부하다, (재능을) 부여하다

mental **endowments**
지적 재능
- endowment
n. 기부, (pl.) 재능

fund
[fʌnd]

n. 기금, 자금, (pl.) 재원

a relief **fund**
구제 기금

finance
[finǽns]

n. 재정, 자금, 재정학

an expert in **finance**
재정 전문가
숙련가, 전문가
financial difficulties
재정난
- financial
a. 재정의, 금융의

engage
[engéidʒ]

v. 약속하다(pledge), 약혼하다, 공격하다

I have **engaged** myself to her daughter.
나는 그녀의 딸과 약혼했다.
- engaged
a. 약속한, 바쁜
- engagement
n. 약속, 예약, 약혼, 교전

engage in 종사하다, ~에 착수하다
engage for 약속하다

invest
[invést]

v. 투자하다, 부여하다

I have **invested** heavily in another business enterprise.
무겁게, 몹시
나는 또 다른 사업에 많은 투자를 하였다.
- investment
n. 투자, 출자(액), 투자 대상

fee
[fiː]

n. 사례금, 요금

a patent **fee**
특허의, 명백한
특허료

wage
[weidʒ]

n. 급료, 삯, 보답

The **wages** of sin is death.
죄의 삯은 사망이니라. (성경)
wage freeze
임금 동결

operate
[ápərèit]

v. 작용하다, 수술하다, (결과를) 가져오다

operate changes
변화를 가져오다
■ operative
a. 작용하는, 효력 있는
■ operation
n. 작동, 수술

■ operate for ~때문에 수술하다
■ operate on ~을 수술하다

function
[fʌ́ŋkʃən]

v. 작용하다 n. 기능, 역할

the main **function** of language
언어의 주요 기능

staff
[stæf]

n. 직원, 간부, 의지가 되는 것

The college's teaching **staff** is excellent.
그 대학의 교수진은 훌륭하다.
the **staff** of life
생명의 양식

organize
[ɔ́ːrgənàiz]

v. 조직하다, 편성하다(systematize), 개최하다
n. 조직, 편성

organize an entertainment　→ 환대, 오락, 연예
여흥을 베풀다
■ organizer
n. 창립자

classify
[klǽsəfài]

v. 분류하다(assort), 등급을 매기다

I spent lots of time **classifying** books.
책을 분류하는 데 많은 시간이 걸렸다.
- classification
  n. 분류

■ classify by ~별로 분류하다
■ classify into ~으로 나누다

sort
[sɔːrt]

v. 분류하다 n. 종류(kind), 품질(quality)

He is bad **sort**.
그는 질이 안 좋은 사람이다.

species
[spíːʃi(ː)z]

n. 종(種)(kind, sort), 인류

The Origin of **Species**
종의 기원

356 개선하다

improve
[imprúːv]

v. 개선하다, 이용하다

This is not good enough; I want to **improve** it.
이 정도로는 충분치 않다, 더 잘하고 싶다.
- improvement
  n. 개선, 진보, 숙달

fulfill
[fulfíl]

v. 실행하다(carry out), 이행하다

If you make a promise, you should **fulfill** it.
일단 약속을 하면 그것을 꼭 지켜야만 한다.

cope
[koup]

v. 겨루다, 극복하다

cope with a difficulty
난국을 수습하다

vehicle
[víːikəl]

n. 차, 탈것, 매개물

public **vehicles**
대중교통

shuttle
[ʃʌ́tl]

n. 정기 왕복 운행(편)

■ shuttlecock
n. (배드민턴) 깃털 공

cart
[kɑːrt]

v. 짐수레로 나르다 n. 이륜 짐마차, 손수레

put the **cart** before the horse
본말을 전도하다
■ carter
n. 짐마차꾼

■ cart about ~을 가지고 돌아다니다
■ upset the apple cart 망쳐 놓다, 뒤엎다

parachute
[pǽrəʃùːt]

n. 낙하산

뜀, 뛰어오름, 도약

a **parachute** jump
낙하산 강하

parcel
[pɑ́ːrsəl]

n. 소포, 꾸러미

우편, 우체국, 우체통

parcel post
소포 우편

baggage
[bǽgidʒ]

n. 여행용 수화물

저지, 점검, 대조, 대조 부호, 전표

baggage check
수화물 보관증

atmosphere
[ǽtməsfìər]

n. 대기, 분위기, 환경

a religious **atmosphere**
종교적인 분위기

environment
[inváiərənmənt]

n. 환경, 주위(surroundings)

one's home **environment**
가정환경
- **environ**
v. 에워싸다(enclose)

circumstance
[sə́ːrkəmstæns]

n. 사정, 환경, 경우

It depends on **circumstances**.
그것은 사정에 따라 다르다.
- **circumstantial**
a. 우연의, 우발적인, 상세한

- under the circumstances
이러한 사정 때문에
- under no circumstances
어떤 일이 있더라도 결코 ~하지 않는

condition
[kəndíʃən]

a. 조건, 요건, (pl.) 사태, 상황

호의적인, 호의를 보이는, 유리한

in favorable **conditions**
유리한 상황에서

peak
[piːk]

n. 산꼭대기, 절정(summit) v. 우뚝 솟다

The highest **peak** is covered with snow all the year round.
그 산꼭대기는 일 년 열두 달 눈으로 덮여 있다.

path
[pæθ]

n. 길, 오솔길

a **path** through the woods
숲 속으로 난 오솔길

■ beat a path 길을 내다
■ cross one's path
~를 우연히 만나다, 방해하다

sidewalk
[sáidwɔ̀ːk]

n. 인도, 보도

sidewalk artist
길거리 화가

avenue
[ǽvənjùː]

n. 대로, 가로수 길

5th **Avenue**
5번가(街)
an **avenue** to harmony 조화
화합으로 가는 길

halfway
[hǽfwéi]

a. 중도의, 다소의 ad. 중도에서

the **halfway** point between Seoul and Busan
서울과 부산의 중간 지점

pave
[peiv]

v. (길, 지역 등을) 포장하다

■ pavement
n. 포장 도로

413

luxury
[lʌ́kʃəri]

n. 사치, 사치품

It's a **luxury** to me.
나에게는 과분하다.

miser
[máizər]

n. 수전노

- miserly
a. 욕심 많은

poverty
[pávərti]

n. 가난(함), 결핍(scarcity)

poverty of blood
빈혈
poverty of thought
사상의 빈곤

needy
[níːdi]

a. 가난한, 빈곤한

a **needy** family
빈곤한 가정
the **needy**
곤궁한 사람들

impoverish
[impávəriʃ]

v. 가난하게 하다(make poor)

He was **impoverished** by university fees. — 보수, 요금
그는 대학 등록금 때문에 돈에 쪼들리게 되었다.
- impoverishment
n. 가난, 곤궁

destitute
[déstətjùːt]

a. ~이 없는(lacking), 어려운, 빈곤한

I was born of the **destitute** family.
나는 가난한 집에서 태어났다.
- destitution
n. 결핍, 빈곤

- be destitute of ~이 결여되다
- be left destitute 곤궁에 빠져 있다

shortage
[ʃɔ́ːrtidʒ]

n. 부족(insufficiency), 결핍

food **shortages** during the war
전시의 식량 부족

beggar
[bégər]

n. 걸인

Beggars can't be choosers.
거지는 찬밥 더운 밥 가릴 수가 없다.

spare
[spɛ́ər]

v. 아끼다(grudge), 절약하다, 나누어 주다
a. 모자라는(scanty), 예비의(reserved)

Spare the rod and spoil the child.
매를 아끼면 자식을 버린다. (속담)

behalf
[bihǽf]

n. 이익, 이로움(interest) (숙어로만 쓰임)

Will you do it on my **behalf**?
내 대신 그거 좀 해 주시겠어요?

- in behalf of ~을 위하여
- on behalf of (집단을) 대신하여, 대표하여

---

361 폭발하다   EXPLODE

explode
[iksplóud]

v. 폭발하다, (인구가) 급증하다, (사람이) 격분하다

explode a bomb   폭탄
폭탄이 터지다

- **exploded**
a. 파열된
- **explosion**
n. 폭발
- **explosive**
a. 폭발적인

erupt
[irʌpt]

v. 분출하다, 복받치다

He **erupted** angry words.
그는 욕설을 내뱉었다.
- eruption
n. 폭발, 분출

jet
[dʒet]

v. 분출(분사)하다 n. 분출, 분사

a **jet** flier
제트기 조종사

- **jet about** 제트기로 돌아다니다
- **jet up** 일을 척척 해치우다

outbreak
[áutbrèik]

n. 돌발, 폭동

싸움, 전투
There was an **outbreak** of fighting in the Middle East.
중동에서 전쟁이 발발했다.

burst
[bəːrst]

v. 파열하다, 갑자기 ~하기 시작하다

폭풍우, 폭설
A tempest **burst** forth.
갑자기 폭풍우가 몰아치기 시작했다.

squeeze
[skwiːz]

v. 압착하다(press), 밀어 넣다 n. 혼잡

We **squeezed** people into the car.
우리는 사람들을 차 안으로 밀어 넣었다.

grind
[graind]

v. 빻다, 갈다, (실력을) 연마하다

밀가루
Grind up the wheat to make flour.
밀을 빻아서 가루로 만들어라.
- grindstone
n. 숫돌

split
[split]

v. 쪼개(지)다, n. 금, 균열, 불화

We **split** into two groups, and searched the forest.
우리는 두 그룹으로 나뉘어서 숲을 뒤졌다.

chop
[tʃɑp]

v. 자르다(cut), 잘게 썰다

She **chopped** wood with an ax.
그녀는 도끼로 나무를 팼다.

crack
[kræk]

v. 쪼개(지)다 n. 흠(flaw), 금

a **crack** in one's mind
정신이상

- a hard nut to crack 매우 어려운 문제
- in a crack 순식간에, 곧

gap
[gæp]

n. 틈, (의견이나 생각의) 차이

• 동시대의 사람들, 세대

the generation **gap**
세대 차이

---

362 횡령하다, 움켜쥐다　GRAB

grab
[græb]

v. 횡령하다, 움켜쥐다 n. 횡령

달아나다

He **grabbed** the money and ran off.
그는 돈을 횡령하여 도망쳤다.

drag
[dræg]

v. 끌다(trail), 느릿느릿 나아가다

The day **dragged** by.
하루가 느릿느릿 지나갔다.

tug
[tʌg]

v. 홱 잡아당기다(pull hard)
n. 당기기, 노력(struggle)

gravitate
[grǽvətèit]

v. 인력에 끌리다, ~로 움직이다

universal **gravitation**
만유인력
a question of **gravity**
중대한 문제
- **gravitation**
n. 중력
- **gravity**
n. 중력, 인력, 중대성, 진지함

strain
[strein]

v. 당기다, 긴장시키다, 상하게 하다, 노력하다
n. 팽팽함, 긴장
opp. **relax** 늦추다; 풀리다, 나른해지다

strain a rope
로프를 잡아당기다

swing
[swiŋ]

v. 회전하다, 흔들다

The sign was **swinging** in the wind.
표지판이 바람에 흔들리고 있었다.

pinch
[pintʃ]

v. 꼬집다, 괴롭히다 n. 꼬집기, 곤경

She **pinched** his arm.
그녀는 그의 팔을 꼬집었다.

- **in a pinch** 위기에 직면하여
- **pinch pennies** 지출을 극도로 줄이다

---

363 뿌리다   SCATTER

scatter
[skǽtər]

v. 뿌리다(strew), 해산시키다(disperse)

The police **scattered** the crowd.
경찰이 군중들을 해산시켰다.

spread
[spred]

v. 퍼지다, 뿌리다(scatter)

The news soon **spread** through the whole of the village.
그 소식은 곧 읍 전체로 퍼져나갔다.

sprinkle
[spríŋkəl]

v. 끼얹다

sprinkle flowers with water
꽃에 물을 뿌리다
■ sprinkler
n. 물뿌리는 장치

spray
[sprei]

v. 물보라를 날리다 n. 물보라, 물안개

spray a mob with tear gas
군중에게 최루가스를 뿌리다
■ sprayer
n. 분무기, 흡입기

splash
[splæʃ]

v. (흙탕물을) 튀기다(spatter) n. 오점, 얼룩

The water **splashed** my dress.
물이 옷에 튀었다.

pour
[pɔ:r]

v. 쏟다(flow), 억수로 퍼붓다 n. 유출

It never rains but it **pours**.
비가 왔다 하면 억수 (불행은 겹치는 법)
a **pouring** rain
퍼붓는 비

shed
[ʃed]

v. 흘리다 n. 헛간, 오두막(hut)

She **shed** tears.
그녀는 눈물을 흘렸다.
cattle **shed**
가축우리

■ shed light on ~을 비추다, ~을 명백히 하다
■ shed one's blood for ~을 위해 죽다

drip
[drip]

v. 똑똑 떨어지다, 똑똑 떨어뜨리다

The rain was **dripping** from the roof.
빗물이 지붕에서 똑똑 떨어지고 있었다.

leak
[liːk]

v. 새다, 누설되다 n. 누설

The bottle leaks.
그 병은 샌다.

combine
[kəmbáin]

v. 결합하다, 화합하다

combined efforts
협력
■ combination
n. 결합, 동맹

■ combine with ~와 결합하다
■ combine into ~으로 결합하다
■ combine against ~에 대항하여 결집하다

compound
[kámpaund]

v. 합성하다(combine), 타협하다 a. 복합의

compound word
복합어

link
[liŋk]

v. 연결하다 n. 연쇄, 고리, 관련

Is there a link between smoking and lung diseases?
흡연과 폐 질환 사이에 관련이 있습니까?

bid
[bid]

v. 명령하다(command), 인사를 하다, (값을) 매기다
n. 입찰(가격)

Do as he bid you.
그가 명령하는 대로 해라.

prompt
[prɑmpt]

v. 자극하다(incite), 몰아대다, 불러일으키다
a. 신속한(quick), 재빠른, 기민한

생각, 고려, 사상

What **prompted** the thought?
무엇 때문에 그런 생각을 하지?

leap
[liːp]

v. 뛰다, 도약하다(jump)

Look before you **leap**.
행동하기 전에 잘 생각하라. (속담)

- with a leap 껑충 뛰어, 단번에
- by leap and bounds
  껑충껑충뛰듯 빨리

skip
[skip]

v. 뛰다, 빠뜨리다 n. 도약, 생략

The little boy **skipped** along at his mother's side.
꼬마 소년은 엄마 곁에서 경중거리며 따라갔다.
- skipping
n. 줄넘기

hesitate
[hézətèit]

v. 망설이다, 말을 더듬다(stammer)

These is no room for **hesitation**.
조금도 망설이는 구석이 없다.
- hesitation
n. 망설임, 말 더듬기

stroll
[stroul]

v. 어슬렁거리다(walk leisurely), 방랑하다(wander)
n. 산책

느긋한, 유유한

She was enjoying a leisurely **stroll** in the sunshine.
그녀는 햇빛을 받으며 한가로이 산책을 즐기고 있었다.

stride
[straid]

v. (성큼성큼) 걷다 n. 활보, 진전

make great **strides**
장족의 진보를 이룩하다

tread
[tred]

v. 밟다, 걷다(walk) n. 발소리, 발판

Don't **tread** on the flowers!
꽃을 밟지 마시오!

roam
[roum]

v. 방랑하다(wander), 거닐다 n. 배회

He **roamed** from place to place.
그는 여기저기 떠돌아다녔다.

vagabond
[vǽgəbànd]

n. 방랑자, 건달 a. 유랑하는(wandering), 방황하는

linger
[líŋgər]

v. 꾸물거리다, 좀처럼 사라지지 않다

의심
A doubt still **lingers** in my mind.
마음속에 여전히 의심이 남아있다.

wander
[wándər]

v. 어슬렁거리다, 방황하다, 길을 잃다(stray)

■ wanderer
n. 방랑자(vagabond)

stray
[strei]

v. 길을 잃다, 헤매다 n. 미아(迷兒)

stray from what is right
정도에서 벗어나다

■ stray from ~에서 빗나가다
■ stray into ~로 잘못 들어서다

tumble
[tʌ́mbəl]

v. 구르다(fall), 쓰러지다, 넘어뜨리다

slip
[slip]

v. 미끄러지다(slide) n. 미끄러짐, 실수, 조각

There's many a **slip** between the cup and the lip.
입에 든 떡도 넘어가야 제 것이다. (속담)

stagger
[stǽgər]

v. 비틀거리다 n. 갈지자걸음

stagger under a heavy load
짐이 무거워 비틀거리다

crawl
[krɔːl]

v. 기다(creep), 아첨 떨다

The hours **crawled** by.
시간이 지루하게 흘렀다.

whirl
[hwəːrl]

v. 회전하다

- whirlpool
n. 소용돌이

toss
[tɔːs]

v. 던져 올리다(throw), 동요시키다

toss-up
동전 던지기

pat
[pæt]

v. 톡톡 치다, 쓰다듬다

She **patted** me on the back.
그녀는 내 등을 가볍게 두드렸다.

hug
[hʌg]

v. 껴안다(embrace), 고집하다(cling to)

Don't **hug** a prejudice.
편견을 버려라.

- hug oneself on ~을 기뻐하다
- hug one's chains 속박을 감수하다

lean
[liːn]

v. 기울어지다, 기대다 a. 여윈, 마른

Don't try to **lean** on others.
남에게 기대려고 하지 마라.

recline
[rikláin]

v. 기대다, 눕다, 의지하다(rely)

recline on the bed
침대에 눕다

depend
[dipénd]

v. 의지하다, 신뢰하다(rely), (~여하에) 달려 있다

- dependence
n. 의지하기

- depend on ~에 의존하다, 의지하다

meager
[míːgər]

a. 여윈, 빈약한 opp. plump 포동포동한

a **meager** income
변변찮은 수입

cling
[kliŋ]

v. 매달리다(stick), 달라붙다

The wet shirt **clung** to my body.
젖은 셔츠가 몸에 착 달라붙었다.

- cling to ~에 달라붙다, ~을 고수하다
- cling together 단결하다

bustle
[bʌ́sl]

v. 법석 떨다, 북적거리다 n. 소동(stir)

They **bustled** around the house.
그들은 집 주위를 분주히 돌아다녔다.

fuss
[fʌs]

v. 법석 떨다 n. 야단법석(bustle), 흥분

Don't **fuss** about nothing.
공연한 일로 소란을 피우지 마라.
■ fussy
a. 야단법석을 떠는

shift
[[ʃift]

v. 바꾸다, 이동하다(move), 그럭저럭 살아가다
n. 방편, 전환, 교대

They **shifted** with little money.
그들은 적은 돈으로 그럭저럭 살았다.

■ live by shift
변통하여 그럭저럭 살림을 꾸려 가다
■ the last shift 최후의 수단

fetch
[fetʃ]

v. 데리고 오다, (한숨)짓다

fetch a sigh
한숨을 쉬다
Run and **fetch** the doctor!
달려가서 의사를 불러와!

369 사이, 휴게 시간 INTERVAL

interval
[íntərvəl]

n. 사이, 휴게 시간, 짬

in the **intervals** of work
일하는 짬짬이

sunset
[sʌ́nsèt]

n. 일몰, 해넘이, 만년

the **sunset** of life
인생의 황혼기

pause
[pɔːz]

v. 멈추다, 쉬다(rest) n. 멈춤, 주저

effort without **pause**
끊임없는 노력

repose
[ripóuz]

v. 쉬다(rest), 자다(sleep) n. 휴식

They **repose** at Mangwol-dong Cemetery.
그들은 망월동 묘지에 잠들어 있다.

relax
[riláeks]

v. 늦추다(loose), 쉬다(rest)

Relax and enjoy yourself.
긴장을 풀고 재미있게 지내세요.
■ relaxation
n. 이완, 휴식

■ relax into sleep
긴장이 풀려 잠들어 버리다
■ relax one's effort 노력을 덜하다

loosen
[lú:sən]

v. 늦추다(slacken, relax), 해방시키다

The runners are just **loosening** up before the race.
주자들은 경주 전에 근육을 푸는 운동만을 하고 있었다.

370 요즈음 NOWADAYS

nowadays
[náuədèiz]

ad. 요즈음 opp. formerly 전에

The prices are skyrocketing **nowadays**.
요즘에는 물가가 천정부지로 치솟고 있다.

overnight
[óuvərnàit]

n. 전야 a. 하룻밤의 ad. 밤새워, 갑자기

an **overnight** guest
하룻밤 묵는 길손

frequency
[frí:kwənsi]

n. 빈발, 빈번, (전기) 주파수

Accidents are happening there with increasing **frequency**.
사고가 점점 더 빈번히 그곳에서 발생하고 있다.
■ frequent
v. 자주 가다 a. 흔한, 상습적인

| **secondary**
[sékəndèri] | n. 부차적인 것 a. 2류의, 대리의

a matter of **secondary** importance
두 번째로 중요한 문제 |

| **latter**
[lǽtər] | a. 마지막의, 후자의

the **latter** years of one's life
인생의 만년 |

| **stage**
[steidʒ] | v. 상연하다 n. 단계, 시기(period), 무대

He went on the **stage**.
그는 배우가 되었다. |

■ by stages 차츰, 서서히
■ hold the stage 주목의 대상이다

| **era**
[íərə] | n. 연대, 시기(epoch), 시대

the Christian **era**
서기
a new **era**
새 시대 |

| **historic**
[histɔ́(:)rik] | a. 역사상 중요한

He gave all his **historical** papers to me.
그는 자기의 모든 역사 자료를 내게 주었다.
■ historical
a. 역사와 관련된, 역사적인 |

| **relic**
[rélik] | n. 유해(遺骸), 유물, 유품

This stone ax is a **relic** of ancient times.
이 돌도끼는 고대의 유물이다. |

span
[spæn]

n. 기간, 한 뼘

a person's life **span**
수명

term
[təːrm]

n. 기간, 학기, 용어, (pl.) 조건, 교제 관계

During the **term**, we have examinations.
우리는 학기 중에 시험을 치른다.

- in terms of
~에 관해서 ~ 면에서
- on good terms
~와 좋은 사이로

session
[séʃən]

n. 개회(sitting), 학기(term), 회합

the summer **session**
여름 학기

decade
[dékeid]

n. 십 년간

일어서다, 뜨다, 오른다, 솟아오른다

Prices have risen steadily during the past **decade**.
지난 십 년 동안 물가는 꾸준히 올랐다.
for several **decades**
수십 년간

date
[deit]

n. 날짜, 만날 약속

out of **date**
낡은
up to **date**
지금 유행하는

lifelong
[láiflɔ̀(ː)ŋ]

a. 일생 동안의

- lifetime
n. 일생, 한 평생

meantime

[míːntàim]

n. 중간 시간 ad. 그동안에, 한편에서는

in the meantime
그러는 동안에
■ meanwhile
ad. 그동안에, 동시에

rear

[riə*r*]

v. 기르다, 재배하다(cultivate)

I have **reared** horses.
나는 말을 사육하고 있다.

interior
[intíəriər]

n. 안쪽, 옥내
a. 안쪽의(inside), 내륙의(inland), 내면의

An **interior** decorator 장식자
실내 장식가

extreme
[ikstríːm]

n. 극단 a. 극도의(utmost), 과격한(radical)

Your political ideas are very **extreme**.
너의 정치사상은 너무 급진적이다.
- extremely
ad. 극도로

parallel
[pǽrəlèl]

v. 평행하다, 필적하다 n. 평행선, 유사점 a. 평행의

There is no **parallel** to him.
그에 필적할 만한 사람은 없다.

space
[speis]

n. 공간, 우주(universe), 여백, 구간

- spacious
a. 널찍한(vast)
- spacecraft
n. 우주선
- space station
n. 우주 정거장

- for a space 잠시 동안
- time and space 시간과 공간

galaxy
[gǽləksi]

n. 은하수(銀河水), 화려한 모임

a **galaxy** of film stars
기라성 같은 영화배우들

| **planet**
[plǽnət] | n. 행성, 유성

major **planets**
대행성 |

| **solar**
[sóulər] | a. 태양의

a **solar** eclipse
일식 |

| **pole**
[poul] | n. 막대기, 전봇대, 극(지대)

the **Polar** Seas
극해
■ polar
a. 극의 |

■ the North Pole – the South Pole 북극–남극
■ a negative Pole – a positive Pole 음극–양극

| **arctic**
[áːrktik] | a. 북극의 opp. antarctic 남극의

the **arctic** regions　지방, 지역, 범위, 영역
북극 지방
the **Arctic** Ocean
북극해 |

| **hemisphere**
[hémisfìər] | n. 반구(半球) (체)

the Northern **Hemisphere**
북반구 |

| **north**
[nɔːrθ] | n. 북, 북쪽 a. 북쪽의(northern)
ad. 북쪽으로

The room faces **north**, so it's always cold.
그 방은 북향이어서 언제나 춥다. |

east
[iːst]

n. 동쪽

the **Eastern**
동양
- eastern
a. 동쪽의

tropic
[trápik]

n. 회귀선, 열대(지방)

the **Tropic** of Cancer
북회귀선
- tropical
a. 열대의, 열렬한

coast
[koust]

n. 해안, 연안

a trip to the **coast**
연안 여행

- along the coast 해안을 따라서
- from coast to coast 전국 방방곡곡에

bay
[bei]

n. 만

the **Bay** of Bengal
벵골만

cape
[keip]

n. 갑(岬), 곶(headland)

the **Cape** of Good Hope
희망봉

port
[pɔːrt]

n. 항구(harbor)

enter **port**
입항하다

tide
[taid]

n. 조수, 형세, 풍조(trend), 때, 철(season)

Time and **tide** wait(s) for no man.
세월은 사람을 기다리지 않는다. (속담)

flood
[flʌd]

n. 홍수, 범람

a **flood** of tears
줄줄 쏟아지는 눈물

■ **flood into** ~로 몰려들다
■ **flood with** ~이 넘쳐 나다

overflow
[òuvərflóu]

v. 범람하다, 넘치다 n. 범람, 홍수

The beer is **overflowing** the glass.
맥주가 잔에 넘치고 있다.

ripple
[rípəl]

v. 파문이 일다 n. 잔물결(small wave), 파문

The wind **rippled** the lake.
바람이 호수에 잔물결을 일으켰다.

foam
[foum]

v. 거품이 일다 n. 거품

the **foaming** waves
거품이 이는 파도

---

376 그릇, 배   VESSEL

vessel
[vésəl]

n. 그릇, 배(ship)

a steam **vessel**
기선
a **vessel** of war
군함

barrel [bǽrəl]	n. 나무통(cask), 원유를 담는 용기 a beer **barrel** 맥주 통
fleet [fliːt]	n. 함대 a. 빠른, 신속한(rapid) Time is **fleeter** than an arrow. 세월이 화살보다 더 빠르다.
steer [stiər]	v. (배의) 키를 잡다, 조종하다, 이끌다 **steering** committee 운영 위원회

377 뜨다   FLOAT

float [flout]	v. 뜨다 opp. sink 가라앉다, 내려앉다, 쓰러지다, 빠지다 An idle rumor is **floating** about. 헛소문이 떠돌고 있다.
drift [drift]	v. 표류하다 n. 표류, 흐름(trend) 목적 없이 He **drifted** aimlessly through life. 그는 일생을 빈둥거리며 지냈다.
current [kə́ːrənt]	n. 흐름, 경향 a. 현재의, 통용하는 the **current** price 시가(時價) ■ currency n. 통화(current money), 유통

against the current 시류를 거슬러
with the current 흐름에 따라서

| **trend**
[trend] | n. 방향, 추세, 유행(트랜드) v. 향하다, 기울다

the **trend** of public opinion
여론의 동향 |

| **tendency**
[téndənsi] | n. 경향, 추세

the **tendency** of events
사태의 추이 |

| **cliff**
[klif] | n. 벼랑, 절벽

■ cliff-hanging
a. 손에 땀을 쥐게 하는 |

| **earthquake**
[ə́ːrθkwèik] | n. 지진, (정치 · 사회적) 대변동

파괴하다, 멸하다, 망치다
The city was destroyed by the **earthquake**.
그 도시는 지진으로 파괴되었다. |

| **canal**
[kənǽl] | n. 운하

The Panama **Canal** joins two oceans.
파나마 운하는 두 대양을 연결한다. |

378 평평하게 하다

LEVEL

| **level**
[lévəl] | v. 평평하게 하다 n. 수평, 고도 a. 수평의

the **level** of one's eyes
눈높이 | ■ draw level with ~와 대등해지다
■ level off 수평을 유지하다 |

flat
[flæt]

a. 평평한, 바람이 빠진, 균일한, 지루한(dull)

Life seemed **flat** to him.
그에게 인생은 지루하기 짝이 없었다.
- flatten
v. 평평하게 하다

- **get a flat** 펑크가 나다
- **flat out** 전속력으로, 딱 잘라

average
[ǽvəridʒ]

v. 평균 내다 a. 평균

the **average** life
평균 수명

norm
[nɔːrm]

n. 표준, 평균 성적

The **norm** in this examination is 70 out of 100.
이번 시험의 평균은 100점 만점에 70점이다.

straight
[streit]

n. 곧은(erect), 정직한(honest) ad. 수직으로

a **straight** line
직선
- straightforward
a. 솔직한

perpendicular
[pə̀ːrpəndíkjələr]

a. 수직의(vertical), 직립한(upright), 깎아 세운 듯한

a **perpendicular** line
수직선
a **perpendicular** cliff
깎아지른 낭떠러지

erect
[irékt]

a. 똑바로 선, 직립한(upright)

with hair **erect**
머리카락을 곤두세우고
- erection
n. 직립, 건설

vertical
[və́ːrtikəl]

a. 수직의 opp. horizontal 수평의, 지평[수평]선상의

a **vertical** movement
수직 운동

436

broaden
[brɔːdn]

v. 넓어지다, 넓히다

Travel **broadens** the mind.
여행은 마음을 너그럽게 해 준다.
broad shoulders
떡 벌어진 어깨
- **broad**
  a. 폭이 넓은

widen
[wáidn]

v. 확장하다

to **widen** a road
길을 넓히다
- **wide-eyed**
  a. 놀란, 순진한

depth
[depθ]

n. 깊이, 심원(profundity)

depth of knowledge
지식의 심오함

- in depth 철저한, 깊이 있는
- beyond one's depth
  깊은 구렁에 빠진, 이해가 미치지 못하는

slant
[slænt]

v. 기울다(slope) n. 경사 a. 비탈진

slope
[sloup]

v. 비탈지다(lean) n. 비탈, 경사(inclination)

상냥한, 온화한
a gentle slope
완만한 경사

shallow
[ʃǽlou]

a. 얕은, 천박한, 피상적인(superficial)

a **shallow** thinker
생각이 얕은 사람

breeze
[briːz]

n. 산들바람, 말다툼 opp. **gale** 질풍

We were shooting the **breeze**.
우리는 가벼운 대화를 나누고 있었다.

gale
[geil]

n. 강풍, 질풍

The **gale** blew down an old tree.
강풍이 고목을 쓰러뜨렸다.

blow
[blou]

v. 불다, 내뿜다 n. 강타, 구타

at a **blow**
일격에, 순식간에
■ **blower**
n. 송풍기, 허풍선이

■ blow up 폭파하다
■ blow away 날려 버리다
■ blow out 불어 끄다

storm
[stɔːrm]

n. 폭풍(우), 소동, 급습 opp. **calm** 고요함

After a **storm** comes a calm.
폭풍 후에 고요가 찾아든다. (속담, 고진감래)
■ **stormy**
a. 날씨가 험악한, 격렬한

blast
[blæst]

v. 폭파하다(explode), 폭파시키다 n. 돌풍

The road is closed because of **blasting**.
그 도로는 발파 작업으로 폐쇄되어 있다.

■ at a blast 단숨에
■ at full blast 전력을 다하여

thunder
[θʌ́ndər]

v. 천둥치다, 고함지르다 n. 천둥, 우뢰

After the lightning came the **thunder**.
번개가 치고 나서 천둥이 울렸다.

hail
[heil]

v. 퍼붓다 n. 우박, 싸라기눈

a hail of bullets
쏟아지는 총알

It's **hailing**.
우박이 퍼붓고 있다.

foggy
[fɔ́(ː)gi]

a. 흐릿한(obscure), 안개가 자욱한

a **foggy** morning
안개 낀 아침
■ fog
n. 안개

mist
[mist]

v. 안개가 끼다 n. 안개, (눈의) 흐림

She smiled in a **mist** of tears.
그녀는 눈물이 고인 눈으로 웃어 보였다.

haze
[heiz]

v. 몽롱해지다 n. 안개, 아지랑이

evening **haze**
저녁 안개

smoke
[smouk]

v. 담배를 피우다 n. 연기, 매연

■ smoky
a. 연기 나는, 연기 같은
■ smoke screen
n. 연막

■ give off smoke 연기를 내뿜다
■ passive smoke 간접흡연

vapo(u)r
[véipər]

n. 증기

A cloud is a **mass** of **vapor** in the sky.
구름은 하늘에 떠 있는 증기 덩어리이다.

freeze
[friːz]

v. 결빙하다(시키다)

The pond has **frozen** over.
연못이 얼어붙었다.

melt
[melt]

v. 용해시키다, 녹이다, 녹다

The sun **melted** the snow.
태양이 눈을 녹였다.

- melt away 서서히 사라지다
- melt down 녹이다
- melt into tears 하염없이 울다

dissolve
[dizálv]

v. 녹이다, 해산하다(terminate)

The military **dissolved** parliament.   의회
군인들은 국회를 해산시켰다.

mold
[mould]

v. 주조하다 n. 틀, 거푸집

a figure of a man **molded** out of clay
점토로 빚은 인물상

thaw
[θɔː]

v. 녹다, 녹이다(melt) n. 해빙, 긴장완화

The snow is **thawing**.
눈이 녹고 있다.

fuse
[fjuːz]

v. 녹다, 녹이다(melt) n. 퓨즈, 도화선

put a new **fuse** in
새 퓨즈를 끼우다

SKIN

skin
[skin]

n. 피부, 가죽

Beauty is but **skin**-deep.
미모는 가죽 한 꺼풀 차이 – 외모로 인격을 판단하지 마라. (속담)
- **skinny**
  a. 여윈
- **skin-deep**
  a. 가죽 한 꺼풀의, 피상적인

fabric
[fǽbrik]

n. 편물, 짜임새, 뼈대(framework)

silk **fabrics**
견직물

fiber
[fáibər]

n. 섬유

인조의, 인공적인, 부자연스러운
artificial **fibers**
인조섬유

MINE

mine
[main]

v. 채굴하다 n. 광산, 지뢰, 보고(寶庫)

a **mine** of information
지식의 보고
- **mineral**
  n. 광물, (pl.) 광천수

- lay a mine 지뢰를 부설하다
- an abandoned mine 폐광

magnet
[mǽgnit]

n. 자석(磁石), 사람을 끄는 사람

a bar **magnet**
막대자석

bronze
[brɑnz]

n. 청동

a **bronze** medal
동메달
the **Bronze** Age
청동기 시대

steel
[stiːl]

v. 굳게 하다 n. 강철, 칼(sword)

I **steeled** myself to go in and say I was sorry.
들어가서 잘못했노라고 말하기로 마음을 굳게 먹었다.
- steely
a. 강철의, 무정한

rust
[rʌst]

v. 녹슬다 n. 녹

Your skill has **rusted**.
너의 솜씨가 녹슬었다.
- rusty
a. 녹슨

- be in rust 녹슬어 있다
- get the rust off 녹을 없애다

poison
[pɔ́izən]

v. 독살하다 n. 독, 독약

One man's meat is another man's **poison**.
갑의 약은 을에게는 독(속담)
- poisonous
a. 독 있는, 해로운

fume
[fjuːm]

v. 연기 나다 a. 증기, 연무(煙霧), 화

in a **fume**
대노하여
exhaust **fumes**
배기가스

grease
[griːs]

v. 기름을 바르다 n. 윤활유

He put **grease** on his hair.
그는 머리에 기름을 발랐다.

pile
[pail]

v. 쌓아 올리다 n. 더미, 퇴적(heap)

a **pile** of newspapers
차곡차곡 쌓인 신문지

heap
[hiːp]

v. 쌓다 n. 더미, 퇴적물, 다수

a **heap** of sand
모래산
heaps of times
몇 번씩

- heap on ~에게 듬뿍 주다
- in a heap 무더기로

stack
[stæk]

v. 쌓아 올리다(heap) n. 낟가리, 퇴적(pile)

a **stack** of wood
장작더미

bunch
[bʌntʃ]

v. 다발로 묶다 n. 송이(cluster), 다발, 무리

즐기다, 갖고 있다, 향유하다
A **bunch** of girls enjoys swimming.
한 무리의 소녀들이 수영을 즐기고 있다.

bundle
[bʌ́ndl]

v. 묶다 n. 꾸러미, 다발

a **bundle** of letters
한 다발의 편지

cluster
[klʌ́stər]

n. 덩어리, 송이(bunch), 무리(group)

a **cluster** of stars
별무리

Day 29

fluid
[flúːid]

n. 액체 a. 유동성의, 변하기 쉬운

fluid plans
유동적인 계획
- fluidity
n. 유동성 opp. solidity 굳음

liquid
[líkwid]

n. 액체 a. 유동체의, 투명한

Water is a **liquid**.
물은 액체이다.

solid
[sálid]

a. 고체의, 견실한, 믿을 만한

solid information
믿을 만한 정보
a **solid** building
견고한 건물

- be in a solid state 고체 상태이다
- go solid for ~에 찬성하여 일치단결하다

concrete
[kánkriːt]

a. 실재의, 구체적인, 고체의

in the **concrete**
구체적으로, 실제로

embody
[embádi]

v. 구체화하다, 수록하다, 포함하다

The letter **embodied** all his ideas.
편지에는 그의 모든 생각들이 나타나있다.
- embodiment
n. 형태를 부여하기, 구체적 표현

| **stiff**
[stif] | a. 빳빳한, 완강한, 곤란한

New shoes are **stiff**.
새 신발은 뻣뻣하다.
■ stiffness
n. 완고함 |

| **detail**
[díːteil] | v. 자세히 말하다 n. 세부 사항, 사소한 일

in **detail**
항목에 따라, 상세하게
■ detailed
a. 상세한 |

| **specimen**
[spésəmən] | n. 표본(sample), 별난 놈(person)

The doctor will need a **specimen** of your blood.
의사는 네 혈액의 검사용 표본을 필요로 할 것이다. |

| **pattern**
[pǽtərn] | v. ~를 본뜨다 n. 본보기, 경향 a. 모범적인

a **pattern** husband
모범적인 남편 |

| **instance**
[ínstəns] | v. 예로 들다(cite) n. 실례(example), 경우(case)

an **instance** of bad behavior
나쁜 행실의 한 가지 예

■ for instance 예를 들면, 이를테면
■ in this instance 이 경우에 |

glass
[glæs]

n. 유리, 컵, (pl.) 안경

a **friendly glass** — 친한
친구끼리 한 잔

gravel
[grǽvəl]

v. 자갈을 깔다 n. 자갈

a **gravel walk** — 보행, 걸음걸이, 산책, 보행 거리
자갈길

marble
[máːrbəl]

n. 대리석, 구슬

a game of **marbles**
구슬치기

tray
[trei]

n. 쟁반, 접시

an **ash tray** — 재
재떨이

blanket
[blǽŋkit]

n. 담요, 온통 뒤덮인 것

The valley was covered with a **blanket** of snow.
계곡이 온통 눈에 덮혀 있었다.

pillow
[pílou]

v. 얹다 n. 베개

He slept his head **pillowed** on a book.
그는 책을 베개 삼아 잠을 잤다.

frame
[freim]

v. 액자에 끼우다 n. 토대, 틀

I haven't selected **frames** for my glasses yet.
아직 내 안경테를 고르지 못했다.
■ **framework**
n. 뼈대, 틀, 체제

| **thread**
[θred] | v. 이어 붙이다 n. 실, 줄거리, 맥락

a **thread** of light
한줄기 빛 |

| **tag**
[tæg] | v. 부가하다(add), 붙어 다니다 n. 딱지, 물표

price **tag**
가격표
tag question
부가의문부호 |

■ **tag** after ~를 쫓아다니다
■ **tag** for ~의 이유로 교통 위반 딱지를 떼다

| **hook**
[huk] | n. 고리, 덫

a hat **hook**
모자걸이
fish**hook**
낚싯바늘 |

| **mirror**
[mírər] | v. 비추다, 반영하다(reflect) n. 거울, 반사경

Language is the **mirror** of society.
언어는 사회의 거울이다. |

| **timber**
[tímbər] | n. 목재, 삼림지(timberland), 사람의 됨됨이

서 있는, 상비의
standing **timber**
입목 |

389 소풍, 행락 — EXCURSION

| **excursion**
[ikskə́ːrʒən] | n. 소풍, 행락

go on a day **excursion**
당일치기로 소풍을 가다 |

| **journey** | n. 긴 여행, 여정 |
| [dʒə́:rni] | one's **journey**'s end
인생 행로의 끝 |

| **tour** | n. 일주 여행 |
| [tuər] | ■ tourist
n. 관광객
■ tourism
n. 관광사업 |

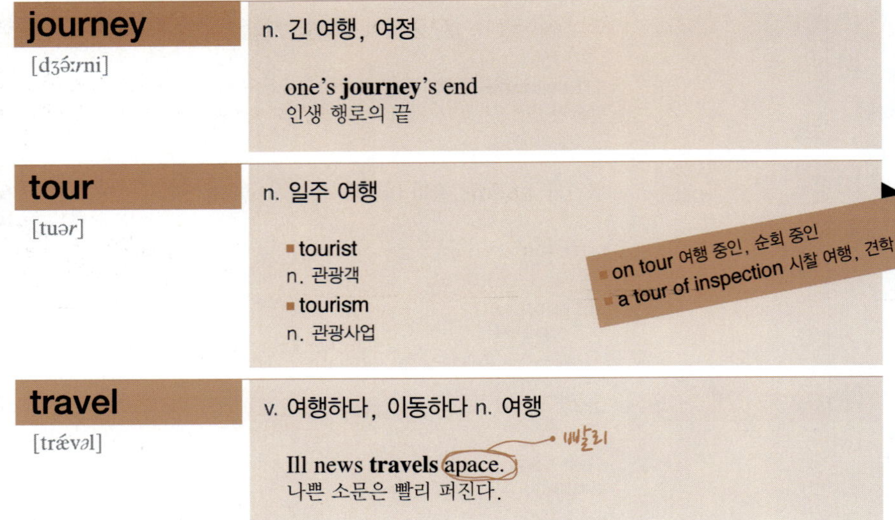

| **travel** | v. 여행하다, 이동하다 n. 여행 |
| [trǽvəl] | 빨리
Ill news **travels** apace.
나쁜 소문은 빨리 퍼진다. |

| **obstacle** | n. 장애(물), 방해 |
| [ábstəkəl] | **obstacle** race
장애물 경주 |

| **barrier** | n. 울타리, 장애물 |
| [bǽriər] | a language **barrier**
언어 장벽   관세
tariff **barrier**
관세 장벽 |

| **brick** | n. 벽돌, 쾌남아 |
| [brik] | a house built of **brick**
벽돌로 지은 집 |

fence
[fens]

n. 벽, 담

a backyard **fence**
뒤뜰의 벽(담)

layer
[léiər]

n. 층, 쌓는 사람

a brick**layer**
벽돌공

- the ozone layer 오존층
- in layers 겹겹이

laborer
[léibərər]

n. 노동자, 노무자

Labor Day
노동절
- **labor**
n. 노동

toil
[tɔil]

v. 힘써 일하다(labor) n. 고된 일

노력
Fortune waits on honest **toil** and earnest endeavor.
행운은 정직한 노동과 진지한 노력을 위해 일한다.

trade
[treid]

v. 장사하다, 무역하다
n. 생업(occupation), 장사, 무역, 교환

드물게, 좀처럼 ~않는
Two of a **trade** seldom agree.
같은 장사끼리는 화합이 안 된다.

career
[kəríər]

n. 경력, 생애, 직업, 성공, 속력(speed)

make a **career**
성공하다
in full **career**
전속력으로

occupy
[ákjəpài]

v. 점유하다, 종사하다, 차지하다

Many worries **occupy** his mind.
그의 마음엔 이런저런 걱정거리로 가득 차 있다.
- occupant
n. 거주인, 점유자
- occupation
n. 일, 점유

■ be occupied with
~에 종사하다, ~하기에 바쁘다

392 무역 COMMERCE

commerce
[kámə:rs]

n. 무역(trade), 상업

commercial bank
상업은행
commercial art
상업미술
- commercial
a. 상업의 n. 광고 방송

commodity
[kəmádəti]

n. 상품, 물품

가족
household **commodities**
일용품
prices of **commodities**
물가

merchant
[mə́:rtʃənt]

n. 상인, 무역상

보석류
a jewelry **merchant**
보석 도매상인
- merchandise
v. 거래하다

laboratory
[lǽbərətɔ̀:ri]

n. 실험실, 실습실

The university has a well-equipped **laboratory**.
그 대학에는 훌륭한 설비를 갖춘 실험실이 있다.

ray
[rei]

v. 방사하다(radiate) n. 광선

a **ray** of hope
한 가닥 희망

- ultraviolet rays 자외선
- heart rays 열선

dazzle
[dǽzəl]

v. 눈부시게 하다, 현혹시키다

The lights of the car **dazzled** me.
자동차 불빛 때문에 눈이 부셨다.

radiate
[réidièit]

v. 발하다, 방출하다(emit)

- radiator
n. 방열체, 냉각장치

emit
[imít]

v. (빛·열을) 내다, 방출하다

The chimney **emitted** smoke.
굴뚝이 연기를 내뿜었다.
- emission
n. 방사, 배출

illuminate
[ilú:mənèit]

v. 밝게 하다(light up), 계몽하다

The room was **illuminated** by candles.
그 방은 촛불로 밝혀졌다.
- illumination
n. 조명

enlighten
[enláitn]

v. 계몽하다, 교화하다

enlighten the ignorant
무지한 사람들을 계몽하다

dim
[dim]

a. 어둑한(faint), 침침한(vague), 모호한

a dim view
불투명한 전망

blur
[bləːr]

v. 흐릿하게 하다, 흐리다 n. 흐릿함, 얼룩

Tears **blurred** my eyes.
눈물이 앞을 가렸다.

gloom
[gluːm]

n. 어둠, 침울

gloomy news
우울한 소식
- **gloomy**
  a. 어두운, 음산한

blush
[blʌʃ]

v. 얼굴을 붉히다 n. 홍조(紅潮)

He **blushed** for shame.
그는 부끄러워 얼굴이 붉어졌다.

pale
[peil]

a. 창백한(wan), 흐릿한

a pale light
희미한 빛

fade
[feid]

v. 희미해지다, 사라지다, 바래다

She was **fading** away.
그녀가 서서히 사라져 갔다.

- **fade away** 사라지다
- **fade out** (영화) 차차 어두워지다

vast
[væst]

a. 거대한, 방대한(enormous, immense)
opp. **narrow** 폭이 좁은, 한정된, 간신히 이룬

a vast crowd of people
엄청난 군중

massive
[mǽsiv]

a. 큼직한, 당당한, 대규모의

a massive increase in the cost of living
엄청난 생계비 증가

growth
[grouθ]

n. 성장, 발육, 증가

the growth of population
인구 증가

supreme
[səprí:m]

a. 최고의, 극도의

the Supreme Court
최고 법원, 대법원

■ at the supreme moment
가장 중요한 고비에

superb
[supə́:rb]

a. 최고의, 우수한

The food was **superb**.
음식이 최고급이었다.

summit
[sʌ́mit]

n. 정상(top), 절정

summit conference
정상회담

worthwhile
[wə́:rθhwáil]

a. ~할 가치가 있는

a poet **worthy** of the name
시인다운 시인
■ worthy
a. 가치가 있는, ~에 알맞은

deserve

[dizə́ːrv]

v. ~할 만한 가치가 있다

Good work **deserves** good pay.
훌륭한 일은 많은 급료를 받을 만한 가치가 있다.

■ deserve all one gets
자업자득이다

396 근소한, 가녀린   SLIGHT

slight

[slait]

a. 근소한, 가녀린(slender), 변변찮은

I have not the **slightest** doubt.
나는 조금도 의심하지 않는다.

trifle

[tráifəl]

v. 농담하다 n. 사소한 일

a **trifling** error
사소한 잘못
■ trifling
a. 하찮은, 사소한

frivolous

[frívələs]

a. 시시한, 어리석은, 경박한

낭비하다, 놓치다, 황폐하게 하다
Don't **waste** your time on **frivolous** matters.
하찮은 일로 시간을 낭비하지 마라.
■ frivolity
n. 경박

petty

[péti]

a. 작은(minor), 시시한(trifling)

지출 비용
petty expenses
잡비
■ pettiness
n. 편협, 비열

trivial

[tríviəl]

a. 하찮은, 변변찮은

Why do you get angry over such **trivial** matters?
그런 하찮은 일로 왜 화를 내고 그래?

subtle
[sʌ́tl]

a. 희박한(rarefied), 미묘한, 능란한, 교활한

a **subtle** charm
미묘한 매력

tough
[tʌf]

a. 단단한, 완고한(sturdy), 곤란한 n. 깡패

a **tough** will
불굴의 의지
a **tough** job
곤란한 일

■ get tough with ~에게 엄하게 굴다
■ tough it out 어려움을 참고 견디다

firm
[fəːrm]

a. 견고한, 단단한 n. 회사, 상사

a **firm** belief
확고한 믿음

tight
[tait]

a. 빡빡한, 단단한, 촘촘한
opp. **loose** 풀린, 헐거운, 꽉 죄지 않는

a **tight** schedule
꽉 짜인 스케줄

dense
[dens]

a. 짙은(thick), 어리석은(stupid), 밀집한

a **dense** crowd
꽉 들어 찬 관중
■ densely
ad. 빽빽하게

thick
[θik]

a. 두꺼운, 굵은
opp. **thin** 얇은, 여윈, 드문드문한, 엷은, 묽은

The fog is **thick**.
안개가 자욱하게 깔렸다.

swift
[swift]

a. 신속한, 재빠른, 민첩한

He is **swift** of foot.
그는 걸음이 빠르다.

rapid
[rǽpid]

a. 빠른, 가파른(steep)

a rapid descent
가파른 내리막길
a rapid stream
급류
- rapidity

n. 신속
- rapidly

ad. 신속히

odd
[ɑd]

a. 기묘한(strange), 여분의, 외짝의
n. (수학) 홀수 opp. even 짝수의

at odd times
짬짬이

peculiar
[pikjú:ljər]

a. 별난, 기묘한

This style is **peculiar** to him.
이것은 그의 독특한 문체이다.
- peculiarity

n. 괴상함, 특수성

queer
[kwiər]

a. 묘한(odd), 의심스러운(doubtful), 괴상한

a queer sort of fellow
괴짜
- queer-looking

a. 이상한 모습의

fortune
[fɔ́:rtʃən]

n. 운수, 재산, 행운 opp. misfortune 불운

fortune's wheel
운명의 수레바퀴

- make a fortune 부자가 되다
- share a person's fortune
~와 운명을 함께하다

| **imperative**
[impérətiv] | a. 명령적인, 긴급한, 피할 수 없는

in an **imperative** tone
명령적인 어조로 |

| **urgent**
[ə́ːrdʒənt] | a. 긴급한, 다급한

It's not **urgent**; it can wait until tomorrow.
그것은 다급하지 않다. 내일까지 기다려도 돼.
■ urgency
n. 절박, 긴급 |

398 먹이로 하다

| **prey**
[prei] | v. 먹이로 하다 n. 먹이, 희생

What does the kite **prey** upon?
솔개는 무얼 잡아먹고 살지? |

| **victim**
[víktim] | n. 희생(자)

the **victims** of war
전쟁의 희생자 |

399 보호하다, 피난하다

| **shelter**
[ʃéltər] | v. 보호하다, 피난하다 n. 피난처

In the storm I took **shelter** under a tree.
폭풍이 몰아치자 나는 나무 아래로 몸을 숨겼다. |

haven
[héivən]

n. 피난처, 안식처(shelter), 항구(harbor)

The book is his **haven**.
책은 그의 안식처이다.

safety
[séifti]

n. 안전, 무사

a **safety** zone
안전지대

deliver
[dilívər]

n. 배달하다, 구출하다, 진술하다(utter)

- **delivery**
  n. 배달, 배달품, 구출, 해방
- **deliverance**
  n. 구출, 해방

- deliver over 인도하다, 양도하다
- deliver oneself to the police 자수하다

rescue
[réskjuː]

v. 구출하다, 해방시키다 n. 석방

He **rescued** the man from drowning.
그는 물에 빠진 사람을 구해냈다.
물에 빠져 죽다
- **rescuer**
  n. 구조자

flee
[fliː]

v. 도망가다, 지나가다

Night **fled** and the day broke.
밤이 가고 아침이 되었다.

---

400 추적하다, 내쫓다 CHASE

chase
[tʃeis]

v. 추적하다, 내쫓다 n. 추적(pursuit)

The police **chased** after the murderer.
살인자
경찰이 살인자를 뒤쫓았다.

458

pursue
[pərsú:]

v. 좇다, (연구를) 수행하다

He **pursued** his studies from birth to death.
그는 평생토록 연구에 종사했다.

heel
[hi:l]

n. 뒤축

on the **heels** of
~에 잇따라서

trail
[treil]

v. 끌다(drag), 추적하다(pursue) n. 자국

Her long skirt was **trailing** behind her.
그녀의 긴 스커트가 질질 끌리고 있었다.

overtake
[òuvərtéik]

v. 만회하다, 덮치다, ~를 따라잡다

재해
Disaster **overtook** us.
우리에게 재난이 덮쳤다.

---

401 정돈하다 ARRANGE

arrange
[əréindʒ]

v. 정돈하다, 준비하다(prepare)

arrange flowers
꽃꽂이하다
■ arrangement
n. 정돈, 협약, 준비

■ arrange with 결말 짓다, 합의하다
■ arrange for 준비하다, 주선하다

prepare
[pripέər]

v. 준비하다, 각오시키다

진행, 과정, 진로
a **preparatory** course
준비 과정
■ preparatory
a. 준비의, 예비의

array
[əréi]

v. 정렬시키다 n. 정렬, 집결

The soldiers were **arrayed** on the opposite hill.
군인들이 맞은편 언덕에 포진하고 있었다.

rank
[ræŋk]

v. 정렬시키다 n. 열(raw), 지위

He has **rank** and wealth.
그는 지위와 부를 소유하고 있다.

- advance in rank 승진하다
- in rank 열을 지어

---

402 정거장, 창고

depot
[díːpou]

n. 정거장, 창고

food **depot**
식품 창고

destination
[dèstənéiʃən]

n. 행선지, 종착역

What's the **destination** of the train?
그 기차의 종착역은 어디입니까?

---

403 정복하다

suppress
[səprés]

v. 정복하다(subdue), 억제하다, 숨기다

The rebels were **suppressed** by the army.
반역자들은 군대에 의해 진압되었다.

gulp
[gʌlp]

v. 꿀꺽 삼키다, 억누르다(suppress)

He **gulped** a glass of whisky.
그는 위스키 한 잔을 꿀꺽 삼켰다.

conquest
[kɑ́ŋkwest]

n. 정복, 극복

the Norman **Conquest**
노르만 정복
- **conquer**
  v. 정복하다

control
[kəntróul]

v. 억제하다, 관리하다 n. 지배, 억제

He lost **control** of his temper.
그는 감정을 억제할 수 없게 되었다.

boss
[bɔ(ː)s]

v. 감독하다 n. 두목 a. 주인의

Who's **boss**?
누가 책임자요?

head
[hed]

v. 선두에 서다(lead) n. 머리, 우두머리

the **head** of a household
호주(戶主)
- **heading**
  n. 표제
- **heady**
  a. 고집 센
- **headline**
  n. 제목

leader
[líːdər]

n. 지도자, 지휘자

- **leadership**
  n. 지도(권), 통솔(력)

arrive
[əráiv]

v. 도착하다(reach), 도달하다(attain), 태어나다
opp. depart 출발하다, 벗어나다

a new **arrival**
신생아
safe **arrival**
안착
- **arrival**
n. 도착 opp. departure 출발

reach
[ri:tʃ]

v. 도착하다, 뻗다 n. 미치는 범위

The bottle was within my **reach**.
그 병은 손이 닿는 곳에 있었다.

- **beyond one's reach**
힘이 미치지 않는, 손이 닿지 않는

attain
[ətéin]

v. 달성하다, 도달하다

a man of great **attainments**
박식한 사람
- **attainment**
n. 성취, (pl.) 학식

stretch
[stretʃ]

v. 뻗다(extend) opp. shrink 줄다, 오그라 들다

stretch the wings
날개를 활짝 펴다

ebb
[eb]

v. 줄다 n. 썰물, 쇠퇴기

the **ebb** and flow of life
인생의 성쇠

minimize
[mínəmàiz]

v. 과소평가하다, 최소로 줄이다

minimized demands
최소한의 요구
- minimum

n. 최소한도, 최소량 a. 최소한도의

decrease
[díːkriːs]

v. 줄이다(diminish), 줄다 n. 감소

Our sales are **decreasing**.
매출이 줄고 있다.

- a decrease in ~의 감소
- on the decrease 감소하고 있는

reduce
[ridʒúːs]

v. 줄이다(diminish), 굴복시키다(subdue)

a map on a **reduced** scale
축척 지도
- reducible

a. 줄일 수 있는

stoop
[stuːp]

v. 몸을 굽히다, 굴복하다

stoop from age
늙어서 허리가 구부러지다

submit
[səbmít]

v. 제출하다(present), 항복하다, 복종하다

submit to God's will
하나님의 뜻에 따르다
- submission

n. 복종, 굴복

obedient
[oubíːdiənt]

a. 기꺼이 순종하는, 고분고분한

an **obedient** child
고분고분한 어린이
- obedience

n. 복종

Day 30

406 기교, 술책

art
[ɑːrt]

n. 기교(skill), (pl.) 술책(trick), 인문과학

Art is long, life is short.
예술은 길고, 인생은 짧다.
the fine **arts**
미술(회화, 조각 등)

- by art 인공으로
- with art 솜씨 있게, 교묘히

eloquent
[éləkwənt]

a. 능변인, 웅변의, 감정이 풍부한

I'm not **eloquent**, but I don't tell a lie.
나는 말은 서툴러도 거짓말은 하지 않는다.
- **eloquence**
  n. 웅변

fluent
[flúːənt]

a. 유창한, 달필의

a **fluent** speaker
달변가
- **fluency**
  n. 유창, 능변

407 찾아내다

ascertain
[æsərtéin]

v. 찾아내다(find out), 확인하다

I **ascertained** that he was dead.
나는 그가 죽은 것을 확인했다.

discover
[diskʌ́vər]

v. 발견하다, 찾아내다(detect), 깨닫다

Columbus **discovered** America in 1492.
콜럼버스는 1492년에 아메리카를 발견하였다.
- discovery
n. 발견(물)

grope
[group]

v. 더듬다, 모색하다

He **groped** in his pocket for his money.
그는 주머니 속을 더듬어 돈을 찾았다.

detect
[ditékt]

v. 발견하다, 탐지하다

- detective
a. 탐정의 n. 탐정
- detection
n. 발견(discovery), 간파

solution
[səljúːʃən]

n. 해결, 용해, 분해 opp. hardening 경화(硬化)

It's difficult to find a **solution** to this question.
이 문제에 대한 해결점을 찾기란 어려운 일이다.

seek
[siːk]

v. 찾다, 얻고자 힘쓰다 opp. hide 감추다; 숨다

He **seeks** after fame.
그는 명성을 추구한다.

- seek after ~을 탐구하다
- seek a person's life ~를 죽이려고 꾀하다

408 동화시키다 ASSIMILATE

assimilate
[əsíməlèit]

v. 동화시키다, 지식을 흡수하다

They were **assimilated** easily with the natives.
그들은 토착민에 쉽게 동화되었다.
- assimilation
n. 동일화

naturalize
[nǽtʃərəlàiz]

v. 귀화시키다, 들여오다

a **naturalized** word
외래어

merge
[məːrdʒ]

v. 동화되다, 합병시키다

The two small banks **merged** with a larger one.
두 개의 작은 은행이 큰 은행으로 합병되었다.
- merger
n. 합병, 합동

engross
[engróus]

v. 열중시키다(absorb)

He is **engrossed** in reading.
그는 독서에 열중하고 있다.
- engross the market 시장을 독점하다
- engross another's love 사랑을 독차지하다

endanger
[endéindʒər]

v. 위태롭게 하다(imperil)

Smoking **endangers** your health.
흡연은 건강을 해친다.

imperil
[impéril]

v. 위험에 처하게 하다(endanger)

He **imperiled** his life to save a child.
그는 죽음을 무릅쓰고 아이를 구했다.

adventure
[ædvéntʃər]

n. 모험(venture), 위험(risk), (pl.) 모험담

I told them of my **adventures** in the mountains.
나는 산에서 겪었던 모험담을 그들에게 이야기했다.
- adventurous
a. 대담한, 위험한(risky)

| **crisis**
[kráisis] | n. 위기, 위험한 고비

the Cabinet crisis — 장식장, 내각
내각의 위기 |

| **venture**
[véntʃər] | v. 모험하다, 위험에 내맡기다

Nothing **venture**, nothing have.
모험을 하지 않으면 아무것도 얻을 수 없다. |

| **establish**
[istǽbliʃ] | n. 설립하다, 제정하다(found, institute)
opp. **abolish** 폐지하다

■ **establishment**
n. 설립, 창립 |

| **constitute**
[kánstətjùːt] | v. 구성하다, 임명하다, 설립하다

constitutional reform
헌법 개정
■ **constitutional**
a. 헌법의, 입헌의 |

| **institute**
[ínstətjùːt] | v. 설립하다, 제정하다 n. 협회, 관행, 제도

This law was **instituted** in the time of Napoleon.
이 법은 나폴레옹 시대에 제정되었다.
■ **institution**
n. 설립, 관행, 학회 |

| **build**
[bild] | v. 세우다, (인격을) 도야하다

Hard work **builds** character.
고된 노동은 인격을 도야한다. |

■ be built up of ~으로 되어 있다
■ build around ~을 중심으로 만들다

capricious
[kəprí∫əs]

a. 믿을 수 없는, 변덕스러운(fickle)

The weather is so **capricious**.
날씨가 너무 변덕스럽다.
- **caprice**
n. 변덕
- **capriciously**
ad. 변덕스럽게

mobile
[móubəl]

a. 움직이기 쉬운, 변덕스러운

대, (보통 pl.)군대

mobile troops
기동부대, 유격대

opportunity
[ɑ̀pərtjúːnəti]

n. 기회, 호기(good chance)

평등, 대등, 같음

equality of **opportunity**
기회균등
- **opportune**
a. 때에 알맞은
- **opportunist**
n. 기회주의자

- at the first opportunity 기회가 나는 대로
- take an apportunity 기회를 잡다

infancy
[ínfənsi]

n. 유년 시절, 초기, 미성년(minority)

a happy **infancy**
행복한 유아 시절
- **infant**
n. 소아, 유아

cradle
[kréidl]

n. 요람, 기원, 근원

What is learned in the **cradle** is carried to the tomb.
세 살 버릇 여든까지 간다.

childhood
[tʃáildhùd]

n. 어린 시절, 유년

in one's second **childhood**
늘그막에

■ childish
a. 어린애다운, 유치한

---

excerpt
[éksəːrpt]

v. 인용하다(quote) n. 인용, 발췌(extract, selection)

cite
[sait]

v. 인용하다(quote), 열거하다

cite Shakespeare
셰익스피어의 작품을 인용하다

■ citation
n. 인용문

■ cite as ~로서 언급하다
■ cite for ~의 일로 표창하다

comprehend
[kàmprihénd]

v. 이해하다(understand), 포함하다

The United States **comprehends** 50 states.
미국에는 50개 주가 있다.

include
[inklúːd]

v. 포함하다(enclose)

The price **includes** the packing charge.
그 값에는 포장비가 포함되어 있다.

| **comprise** | v. 포함하다(contain), 구성하다, 의미하다 |
| [kəmpráiz] | The committee **comprises** six members.
위원회는 6명으로 구성되었다. |

| **contain** | v. 포함하다(include), 참다 |
| [kəntéin] | Try to **contain** yourself!
참으시오! |

414 사귐, 동무   COMPANY

| **company** | n. 사귐, 동무, 회사(약어 Co.) |
| [kʌ́mpəni] | Two is **company**, three is none.
둘이면 친구가 되고, 셋이면 갈라진다. (속담) |

| **colleague** | n. 동료, 동업자(companion) |
| [káliːg] | He was respected by all his **colleagues**.
그는 모든 동료들로부터 존경을 받았다.
■ colleagueship
n. 동료관계 |

415 중심부   CORE

| **core** | n. 〈동음어 corps〉 중심부, 핵심, 응어리 |
| [kɔːr] | the **core** of the matter
문제의 핵심 |

rotten at the core 철저히 썩은, 악한
to the core 속속들이

concentrate
[kánsəntrèit]

v. (주의를) 기울이다, 집결하다

You should **concentrate** more on your work.
네 일에 더 집중해야 한다.
- concentration
n. 집중, 집결, 농도

focus
[fóukəs]

v. 집중시키다 n. 초점, 중심

in **focus**
분명히
out of **focus**
흐릿하게

main
[mein]

n. 힘 a. 주요한(chief)

with might and **main**
온 힘을 다하여

- main office 본사
- in the main 대체로

crucial
[krúːʃəl]

a. 가장 중요한, 결정적인

속력, 빠름
Speed is **crucial** to our success.
신속함이 우리의 성공에 결정적이다.

foremost
[fɔ́ːrmòust]

a. 가장 중요한

Shakespeare is said to be the **foremost** writer in the
English language.
셰익스피어는 영어권에서 가장 중요한 작가로 일컬어진다.

momentous
[mouméntəs]

a. 중요한, 중대한

a **momentous** decision
중대한 결정

toll
[toul]

n. 통행료

- **tollgate**
  n. 통행료 징수소

■ charge a toll 사용세를 부과하다
■ take a toll ~에 피해를 가져오다

passage
[pǽsidʒ]

n. 통로, 출구

He forced a **passage** through the thick forest.
그는 울창한 숲을 뚫고 나아갔다.

insert
[insə́:rt]

v. 삽입하다, 게재하다 n. 삽입물

insert a key in a lock
열쇠를 자물쇠에 끼우다

cram
[kræm]

v. 쑤셔 넣다, 밀어 넣다

He **crammed** the books into a bag.
그는 가방에 책을 쑤셔 넣었다.

stick
[stik]

v. 찌르다, 고수하다 n. 나뭇가지, 막대기

• 받치다, 유지하다

He uses a walking **stick** to support him when he goes out.
그는 외출할 때는 몸을 지탱하기 위해 지팡이를 사용한다.

penetrate
[pénətrèit]

v. 꿰뚫다, 관통하다(pierce), 간파하다

• 밑(바닥)

This tunnel **penetrates** the bottom of the sea.
이 터널은 바다 밑을 관통하고 있다.

- **penetrating**
  a. 통찰력이 있는, 날카로운

pierce
[piərs]

v. 찌르다, 관통하다

The spear **pierced** his heart.
창이 그의 가슴을 꿰뚫었다.

unanimity
[jù:nəníməti]

n. 만장일치

The vote was **unanimous**.
표결은 만장일치였다.
■ unanimous
a. 만장일치의

consensus
[kənsénsəs]

n. 일치(agreement), 여론

consensus of testimony 증언
증언의 일치

correspond
[kɔ̀:rəspánd]

v. 일치하다, 조화하다, 상응하다, 주고받다

■ correspondence
n. 일치, 조화, 통신
■ correspondent
a. 대응하는 n. 통신원

correspond to ~에 해당하다
correspond with 서신왕래하다

doze
[douz]

v. 선잠 자다 n. 졸기

doze away one's time
꾸벅꾸벅 졸면서 시간을 보내다

slumber
[slʌ́mbər]

v. 자다, 졸다, 하는 일 없이 지내다 n. 잠

He **slumbered** his life away.
그는 일생을 무위도식하며 지냈다.

mechanical
[məkǽnikəl]

a. 기계의, 무의식적인

a **mechanical** heart
인공심장
a **mechanical** smile
형식적인 웃음

conscious
[kánʃəs]

a. 의식하고 있는, 제정신의, 지각이 있는

Man is a **conscious** being.
인간은 지각이 있는 존재이다.
- consciousness
n. 의식, 자각

- be conscious of ~을 의식하다, ~을 알아채다
- become conscious 제정신이 들다

automatic
[ɔ̀:təmǽtik]

n. 자동 권총 a. 자동의, 무의식적인

an **automatic** vendor
자동판매기
- automation
n. 자동 제어

consonant
[kánsənənt/kɔ́n-]

n. 자음(자) opp. vowel 모음

vocal
[vóukəl]

a. 발성(용)의

the **vocal** cords
성대
- vocalist
n. 가수

tongue
[tʌŋ]

n. 혀, 혓바닥, 어투, 언어

one's mother **tongue**
모국어

tongues of flames
날름거리는 불길

421 기념비 — MONUMENT

monument
[monument]

n. 기념비, 유적

자연의, 타고난, 당연한
a natural **monument**
천연기념물

souvenir
[sùːvəníər]

n. 기념품, 선물

I bought this bag as a **souvenir** of my visit to Seoul.
서울을 방문한 기념품으로 이 가방을 샀다.

anniversary
[æ̀nəvə́ːrsəri]

n. 기념일 a. 예년의

a wedding **anniversary**
결혼기념일

memorial
[məmɔ́ːriəl]

n. 기념물, 연대기

a war **memorial**
전쟁 기념비

manufacture
[mǽnjəfǽktʃər]

v. 대량으로 제조하다, 날조하다(fabricate)
n. 제조, 제품

a **manufacturing** industry
제조업
- manufacturer
n. 제조자

technology
[teknάlədʒi]

n. 과학기술, 공학

발달, 개발

The development of the steam engine was a great
technological advance.
증기 기관의 개발은 과학 기술의 커다란 진전이었다.
- technological
a. 기술적인

man-made
[mǽnméid]

a. 인조의, 인공의, 합성의

a **man-made** lake
인공 호수

outlive
[àutlív]

v. ~보다 오래 살다(survive)

He **outlived** his contemporaries.
그는 동년배들보다 오래 살았다.

subsist
[səbsíst]

v. 생존하다(exist), 부양하다(feed)

subsist on bread and water
빵과 물로 살아가다
- subsistence
n. 생계, 생존

subsist by the pen 글로 먹고 살다

survive
[sərváiv]

v. ~보다 오래 살다, 살아남다

She **survived** her husband.
그녀는 남편보다 오래 살았다.
- survivor
n. 생존자

prelude
[préljuːd]

n. 서곡, 전조, 서문(preface)

the **prelude** to war
전쟁의 전조

preface
[préfis]

v. 서문을 달다(prelude), 시작하다
n. 머리말(foreword), 실마리

preface with ~을 서문에 쓰다

prolog(ue)
[próulɔːg]

n. 서막, 서시, 머리말(preface)
opp. epilogue 발문, 끝말

legislate
[lédʒislèit]

v. 법률을 만들다, 입법(立法)하다

In the United States the Congress has the power to **legislate**.
미국에서는 의회가 입법권을 가지고 있다.

legitimate [lidʒítəmit]	v. 합법화하다 a. 합법의(lawful), 정당한 **legitimate** proceedings 진행 적법한 절차
legal [líɡəl]	a. 법률의, 법률로 정해진, 법정의 a **legal** act 합법적 행위
lawful [lɔ́:fəl]	a. 합법적인, 법을 준수하는 opp. lawless 법률이 없는, 불법의 **lawful** citizens 법을 지키는 시민
illegal [ilí:gəl]	a. 위법의(unlawful) opp. legal 법률의, 합법의 **illegal** entry into a country 불법 입국

junior [dʒú:njər]	n. 연소자 a. 연하의, 하급의 She is **junior** to me. 그녀는 나보다 나이가 어리다.
inferior [infíəriər]	n. 손아랫사람 a. 하급의, 열등한 He's so clever he makes me feel **inferior**. 그는 아주 영리하여 나로 하여금 열등감을 느끼게 한다.

■ junior in ~이 아래인
■ junior by ~만큼 연하인

<table>
<tr><td>subordinate
[səbɔ́ːrdənit]</td><td>n. 부하 a. 하급의, 종속하는

■ subordination
n. 하위, 복종</td></tr>
</table>

427 상기하다

RECOLLECT

<table>
<tr><td>recollect
[rèkəlékt]</td><td>v. 상기하다(remember), 회상하다
opp. forget 잊다, 잊고 두고 오다[가다]

I couldn't recollect what he said.
그가 무슨 말을 했는지 알 수가 없었다.</td><td>■ as far as I recollect
내가 기억하는 한에서는</td></tr>
<tr><td>recall
[rikɔ́ːl]</td><td>v. 상기하다, 소환하다 n. 소환, 철회(cancellation)

Can you recall the date of your birth?
네 생일을 기억하겠니?</td><td></td></tr>
</table>

428 이중인

DUAL

<table>
<tr><td>dual
[djúːəl]</td><td>a. 〈동음어 duel〉 이중인(double)

a dual personality
이중인격
dual ownership
공동소유</td><td></td></tr>
<tr><td>twice
[twais]</td><td>ad. 2회, 두 배로

once or twice
한두 번</td><td>■ think twice 재고하다
■ at twice 두 번째로</td></tr>
</table>

annual
[ǽnjuəl]

a. 매년의, 1년에 한 번의

an **annual** event
연례행사
- **annually**
ad. 해마다, 매년

philosophy
[filásəfi]

n. 철학, 철리

practical **philosophy**
실천 철학
natural **philosophy**
자연 철학

psychology
[saikálədʒi]

n. 심리 상태, 심리학

the **psychology** of the adolescent
청소년의 심리
criminal **psychology**
범죄 심리학
- **psychologist**
n. 심리학자

ethics
[éθiks]

n. 윤리학, 윤리

professional **ethics**
직업윤리
practical **ethics**
실천 윤리학

NTT 단어 공략

Index

animate	275	approximate	241	assess	287
annihilate	146	aptitude	14	asset	407
anniversary	475	architecture	361	assign	48
announce	62	arctic	431	assimilate	465
annoy	34	ardent	294	assist	249
annual	480	area	297	associate	254
answer	282	argue	170	assume	289
antagonist	182	arise	307	assure	115
anticipate	215	aristocracy	313	astonish	120
antipathy	67	arithmetic	287	astound	120
antique	283	arm	315	astray	126
antonym	181	armament	316	astronomical	184
anxiety	56	arms	315	athlete	378
anxious	56	army	315	atmosphere	412
apart	259	arouse	248	atom	354
apologize	16	arrange	459	attach	32
appall	39	array	460	attack	40
apparatus	284	arrest	27	attain	462
apparent	106	arrive	462	attempt	180
appeal	54	arrogant	268	attend	22
appear	64	art	464	attention	347
appetite	225	article	399	attitude	77
applause	243	artillery	355	attorney	40
appliance	283	ascend	375	attract	64
applicable	242	ascertain	464	attribute	60
apply	290	ascribe	59	audacious	86
appoint	313	ashamed	61	audience	330
appreciate	287	ask	55	authorize	348
apprehend	37	aspect	63	automatic	474
apprehension	56	aspire	50	avail	164
approach	241	assault	40	avarice	225
appropriate	210	assemble	222	avenue	413
approval	43	assent	42	average	436
approve	43	assert	62	avoid	186

chemistry	401	close	198	compact	45
cherish	100	cloth	177	company	470
chest	319	clothe	177	compare	113
chew	369	clown	381	compass	104
childhood	469	clue	392	compatible	342
chilly	259	clumsy	68	compel	213
chimney	361	cluster	443	compensate	274
chisel	280	coarse	107	compete	76
chivalry	105	coast	432	competent	12
choice	102	code	351	compile	223
choke	323	coffin	326	complacent	51
choose	102	cohere	46	complain	171
chop	417	coincide	44	complex	114
chore	362	collaborate	342	complicate	114
circle	103	collapse	146	compliment	394
circuit	103	colleague	470	comply	42
circulate	103	collect	222	component	181
circumstance	412	collide	278	compose	92
cite	469	colloquial	312	compound	420
civil	104	colony	155	comprehend	469
civilize	104	combat	75	compress	132
claim	62	combine	420	comprise	470
clarify	106	comfort	108	compromise	25
classify	410	comic	94	compulsory	214
clay	405	command	110	conceal	227
clean	105	commence	78	concede	258
clever	90	comment	139	conceit	81
click	331	commerce	450	conceive	289
client	352	commit	111	concentrate	471
cliff	435	commodity	450	conception	306
climb	375	common	112	concern	93
cling	424	communicate	69	concise	393
clinic	328	community	343	conclude	153
cloak	227	commute	255	concord	45

E

F

fierce	263	focus	471	freeze	440
fiery	294	foe	182	freight	91
figurative	113	foggy	439	frequency	426
filth	71	foliage	341	friction	185
finance	408	folk	343	fright	37
fine	353	folly	19	frivolous	454
finite	193	forbear	239	frontier	299
fire	355	forbid	211	frown	387
firm	455	force	214	frugal	400
first-hand	110	forecast	214	fruitful	206
fit	210	forefather	376	frustrate	220
fix	273	foremost	471	fulfill	410
flake	279	foresee	215	fume	442
flame	87	foresight	306	function	409
flash	88	forgive	16	fund	408
flat	436	forlorn	161	fundamental	262
flatter	394	formality	96	funeral	326
flavo(u)r	333	formidable	38	fur	363
flaw	157	formula	217	furious	264
flee	458	forsake	8	furnish	221
fleet	434	forth	83	fury	53
flesh	320	fortify	303	fuse	440
flexible	180	fortune	456	fuss	425
flight	141	forward	83	futile	221
float	434	fossil	373		
flock	333	foster	101		
flood	433	foul	169	**G**	
flour	366	found	73	galaxy	430
flourish	341	fraction	279	gale	438
flower	84	fracture	280	gallantry	86
fluent	464	fragment	278	gamble	379
fluid	444	fragrance	332	gang	141
flutter	335	frame	446	gap	417
foam	433	free	219	garbage	71

hazard	150
haze	439
head	461
heal	273
healthy	295
heap	443
hearty	391
heaven	231
heed	346
heel	459
heir	373
hemisphere	431
hence	403
herd	142
heretic	231
heritage	373
heroic	83
hesitate	421
hinder	212
hire	229
historic	427
hobby	369
hollow	230
holy	230
homage	46
homesick	386
hook	447
horizon	304
hospitalize	328
host	141
hostage	10
hostile	182
household	362
howl	397

hug	423
huge	184
humble	160
humid	168
humiliate	60
hurt	149
hygiene	328
hymn	357

icy	259
identify	346
ideology	392
idiot	18
idle	233
ignoble	74
ignore	270
illegal	478
illiterate	269
illuminate	451
illusion	160
illustrate	191
illustrate	396
imagine	201
imitate	381
immediate	88
immemorial	283
immense	183
immerse	168
immigrate	300
imminent	237
immoral	169
immortal	183

impact	278
impartial	197
impatient	237
imperative	457
imperfect	158
imperil	466
imperious	269
impersonal	112
implement	284
implicate	114
implore	54
imply	308
impolite	268
import	70
impose	152
impoverish	414
impress	32
imprison	353
improve	410
impudence	83
impulse	276
impure	127
incentive	276
incessant	128
incident	245
incite	248
incline	155
include	469
income	140
inconvenience	37
increase	295
incredible	120
incurable	328
indebted	314

J

refuse	155	replace	255	revenge	185
regain	274	reply	282	reverence	232
regard	288	repose	426	reverse	181
region	297	represent	309	review	292
register	311	representative	40	revise	272
regret	383	reproach	139	revive	275
regulate	47	reproduce	133	revolt	122
reign	317	republic	349	revolve	122
reinforce	213	repulsion	67	riddle	380
reject	155	reputation	403	ridicule	270
rejoice	52	request	54	righteous	389
relate	253	rescue	458	rigid	347
relative	253	research	290	rigo(u)r	38
relax	426	resemble	252	rim	86
relay	146	reserve	159	riot	121
release	17	reside	154	ripe	341
relic	427	resign	9	ripple	433
relief	109	resist	182	ritual	230
religion	163	resolute	153	rivalry	379
relinquish	9	resolve	153	roam	422
relish	368	resource	289	roar	395
reluctant	67	respect	232	rob	352
remedy	249	responsibility	314	robe	363
remote	260	restful	109	robust	295
removal	14	restore	273	role	380
render	255	restrain	212	roll	103
renown	200	result	307	rookie	49
rent	229	resume	274	rot	145
repair	273	retain	159	rotate	103
repay	384	retard	212	rough	267
repeal	15	retire	11	rouse	248
repeat	311	retort	384	routine	72
repel	77	retreat	393	royal	225
repent	384	reveal	309	rub	185

shy	60	slim	322	sort	410
sidewalk	413	slip	423	soul	357
siege	40	slope	437	sound	296
sigh	385	slumber	473	sour	367
sight	330	sly	28	source	261
significance	286	smash	279	souvenir	475
silly	18	smell	332	sovereign	316
similar	252	smoke	439	sow	405
simple	189	smother	323	space	430
simultaneous	44	smuggle	70	span	428
sin	137	snap	331	spare	415
sincere	232	snare	391	sparkling	89
singular	402	snatch	10	species	410
sinister	389	sneak	241	specific	193
sink	168	sneer	270	specimen	445
site	307	sneeze	319	spectacle	306
situation	301	soak	168	speculate	288
size	286	soar	338	spell	65
skeleton	320	sob	384	spend	134
skeptical	56	sober	264	spice	332
skill	12	society	343	spin	381
skim	286	soften	180	spirit	360
skin	441	soil	169	splash	419
skip	421	solace	109	splendid	387
slam	331	solar	431	split	416
slang	312	sole	318	spoil	149
slant	437	solemn	392	sponsor	116
slap	331	solid	444	spontaneous	315
slaughter	34	solitude	161	spot	366
slavery	350	solution	465	spray	419
sleeve	363	solve	154	spread	419
slender	322	soothe	109	spring	261
slice	280	sore	36	sprinkle	419
slight	454	sorrow	383	sprout	340